제5판

Global Manners & Culture

열린 세상

# 글로벌 매너와 문화

강인호 · 김약수 · 석미란
이원화 · 이연숙 공저

기문사
www.kimoonsa.co.kr

# 머리말

# Preface

21세기를 맞이하여 세계는 지금 닫힌 세계에서 열린 세계로 확대되면서 하루 400만 명 이상이 전 세계 각지로 여행을 하면서 문화교류를 하는 상호작용이 이루어지고 있는 지구촌화, 세계화의 시대에 살고 있다.

앞으로도 이러한 현상은 더욱 가속화될 것이며 인간의 욕구가 고차원화, 다양화되면서 인간 상호 간의 교류현상은 필연적이라 하겠다. 이러한 교류현상의 척도라 할 수 있는 세계관광객의 추이를 보면 2019년 한해 세계 관광객 수는 14억 6천 만명으로 세계 도처에서 이 문화를 경험하기 위하여 여행을 한 것으로 나타났다. 우리나라도 2019년에는 역대 최다인 1,750만 명의 외래관광객이 방문해 이를 시간으로 환산하면 약 1.8초마다 1명꼴로 방한한 것이다.

전 세계에는 200여 개국이 넘는 여러 나라가 있는데 이들 모두 고유의 언어와 관습 즉, 문화를 가지고 있다고 본다. 우리는 이들과 좋든 싫든 간에 여러 이유로 만나게 된다. 이들과의 만남에서 서로를 이해하지 못하고 존중하지 않고 바른 예절로서 대하지 않는다면 참다운 만남이 되지 않고 또 대접을 받을 수도 없다고 본다.

국제매너란 어디를 가든, 또는 누구를 만나든 실례가 되지 않고 서로를 존중할 수 있는 에티켓과 태도를 밀하는 것이라고 할 수 있다.

본서는 이러한 뜻을 살려 매너의 기초 부문부터 실제부문의 인사, 전화, 대화, 방문 매너 등과 해외여행 시 매너, 테이블 매너, 전통예절 매너 등을 집필자가 전공을 살려 집필하였다. 특히 제7장의 전통예절 부문은 국제화 시대에서도 우리 것을 바로 알고 지키기 위해 전통혼례, 가정 및 생활예절, 편지예절 등을 넣어 국제매너와 우리 것과의 조화를 이루도록 하였다.

항상 잘하려고 마음은 앞서는데 생각만큼 되지 않는 것이 집필인 것 같다. 이 글이 나오는 데 도움을 주신 여러분께 감사 드리며 추후 여러분의 조언을 받아 더 좋은 책을 내놓기를 약속하면서 기문사 한사장님 이하 여러분께 감사 드린다.

2020년, 공동저자 씀

# 차례

# Contents

## 제4장 각국의 요리와 식사 에티켓 • 157



## 제5장 술과 음주 매너 • 177

Global Manners & Culture

# 01

# 매너의 기초 이해

열린세상

# 글로벌 매너와 문화

제1장

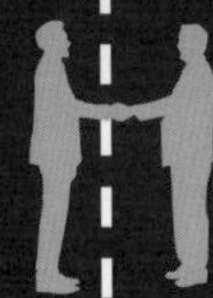

# 매너의 기초 이해

## 제1절
## 국제화와 생활예절

### 1. 국제화란?

#### 1) 국제화란?

최근 우리는 TV나 신문에서 어지러울 정도로 쏟아지는 새로운 말들과 부딪치고 있다. 예를 들어 국제화, 세계화, 지구촌화, 정보화, 개방화, 그린라운드, NAFTA(North American Free Trade Agreement, 북미자유무역협정), APEC(Asia Pacific Economic Cooperation, 아시아-태평양 경제협력체), ASEM(Asia Europe Meeeting, 아시아-유럽 정상 회의) 등과 같은 단어들이다. 이는 곧 오늘날 우리들이 국제화시대를 맞이하고 있음을 뜻한다.

국제화란 지금까지 국가 간 교류를 가로막아 온 국경의 개념이 점차 약화되는 것을 의미한다. 즉, 자본과 상품, 인력, 기술, 정보, 문화 등 인간활동과 관련된 모든 것들이 국경을 초월하여 자유로이 교류, 왕래, 교환되는, 이른바 국경 없는 시대가 열림을 뜻한다.

### 2) 국제화의 배경

국제화 시대가 등장하는 데는 다음과 같은 몇 가지 요인이 있다.

첫째, 제 2차 세계 대전 이후 격화되어 온 동서 양진영의 체제 경쟁이 구 소련의 붕괴를 계기로 끝나고, 이제는 체제 통합의 시기로 들어가 세계는 한 식구가 되고 있다.

둘째, 최근 수십 년간의 급속한 정보통신 및 항공, 교통기술의 발달로 인하여 세계가 시간적으로 동시화되고 공간적으로 지구촌화되고 있다.

셋째, WTO 체제의 성립을 계기로 국가 간, 국민 간, 지역 간, 경제적 상호의존성이 크게 증대하고 있다.

이상의 요인들로 인하여 국제화 시대가 급격히 전개되고 있기에 우리에게 있어서 국제화는 이제 선택이 아니라 피할 수 없는 운명이다.

국제화란 단순히 시장개방만을 의미하지는 않는다. 우리의 의식과 문화의 개방을 동시에 포함하는 것이다. 국경 없는 시대의 도래는 이질적인 문화와 생활양식이 빈번히 교류되는 것을 의미한다. 그것은 다양한 방식으로 전개되는 외국사회, 외국문화의 교류를 통해서 우리 국민이 국제화 감각을 익혀 나가야 할 시대가 다가왔음을 의미한다. 다시 말해 국제화는 새로운 시대를 맞이하여 "옛껍질을 깨고 새로 태어나자."라는 결단이다.

### 3) 국제화의 대응방안

이러한 혁명적 변화에 우리가 어떠한 대응자세를 가져야 하는지는 매우 중요한 당면과제이다.

첫째, 세계일류 · 세계최고가 되려는 장인정신이 요망된다.

미국을 위시한 서방세계는 자유경쟁과 평등주의, 효율성과 투명성을 내세우고 있다. 그리고 이들 가치들이 글로벌 스탠더드(global standard)로 자리를 굳히도록 노력하고 있다. 국제화는 체급을 무시한 권투시합과 같다. 따라서 시합을 하지 않아도 누가 승리할 것인가는 미리 예측이 가능하다. 무한 경쟁의 국제화 속에서 살아남는 길은 세계일류 · 세계최고가 되는 것이다. 정부도, 국민도, 기업도, 지방도 나아가 정치 · 경제 · 사회 · 문화 · 의식 모두가 세계일류 · 세계최고가 되는 것이다.

최고가 되는 근저에는 '믿을 신(信)'이 존재한다. 신(信)이란 믿고 의심하지 않는 것을 말한다. 약속을 잘 지키는 것을 신용이라 하며 믿음성과 의리가 있는 사람을 신의 있는 사람이라고 한다. 사회생활을 하는데 있어서 신용은 커다란 재산이 되기도 한다. 신(信)이란 사람 인(人) 변에 말씀 언(言)을 더한 것이다. 이는 자기가 한 말을 끝까지 지키고 책임지는 것을 말하며 언행이 일치되는 것을 말한다. 언행이 일치되지 않을 때 불신이 생기고 불신이 많은 가정과 사회는 불행하게 된다. 국제화된 사회에서 불신은 곧 파멸임을 명심해야 한다.

둘째, 매사를 합리적으로 생각하고 생활하는 의식의 전환이 요망된다.

국제화는 합리화이다. 적당히나 대충대충 일 처리를 하는 것이 아니고, 합리적 사고방식과 행동 및 생활방식을 의미한다. 1960년대 이후의 급속한 경제성장 과정에서 우리도 모르는 사이에 좋지 못한 생활태도나 의식구조를 가지게 되었다. 상상을 초월한 엄청난 부정과 비리는 우리의 양심을 마비시키는데 충분하였고, 나아가서 정직하게 사는 사람을 어리석고 무능한 사람으로 만들고 말았다. 갖은 불법적 수단과 비도덕적 방법을 사용해서라도 재산을 축척하고 출세만 하면 성공한 명사의 대접을 받는 일들을 수 없이 보아왔다.

국제화는 비합리적이고 잘못된 제도와 의식 · 관행을 고치는 것이다. 그동안 해이해진 기초질서, 왜곡된 경제질서, 잘못된 의식과 관행 및 제도, 허례허식, 유행심리를 개혁하고 합리화하는 것이다. 법과 질서를 지키는 사람이, 땀흘리고 정당한 노력을 한 사람이 대우받는 풍토가 조성되어야 한다. 기초질서가 철저히 지켜져야 하고 무엇보다도 공정한 행위준칙으로서의 법의 지배가 정착되어야 한다.

파스칼이 말했듯이 인간은 사고하는 능력을 가졌기에 위대한 것이다. 우리는 생각하는 인간이 되어야 한다. 생각하되 과학적으로 생각하고, 창조적으로 생각하며, 생산적으로 생각하고, 옳은 이치에 따라서 생각해야 한다. 그러나 사고는 그것이 행동으로 옮겨갈 때 가치가 있는 것이다. 우리 민족의 우수성을 발휘하는 길은 개개인이 가진 창조적 잠재력을 최대한 발휘하게 하는 것이다. 이것이야 말로 우리의 살 길이요 발전을 약속하는 길인 것이다.

셋째, I am OK, You are OK.이다.

I am OK, You are OK.는 원만한 인간관계 유지의 비결인 동시에 화합하여 더불어 사는 방법이다. 잠깐만 내 자신을 생각해 보자.

- ■ 길에서 침을 뱉거나 담배꽁초를 함부로 버린 적은 없는가
- ■ 기차나 공공장소에서 휴대폰을 마구 사용한 적은 없는가
- ■ 식당이나 사람들이 많이 모인 곳에서 큰 소리로 떠들거나 술에 취해 남의 눈살을 찌푸리게 한 적은 없는가
- ■ 공중목욕탕에서 물을 낭비하거나, 탕 안에서 수영을 하는 사람들을 본 적은 없는가

이와 같은 일들은 I am OK, You are not OK의 산물이다. 남의 자존심이나 인권을 존중하지 않으며 남의 마음을 상하게 하는 사람, 남이야 죽던 말던 나와 내 자식, 내 회사만 잘되면 된다는 이기주의자, 타인을 모두 무시하고 자기만 잘났다는 사람, 자기주장만 고집하고 타인은 불신하는 사람들은 모두 I am OK, You are not OK의 의식구조 때문이다.

특히 가정에서 자녀의 기를 죽이면 안 된다고 저 하고 싶은 대로 하게 하는 것은 사회공동체의 한 사람으로서 자유와 책임, 봉사와 절제의 덕목을 지킬 수 없게 만든다. 예절 바른 가정에서 자란 자녀들은 사회에서도 자연스럽

게 예절을 실천한다. 사회질서에 잘 적응하는 사람은 이미 가정에서 그렇게 배운 사람이다. 이렇듯 가정은 전통문화를 계승하고 예절을 실천하는 중요한 역할을 하고 있기에, 의식개혁 운동은 가정교육에서 시작되는 것이 바람직하다. 여러 가정이 모여서 하나의 사회를 구성하기 때문이다.

반면에 '나 정도쯤이야', '나 같은 것이' 하면서 주인의식 없이 자기를 부정하거나 비하하는 사람, 남이 해주기를 기다리는 사람, 외제만을 고집하는 사람들은 I am not OK, You are OK의 성격 소유자일 것이다.

자신을 존중하고 자신을 사랑할 줄 아는 자만이 남을 존중하고 남을 이해할 수 있다. 자신에 대한 신뢰와 자신을 사랑하는 것이 우선이다. 자신과 타인을 동시에 긍정할 수 있을 때만이 원만한 인간관계를 유지할 수 있다. 이것이 I am OK, You are OK이다. 원만한 인간관계를 가진다거나 혹은 남으로부터 호감을 산다는 것은 결코 저절로 이루어지는 것이 아니다. 자기를 바로 세우고 자기 스스로 남과 사귀려는 의도를 갖고 노력할 때 비로소 이루어지는 것이다.

올바른 인간관계의 개선은 서로의 이해를 기초로 하여 서로가 자기를 조금씩 희생시키고 양보하는(under+stand=understand) 가운데서, 또한 서로의 인간 됨을 존중하고 배려하는 마음씨(禮=心+形)를 간직할 때 비로소 이루어지는 것이다.

## 2. 생활예절

### 1) 예절의 본질

우리는 홀로 살고 있는 것이 아니다. 인간은 사회적 동물이며, 인간관계적 존재라고 일컫고 있는 것도 바로 우리들이 무리적 존재임을 가르치는 말이다. 오늘날은 전 세계가 하나의 사회 혹은 지구촌으로 형성되어가고 있다. 그런데 이러한 사회 속에서 살아가고 있는 각 개인들은 추구하는 목적이나 이해관계가 일치하는 경우도 있으나 서로 상충하기도 한다. 인간들의 대립과 투쟁이 생기는 이유는 사람들의 목적과 이해관계가 각기 다르기 때문이다.

공동의 목적이나 이익을 추구하기 위해, 상충되는 목적이나 이해관계를 조정하기 위해 인간들은 사회규범 즉 공공규칙을 갖게 되었다. 다시 말해 인간사회의 질서를 유지하기 위해 규범이 필요로 하게 되었다.

사람이 다른 사람과 아무런 관계없이 살아갈 수 있다면 자기자신이 살아가고 싶은 대로 살아가면 되기 때문에 어떠한 예의나 규범이나 질서가 필요없게 된다. 외딴 섬에서 홀로 산 로빈슨 크루소(Robinson Crusoe)에게는 예의가 필요 없다. 동물의 세계처럼 약육강식의 냉혹한 법칙만이 있을 뿐이다.

다행스럽게도 우리 인간들은 사회생활을 통해 자신의 안정과 이익을 보장하기 위해 규칙을 만들고 이를 스스로 지키는 슬기로운 이성을 지니고 있다.

우리가 사회생활을 위해 지켜야 할 규칙은 여러 가지가 있다. 학교에는 교칙이 있고, 회사에는 사칙이 있으며, 국가에는 법이 있다. 우리는 이러한 규칙을 통틀어 규범이라 하는데, 이 규범의 핵심이 바로 예절(禮節)인 것이다.

예(禮)란 인간이 지켜야 할 규범이며, 절(節)이란 규범을 따라 실행하고자 하는 행위를 말한다. 그래서 예절이란 인간이 지키고 행해야 할 규범, 즉 예의범절을 말하는 것이다.

예의범절이란 영어의 에티켓(Etiquette)이나 매너(Manner)에 해당되는 말이다. 에티켓이란 대인관계를 원활히 하기 위한 사회적 불문율이며, 매너는 이의 아름다움을 표현한 것이다. 예절은 남을 대할 때의 마음가짐이나 태도이며 타인에 대한 배려이다. 즉 대인관계에 있어서 상대방의 마음을 상하지 않게 하는 마음가짐과 행위이며 나아가 상대방으로 하여금 중요한 인물임을 느끼게 하는 것이다.

자기자신의 욕망을 채우기 위하여 남의 것을 탐내지 않으며 다른 사람에게 자기 것을 나누어주며, 윗사람에게는 공손히 대하고 아랫사람에게는 거짓없이 이끌어 주는 마음가짐으로 생활하는 사람을 예절 바른 사람이라고 한다. 또한 자기가 맡은 일에 대하여 정성을 다하는 것, 남이 싫어하는 것을 하지 않는 것, 남을 의심하지 않고 진심으로 믿어주는 것, 나를 믿어주는 사람에게 정성을 다 하는 것, 남과 약속한 것을 어기지 않고 지키는 것, 또한 불의를 물리치고 정의를 수호하는 것도 예의라고 하겠다.

프랑스의 철학자 베르그송은 상대방에 대하여 자기자신의 뜻을 강요하는 것이 아니라 상대방에 의하여 자기자신을 바꿀 수 있는 능력에 예의범절의 본질이 있다고 했다.

### 2) 동양예절과 서양예절

동양예절의 기본은 유교에 바탕을 두고 있으며, 한국의 예절 또한 유교의 인(仁), 의(義), 예(禮), 지(智), 신(信)에 기본을 두고 인륜을 가르쳐 왔다.

동양의 예를 말할 때는 그 뿌리가 되는 유교 사상을 중심으로 풀어야 한다. 공자는 인(仁), 맹자는 의(義), 순자는 예(禮)를 주장하였다. 인(仁)은 유교의 대원리, 의(義)는 유교의 대행정, 예(禮)는 유교의 대형식이 된다.

일찍이 공자는 「자기를 극복하여 예를 행함이 바로 인(仁 : 사랑)이라」하고, 「하루 몸을 이겨 예를 행하면 천하가 다 인(仁)에 돌아온다」하여 사랑도 예로서 이루어지게 됨을 가르치고 있다. 그는 「예가 아니면 말하지 말며, 예가 아니면 듣지도 말며, 예가 아니면 움직이지 말라」함으로써 예가 모든 행위의 근본이 되어야 함을 강조하였다.

동양의 성인 맹자는 인간은 측은지심(惻隱之心), 수오지심(羞惡之心), 사양지심(辭讓之心), 시비지심(是非之心)을 가지고 있기 때문에 동물과 다르다고 했다. 그 중에서 특히 예의 단서가 되는 사양지심(辭讓之心)은 서로 양보하고 공경하는 마음을 두고 하는 말이다.

순자는 그의 예론(禮論)에서 사회생활의 질서를 유지하고 문화와 생산을 발전시키는데는 하나의 제도가 필요하다고 보고 그 제도가 바로 사회적 형식으로 곧 예가 된다고 주장하였다.

맹자의 성선설에 반해 순자는 성악설을 주장하였는데, 이는 사람은 본디 악하게 태어난다는 것이다. 다시 말해 사람의 본능이 악임에 반하여 선은 인위적인 것으로 사람을 인간답게 만들기 위해서는 예를 가르쳐야 한다고 하였다. 그래서 인간 본연의 본능 안에서 악이 변화를 일으켜 선이 되는데 이것은 곧 예를 통한 교정으로 인위적인 선이 구현된다는 것이다.

동양 예의 근본은 자기를 낮추고 남을 높이는데 있으며 아울러 검소함과 진실을 들어내는데 있다. 물론 세월의 흐름에 따라 언행에는 변화가 따를 수 있겠으나, 그 근본 정신만은 옛날이나 지금이나 다르지 아니할 것이다. 그러므로 상대를 깔본다거나, 자신을 내세운다거나, 상대를 떠본다거나, 말만 앞세운다거나, 터무니없이 과장한다거나, 진실을 숨긴다거나 하는 등의 겉 다르고 속다른 행위는 이미 예가 아닌 것이다.

서양에서의 예의는 인간생활에 있어 인간과 인간의 연결수단인 언어와 동작의 법칙을 가리키는 말로써 에티켓이라 표현하고 있다.

에티켓이란 오늘날 인간관계를 원활히 유지하기 위한 사회적인 불문율로써의 규범을 뜻하나, 원래는 서양의 궁중예의라는 말에서 유래된 것으로 궁중을 방문하는 사람들이 반드시 지켜야 하는 통과의례로서의 표준행동을 의미하였다.

그러나 오늘날 서양예절의 기본은 기독교 정신에서 찾아야 할 것이다. “그러므로 무엇이든지 남에게 대접을 받고자 하는 대로 너희도 남을 대접하라(Therefore, whatever you want men to do to you, do also to them , 마태복음 7 : 12)”는 황금률에 기초하고 있다.

서양에서의 성(誠), 경(敬), 애(愛)의 개념은 예(禮)로 표현되기 보다 먼저 시민의식으로 발달하였다. 시민의식이란 개인의 자유와 평등, 그리고 독립이 보장된 시민사회를 살아가는 사람들의 의식을 말한다. 시민의식은 이웃을 배려하는 마음과 공동체 생활의식으로 발달하였으며 이를 위한 외형적 현상으로 일찍이 법 정신이 발달하였다.

법 정신이란 자기의 것을 지키고 남의 것을 존중하는 것이다. 예(禮)는 사람이 행하여야 할 바를 적극적으로 제시하여 올바른 행동을 하는 데 목적을 두는 반면, 법은 잘못된 행동에 제재를 가하는 강제규범이다. 여기서 동 · 서양의 행동규범이 얼마나 적극적인가 소극적인가에 따라 동 · 서양 예(禮)의 차이점을 찾아볼 수 있으나 이러한 차이점은 그리 큰 것이 아니다. 동양에서는 인간의 마음에 호소하여 스스로 예를 잘 지켜 나가도록 예방적 차원에서 훈육하여 왔다면, 서양에서는 자연법, 만민법, 시민법 등 여러 가지 법을 발전시킴으로써 예(禮)나 법(法)을 내면화시켜 왔다. 동 · 서양 예절에서 근본적인 차이가 많은 것으로 보이나 다른 사람에 대한 배려와 상대방을 공경하는 정신을 출발점으로 한다는 점에서 그 근원은 같은 것이다.

오늘날 우리가 흔히 생활예절이라 칭하는 것들의 대부분은 이러한 철저한 이웃 배려정신에서 개선되고 새로이 형성되어 국제사회에서 보편적으로 통용되는 서양예절을 말하고 있다.

예절생활이란 바로 이 세상을 좀 더 기분 좋고 살기 좋은 곳으로 만들려는 인간의지의 표현이다. 따라서 우리는 나라 안에서는 아름다운 우리의 전통예절을 고쳐나가되 예의를 행하는 본래의 뜻만은 그르침이 없도록 바른 예절생활을 해나가야 할 것이다. 나라 밖에서는 지구촌 어디를 가거나 늘 성숙한 시민의식을 발휘하고 방문국의 예의와 관습을 존중함으로써 그들과 조화를 이루면서 밝고 건강한 지구촌 공동체를 이루어 나가야 할 것이다.

### 3) 예절의 실제

예절을 지킨다는 것은 상대방을 존경하고 있다는 것을 알리기 위한 동작이나 태도, 공경, 사양하는 마음에서 비롯된다.

"심(心)+형(形)=예(禮)"

위의 등식처럼 예란 사람의 마음을 밖으로 들어내는 것인데, 예는 주로 태도, 언어, 표정, 자세, 동작, 의복 등으로 표출된다.

■ **올바른 대화 원칙**

Yes – But

① Stop 말하기 전 생각하라.

② Look 상대를 바라보라.

③ Listen 말하기보다 듣는 편에 서라.

예절의 본질은 상대방의 입장이 되어 생각하고 상대방의 심정을 이해하는 것이다. 훌륭한 예절과 올바른 예의는 다른 사람들의 처지를 생각하는 마음에서 비롯된다. 예절을 지키지 않으면 그 사람의 교양을 의심받게 되며 나아가서는 상대방에게 나에 대한 나쁜 인상을 심어주는 단서가 된다.

예절의 형식은 시대나 나라에 따라 다양하고 변화한다. 그러나 남에 대한 배려와 친절이라는 정신만은 세월이 가고 나라와 문화가 달라도 변하지 않는다.

예절에는 두 가지 측면이 있다. 하나는 인간으로서의 자기관리 즉, 자기수양이고, 다른 하나는 사회인으로서의 대인관계 즉, 상대를 공경하는 것과 사랑하는 것이다.

현대인이 사회생활을 원만하게 하려면 우선적으로 자기관리가 선행된 교양인이어야 할 것이다. 교양인이란 예의 기본이 되는 마음가짐, 몸가짐, 행동, 말투, 인사 등을 바르게 행할 수 있는 사람을 뜻한다. 이런 것들은 비록 자기 관리의 개인 예절이지만 인간관계의 기초가 되는데 매우 중요한 의미를 지닌다.

좋은 인간관계란 사람들에게 호감을 받게끔 표현하는 에티켓에서 시작된다. 성실한 마음과 말, 행동이야말로 인간관계 개선의 최상의 방법이다. 예절의 첫걸음은 웃음을 띠고 '미안합니다', '고맙습니다'란 말부터 자연스럽게 입버릇처럼 나오도록 익혀야 한다.

올바른 예절 ➡ 원만한 인간관계 ➡ 명랑한 직장생활 ➡
훌륭한 대고객 서비스 ➡ 매출증대 ➡ 기업발전 ➡ 국가발전

## 제2절
## 이문화(異文化) 커뮤니케이션

### 1. 이문화 커뮤니케이션의 이해

이문화 커뮤니케이션이란 서로 다른 문화권에 사는 사람들의 문화 · 행동 · 말의 표현 등을 이해하는 것이다. 이문화 커뮤니케이션이란 말은 서로 상이한 문화 간 커뮤니케이션(Intercultural Communication) 또는 문화를 교차하는 커뮤니케이션(Crosscultural Communication)을 번역한 말로 미국에서 처음 생겨난 용어이다.

오늘날과 같은 탈(脫)국가적인 국제화 시대에서 다른 나라의 문화적 차이를

인식하는 일은 그 나라의 언어를 습득하는 것만큼이나 중요한 일이다. 서로 다른 문화끼리 만나면 인식의 차이 혹은 가치관의 차이 때문에 여러 오해와 편견이 발생하게 된다. 그런데 지구촌의 일원으로서 이웃을 이해하고 친선과 우의를 지켜나가기 위해서는 오랜 세월 동안 각기 다른 풍토에서 형성된 문화의 독창성과 특수성에 대한 서로 간의 이해와 존중이 선행되어야 한다.

서로 다른 문화권 사람들이 보기에는 다소 우스꽝스럽고 불쾌한 기분이 들더라도 다른 나라의 문화적 상대성을 있는 그대로 인정해 주고 따라 주는 것이 진정한 세계인이 되는 길이라 할 수 있다.

과거에는 사회 간의 차이가 심하고 그 특수성을 이해하기가 힘들었지만 현대는 세계가 지구촌이란 이름으로 통합되어 가고 있다. 따라서 문화, 전통이나 관습이 다른 예절, 즉 서로 다른 형태로 표출되는 삶의 방식인 이문화 에티켓과 매너를 이해하고 상대방의 입장에서 이것을 지키려는 최소한의 노력이 현대인에게는 더욱 요구되고  있다. 그런 의미에서 다양한 세계문화와 예절을 알아서 적절히 실천하고 또한 우리의 것을 세계인에게 보여줌으로써 서로가 공감할 수 있는 공통분모를 찾을 때, 동양인 · 서양인이 아닌 진정한 국제인, 세계인이 되는 것이다.

따라서 국제화 시대는 이와 같은 이문화 커뮤니케이션의 이해에서 출발해야 하며, 국제매너의 이해와 실천은 이문화 커뮤니케이션의 시작이라 할 수 있다.

## 2. 문화충격(Culture Shock)

메라비앙(Meribian)에 의하면 커뮤니케이션은 언어적 요소(Verbal)와 비언어적 요소(non-verbal)로 나누어지는데 상대방에게 의사를 전달할 때 커뮤니케이션의 65~70%가 비언어적 요소에 의존한다고 한다. 여기서 비언어적 요소란 주로 행동과 사고방식을 말하는데 이것은 인간관계에서 언어 이외의 요소가 얼마만큼 중요한가를 나타내고 있다. 영어를 할 줄 안다고 해서 세계인이 되는 것이 아니라 얼마나 세계적으로 열린 생각을 하고 그에 걸맞는 행동을 하느냐에 달려 있다.

의사전달 시 서로 다른 문화적 배경의 차이 때문에 비언어가 주는 메시지 전달에서 오해가 발생하기도 한다. 예를 들어 A 문화권의 겸손의 메시지가 B 문화권에서는 무능이나 비굴로 해석되기도 하고, A 문화권의 친절한 행동이 B 문화권 사람에게는 무례하거나 건방진 태도로 비칠 수 있다. 이러한 마찰은 다른 문화권의 올바른 이해없이는 언제나 일어날 수 있는 문제점을 안고 있다. 따라서 국제매너는 이와 같은 이문화 커뮤니케이션에서 마찰소지를 예방하고, 보다 적극적으로 대응한다는 차원에서 매우 중요하다.

문화충격이란 어릴 때부터 배워온 모든 문화적 틀과 지침들이 더 이상 적용되지 못할 때 경험하는 방향감각과 상실을 의미한다. 문화충격은 기존의 문화와 사회에서 벗어나 새로운 문화권에 들어가는 모든 사람들이 경험한다. 충격의 심각성은 문화 간의 차이 정도, 개인의 성격, 새로운 상황에 적응하는 방법들에 따라 달라진다. 또 문화충격은 해당 국가 사람들의 생활방식에 따라 새로운 환경에서 적응해야 하는 데서 오는 스트레스이다.

1957년 빌르즈와 험프리에 의해 처음 사용된 용어로써 자신의 문화의식으로는 당연하고 정당하다고 여겨지는 것이 다른 문화권에서는 터부시 되거나 정반대로 받아들여져서 심리적 부적응상태가 나타나는데 이것을 컬쳐쇼크(Culture Shock)라고 하였다.

기술의 급속한 발달과 세계화, 개방화의 추세에서 인간은 결코 자유로울 수 없기에 소극적인 의미의 방어와 저항보다는 적극적으로 대처함으로써 이러한 충격의 상황을 극복할 수 있다. 더 나아가 그 충격에서 벗어나는 유일한 길은 활발한 문화교류이다. 그 첫출발이 바로 다른 문화에 대한 이해에 있다.

국제사회에서 활동하여 성공적인 인간관계를 갖기 위해 상대의 문화적 배경에 입각한 생활양식, 행동규범, 인생관, 가치관을 사전에 이해함으로써 서로 간의 감정적 충격, 인지적 불일치가 일어나지 않도록 하는 즉, 문화적 충격을 예방하는 것이 국제인의 기본 자질이라 할 수 있다.

## 3. 다른 문화의 이해

- 동남아시아에서는 왼손 사용을 신중히 해야 하며 특히 태국에서 왼손으로 어린아이의 머리를 만지는 것은 금물이므로 주의해야 한다. 사찰 출입 시 반바지차림은 안 되며 여성 관광객들이 승려와 악수를 하거나 몸이 부딪치는 것은 금지되어 있으므로 주의해야 한다.
- 일본인은 숫자 4와 9를 싫어한다(서양인은 13의 숫자를 싫어한다). 선물을 할 때는 네 개를 피하고 흰 종이로 포장하지 않도록 한다. 흰색은 죽음을 의미한다. 또한 자기 젓가락으로 남의 음식을 잘라 주는 행위는 삼가해야 한다.
- 외국인에게 칼을 선물하지 않는다. 일본에서는 칼이 자살을 상징하고, 라틴 아메리카에서는 관계 단절로 받아들여진다.
- 외국인에게 적당한 선물로는 우리나라의 토산품이나 조각품, 도자기 등이 무난하다.
- 유럽이나 미주 등에서 어린아이의 특정 신체 부위를 만졌다가는 경찰서 신세를 지기 쉽다.
- 독일인은 개인신상에 관한 질문에 정색을 하며, 대화 중 뒷짐을 지고 얘기하거나 주머니에 손을 넣는 것은 무례하다고 생각한다.
- 중국인은 아버지 앞에서 아들이 담배를 피우는 것을 볼 수 있듯이 담배에 관해서는 상당히 관대하다. 큰 괘종시계는 장례를 의미하기 때문에 선물로는 피한다.
- 홍콩인들은 한가지 선물보다는 두 가지 선물을 받는 것을 더 좋아한다. '2' 라는 숫자는 행운을 가져온다고 생각한다.

- 회교도는 알코올 금지와 금식 규칙을 잘 지키고, 채식주의자가 많으며 돼지고기를 먹지 않는다. 또한 왼손은 생리적인 일에만 사용하므로 불결하다고 생각하여 음식을 먹거나 선물, 명함 등을 전할 때도 오른손만 사용한다. 손수건 선물은 작별을 의미하므로 피한다.
- 미국에서는 동성끼리 말없이 다정히 손잡는 행위는 동성애를 의미하며 거리에서 남자끼리 손을 잡거나 나이트 클럽에서 남자끼리 춤추면 게이(gay)로 취급한다.
- 불가리아인, 그리스인에게 고개를 끄떡이는 행동은 'No'를 뜻하며 그 밖의 나라에서는 'Yes'를 뜻한다.
- 외국에서 식사 중 코를 푸는 것은 생리적 현상으로 괜찮다고 생각하지만 트림은 곤란하다.
- 인도 여행 시 걸인과 마주쳐도 기분 나쁜 표정을 짓지 않도록 한다. 오히려 구걸은 상대방의 자비심을 일깨워 주는 자선행위로 생각한다. 시크교도는 터번을 쓰고 금연하며 쇠고기를 먹지 않는다.
- 유럽에서 꽃을 선물할 때 꽃송이를 짝수로 하면 불행을 가져온다고 생각한다. 국화꽃은 죽음과 관련된 꽃으로 간주하므로 피하도록 한다. 독일사람에게 꽃을 선물할 때는 포장을 하지 않도록 하며, 특히 빨간 장미는 구애를 뜻하므로 주의해야 한다. 프랑스에서 카네이션은 장례식에 많이 사용하는 꽃이므로 선물용으로는 적합하지 않다. 멕시코, 브라질에서는 자주빛 꽃이 죽음을 상징하므로 주의한다.
- 엄지와 중지로 원을 만들어 OK 표시를 하는 것이 우리나라에서는 '준비완료, 좋다'라는 뜻으로 해석되지만, 일본에서는 '돈'으로, 브라질에서는 외설적인 뜻으로 간주된다. 프랑스의 프로방스에서는 '너는 일생에 도움이 안 되는 가치 없는 놈'이라는 심한 욕이 된다.
- 엄지손가락을 세워 남에게 보이는 것은 우리나라에서는 최고의 의미이지

만, 그리스에서는 외설적 의미로, 러시아에서는 동성연애를 의미하므로 함부로 이 표현을 쓰면 안 된다.

## 제3절
## 에티켓의 기본 개념

### 1. 에티켓의 유래와 발전

#### 1) 에티켓의 유래

에티켓(Etiquette)이라는 용어는 원래 프랑스어에서 유래되어 오늘날 널리 여러 분야에서 쓰여지고 있으며 예의범절과 유사한 말이다.

그 유래를 살펴보면 옛날 프랑스 베르사이유 궁전에 들어가는 사람에게는 표(ticket)가 주어졌는데 그 표에는 궁전 내에서 유의할 사항이나 예의 범절이 쓰여져 있었다고 한다. 그 표(ticket)가 에티켓이란 말의 기원이라고 전해지고 있다.

또 다른 설에 의하면 에티켓은 프랑스어의 'Estiquier(나무말뚝에 붙인 출입금지)' 라는 용어에서 생겨났다고도 한다. 베르사이유 궁정의 파티에 참석한 많은 사람들이 용변을 보기 위해 정원에 들어가 꽃을 밟아버리는 사건이 생기자 당시 정원사였던 스코틀랜드인이 정원 주변에 출입금지라는 뜻의 말뚝을 박아 출입을 막았는데 이때 말뚝에 써 있던 말이 프랑스어의 에티켓이었다고 한다. 그 후 단순히 '화원 출입금지' 라는 뜻뿐만 아니라 상대방의 '마음의 화원을 해치지 않는다' 라는 뜻으로 넓게 해석되어 예절이란 의미로 사용하게 된 것이다.

현대에 와서는 에티켓의 어의(語意)가 변천되어 동 · 서양 어느 곳을 막론하고 일반인에게도 보편적으로 적용되는 예의범절로 자리 잡게 되었고 누구나 지켜야 할 지구촌의 상식으로 깊이 뿌리 내리게 되었다.

에티켓이란 것은 단순한 표면적이고 형식적인 유의사항과 예의범절만을 말하는 것이 아니고, 상대방의 인격을 존중하고 상대방의 기분을 헤아려 주는 마음을 기본으로 하여 그것을 상대방에게 전하는 방법이라고 말할 수 있다.

## 2) 에티켓의 발전

에티켓이 프랑스에 어느 정도 정착된 것은 15세기부터이며 안느 도트리슈(Anne d' Autriche : 루이 13세의 왕비, 루이 14세 초기에 섭정)의 노력으로 궁정 에티켓이 더욱 발전하게 되었다.

프랑스 북동부 간브레의 사교(司敎)의 비서였던 에라스무스(1466~1536)가 「소년을 위한 예의서」라는 에티켓 교본을 썼다. 이제까지의 에티켓 교본은 단편적인 것으로 '해서는 안 되는' 내용을 바탕으로 쓰여졌으나 에라스무가 쓴 이 책은 '이렇게 하라' 라는 각도에서 쓴 예의서라 할 수 있다. 에라스무스는 궁정인(宮廷人)이나 귀족과 같은 가문이 좋은 상류사회 인사들이 세련성과 품격 높은 예절을 익히도록 교육을 담당하였으나 시야를 좀 더 밖으로 돌려 그의 저서 「소년을 위한 예의서」에서는 가문이 좋지 않더라고 상류사회에 진출하고자 하는 집안의 자녀에게 예의범절을 가르칠 것을 목적으로 하였다.

그 후 루이 14세(재위 1643~1715)가 1661년에 정치의 실권을 잡고부터 「프랑스의 예의」라는 저서를 만들어 유럽 풍속의 표준서가 되었다. 이제까지 궁정사회는 남성 중심이었고 여성은 무시되었다. 루이 14세에 들어와서부터 많은 여성이 궁정에 모여서 사교의 중심으로 무대가 바뀌기 시작하였다. 루이 14세는 5세에 즉위하여 72년간 왕위를 차지하면서 베르사이유 궁을 비롯하여 많은 큰 건물을 짓는 등 왕권을 과시하였다. 1682년 루이 14세가 베르사이유 궁으로 옮겨간 후 이 궁전은 귀족의 에티켓 교육장이 되었으며 역사상 루이 14세보다 더 철저히 예의를 만든 지배자는 없다고 할 것이다. 그러던 것이 루이 16세 때는 궁정예절의 엄격성이 해이해지고 또한 혁명으로 인해 일단 쇠멸했었으나, 나폴레옹이 이것을 부활시켜 1830년 법령에 의해 현재에 이르는 공식의전의 형식이 확정되었다.

한편 영국의 에티켓은 프랑스 혁명(1789~1799) 이후 사회상태가 바뀌어 예절문화가 프랑스 중심의 궁정적 예의범절이 붕괴되고 대신 런던으로 새로운 예의범절의 무대가 옮겨지게 된 것에서 비롯된다. 영국 왕실 및 1831년까지의 스페인 왕실에서는 옛날 그대로의 엄격한 관례가 준수되고 있었으나 그 후 민주화의 진전으로 단순화되었다고 한다.

19세기 말 부르조아 사교계에서 「관례(Usage)」 및 「예의범절(civilite)」이라는 에티켓 교본이 출간되면서 오늘날의 프랑스 에티켓의 기초가 되었고, 국제 간의 외교관례를 규정하는 「프로토콜(protocol)」도 제정되었다. 프로토콜은 외교의례를 뜻하는 것으로 개인 간의 예의는 에티켓으로, 국가 간의 예의는 프로토콜로 구별하고 있다. 개인 간의 예의상 마찰은 불쾌감을 주는 당사자의 교양문제로 받아들여지지만 프로토콜 상의 마찰은 외교문제로까지 번져나갈 수 있다는 점에서 서로 다르다.

## 2. 에티켓의 기본 개념

서양 에티켓의 기본 개념을 살펴보면 다음과 같다.

- ■ 상대방에게 호감을 주라.
- ■ 상대방에게 폐를 끼치지 말라.
- ■ 상대방을 존경하라.

에티켓은 인간관계를 잘하기 위한 마음가짐의 외적 표현들이다. 따라서 이러한 세 가지 요소를 항상 염두에 두고서 외국인을 만난다면 관습이 틀려서 실수를 하거나 예의에 벗어나는 일을 했더라도 비난을 피할 수는 있을 것이다.

### 1) 상대방에게 호감을 주라

상대방에게 형식상의 편안함뿐만 아니라 상대방의 감정과 정서를 고려하여 불쾌감을 주지 않도록 해야 한다. 상대방에게 호감을 주라는 말은 언제나 매력적이고 예의바른 자세를 보이도록 노력하라는 뜻이다. 대표적인 예로 상대방에게 호감을 주기 위해서는 항상 'Thanks' 라는 말을 사용한다. '아니다' 라는 답변을 할 때에도 'No thanks' 가 바람직하다.

다른 사람과 부딪치거나 발을 밟았을 경우 'Excuse me. I' m sorry' 라고 사과를 하면 상대방도 'Sorry', 'That' s all right' 라고 응수한다. 이러한 것들이 상대방에게 호감을 주라는 기본개념에서 나온 에티켓인 것이다.

늘 생활 속에서 'Please. Thank you. Excuse me. May I...' 등의 표현을 사용하도록 노력한다. 매력적으로 보이는 행위에는 이처럼 대화 방법뿐만 아니라 일상적인 사교방문, 식사 시 테이블 매너, 복장에 이르기까지 모든 것이 호감을 주기 위한 기본 개념을 바탕으로 하고 있다.

### 2) 상대방에게 폐를 끼치지 말라

남에게 폐를 끼치지 않겠다는 생각은 상대방을 배려해주고 생각해 주는 행위이다. 이러한 마음은 사교모임이나 만찬, 리셉션 등에서 이루어지는 사교에티켓(Social Etiquette)과 공공장소에서 이루어지는 공공에티켓(Public Etiquette)으로 나눌 수 있다.

특히 공공장소에서 에티켓을 잘 지키는 일이 공중질서라든가 공중도덕으로 표현되는 것인데 서양인들의 격이 높다는 것은 공공에티켓이 잘 지켜지고 있다는 것을 의미한다. 서양에서는 이런 에티켓이 아주 어릴 때부터 엄격하게 교육을 받아 자연스럽게 몸에 배어 있다. 따라서 무심코하는 동양인의 사소한 실수가 서양인들의 눈에는 이상하게 비쳐지고 때로는 야만스럽고 몰상식한 행동으로 비판을 받기도 한다.

유감스러운 일이지만 아직도 우리 주위에서 매우 작은 일에도 남을 생각하지 않는 모습을 종종 볼 수 있다. 아무렇지도 않게 침을 뱉는다든지, 고성방가, 노상방뇨, 질서 안 지키기 등 빈축을 살 말한 일을 버젓히 하고 다니는 것이다. 일본의 학부모들은 공부 열심히 하라는 말을 할 시간이 있으면 남에게 폐를 끼치기 말라는 말을 열 번 더 하겠다라고 할 만큼 예절교육을 강조하고 있다. 일본 어린이들의 유치원 수업 중 대부분이 예절교육인 것을 보면 일본인들의 친절성과 타인을 배려하는 마음은 타고 난 것이 아니라 후천적인 교육에서 만들어지는 것임을 알 수 있다.

### 3) 상대방을 존중하라

상대방을 존중하는 것은 에티켓에 앞서 인간관계의 기본이다. 남을 존경한다는 말은 예의범절의 기본이 되는 것으로 서양에티켓에서만 중요시되고 있는 것이 아니라 동양의 예절에서는 물론 그 어느 나라의 예법에서도 가장 중요한 사항으로 여겨지고 있는 것이다. 에티켓을 지키는 것은 결국 질서 있고 안정된 사회를 유지하려는 필요성에 의해서 발달되었다. 예절이 제대로 행해질 때 비로소 인간다운 생활을 영위할 수 있기 때문이다.

## 3. 에티켓 대(對) 매너

매너(Manner)의 어원은 Manuarius라는 라틴어에서 찾아볼 수 있다. Manuarius라는 말은 Manus와 Arius라는 단어의 복합어이다. Manus는 영어의 'Hand'란 뜻으로 사람의 손이라는 의미 이외에도 사람의 행동이나 습관 등의 뜻을 내포하고 있다. Arius는 영어로 'more at manual, more by manual'이란 뜻으로 방식, 방법의 의미를 내포하고 있다. 따라서 Manner란 사람마다 갖고 있는 독특한 습관, 몸가짐으로 해석되며 그것이 행동으로 나타나는 것(방식)을 말한다.

오늘날 에티켓과 매너는 예의라는 의미로 서로 구분없이 사용되고 있다. 그러나 사람들은 '그 사람은 예의없어'라고는 하지만 '에티켓이 나쁘다'라고는 말하지 않는다. 그 대신 '매너가 나쁘다'라고 한다. 그러나 '매너가 없다'라고 할 때는 '매너가 나쁘다'라는 뜻으로 쓰인다. 에티켓은 '있다, 없다'로 예의의 유무를 말하게 되며, 매너는 '좋다, 나쁘다'로 예의를 질적으로 평가하는 말로 쓰고 있다.

Etiquette과 Manner를 웹스터 영영사전에 찾아보면 다음과 같다.

Etiquette : the forms, manners, and ceremonies by convention as acceptable or required in social relations...

Manner : ways of social behavior ; deportment, esp. with reference to polite conventions(good manners, bad manners)

따라서 에티켓은 형식(forms)이며 매너는 방식(ways)임을 알 수 있다. 예를 들면 인사를 한다는 것은 에티켓이며, 그 인사를 경망스럽게 하느냐 혹은 공손하게 하느냐는 매너의 문제이다.

## 제4절
# 서양 에티켓의 기본

### 1. 레이디 퍼스트

Lady First, 바꿔 말해 여성 존중 사상은 서양 에티켓 중에서 동양권의 예의범절과 비교해서 가장 큰 특색이라 할 수 있다.

여성 존중 사상은 서양 에티켓의 기본이므로 오랜 유교 전통 사상으로 '남존여비' 등이 만연해 있는 우리나라 사람들이 특히 신경 써야 할 부분이다. 레이디 퍼스트 정신은 중세 기사도 정신과 기독교 정신에서 형성된 것으로 서양인들은 힘세고 강인한 남자들이 우아하면서 약한 여성을 돌보고 보호하는 것이 진정으로 남성의 품위나 힘을 나타내는 것이라 생각하였다.

서양인들은 기본 교양으로서 태어날 때부터 레이디 퍼스트의 에티켓을 배우고 실천하고 있으며, 여성 존중 사상은 에티켓의 가장 중요한 요소로써 이 개념을 근간으로 하여 에티켓이 생겨났다고 해도 과언이 아니다. 남성이 여성에게 예의를 지키는 것이 당연한 행동인 것처럼 여성 또한 오만불손해서는 안 되며 언제나 친절, 품위, 총명, 절도, 예의 등을 지켜야 한다.

미국의 수필가인 에머슨은 'gentleman'이란 말은 좋은 성품이나 덕행을 갖춘 사람을 의미하며 'lady'란 숙녀로서, 그 앞에 서는 남자라면 누구나 신사가 된다고 하였다.

## ■여성에 대한 배려

■방을 출입할 때는 여성이 먼저 출입하도록 도와주고, 회전문은 남성이 먼저 밀고 들어가 여성이 나오는 것을 도와준다.

■계단을 오를 때는 남성이 먼저 오르고, 내려갈 때는 여성이 앞서 내려간다. 단 계단의 경사가 너무 가파르거나 미끄러워 위험할 때는 남성이 앞서 내려가 여성을 도와준다.

■엘리베이터 이용 시 여성이 먼저 타고, 또 먼저 내리도록 배려한다.

■남성은 자신의 오른쪽에 여성을 두며 길을 걸을 때는 남성이 차가 다니는 쪽으로 걷는다.

■자동차, 기차, 버스 등은 여성이 먼저 타고, 내릴 때에는 남성이 먼저 내려 문을 열어 여성을 도와준다.

■여성 두 명과 함께 걷거나 앉을 때 남성은 중간에 있지 않는다. 왜냐하면 한 여성과 이야기할 때 다른 여성에게 뒤를 보이는 것은 소외감을 느끼게 하는 무례한 행위로 인식되기 때문이다.

■여성이 자리에 앉을 때에는 의자를 빼서 앉기 쉽게 도와준다.

## 2. 상석(上席)의 개념

국제 행사나 모임에서 서열을 정하는 것은 상대방을 예우해 주는 방법일 뿐만 아니라 서로가 질서 있는 생활을 하기 위해서도 중요한 일이다. 서열에 의해 존경하는 상대를 상석에 있도록 해야 하는데 상석의 일반적인 기준은 오른쪽이며 앞쪽이다.

쉬운 예로 여성과 동행할 때는 항상 오른쪽에 있도록 하는 것이 에티켓인 것이다(Left hand lady is not a lady. – 왼쪽에 있는 여성은 숙녀가 아니다).

상석에 앉는 사람이 윗사람이나 여성이라는 것은 알지만 어떤 곳이 상석인지는 잘 알지 못하는 것 같다. 따라서 상황별 상석을 알아보자.

### 자동차

운전기사가 있을 경우는 뒷좌석 오른쪽(운전선 대각선 방향)이 제1석이며 뒷좌석왼쪽이 제2석, 중앙이 제3석, 운전기사 옆자리가 제4석이 된다. 운전기사가 없는 자가 운전일 경우에는 운전석 옆자리가 제1석, 뒷좌석 오른쪽이 제2석, 뒷좌석 왼쪽이 제3석, 가운데가 제4석이 된다. 승차 시에는 윗사람과 여성이 먼저 타고, 내릴 때는 아랫사람과 남성이 먼저 내린 후 하차를 돕는 것이 예의이다.

운전사가 있는 경우

자가운전인 경우

### 기차

기차에서는 기차가 진행하는 방향 쪽의 창가가 제 1석, 그 건너편 창가가 제2석, 제1석 옆자리가 제3석, 그 건너편 통로쪽 좌석이 제4석이 된다. 침대차의 경우 아래쪽 침대가 상석이다.

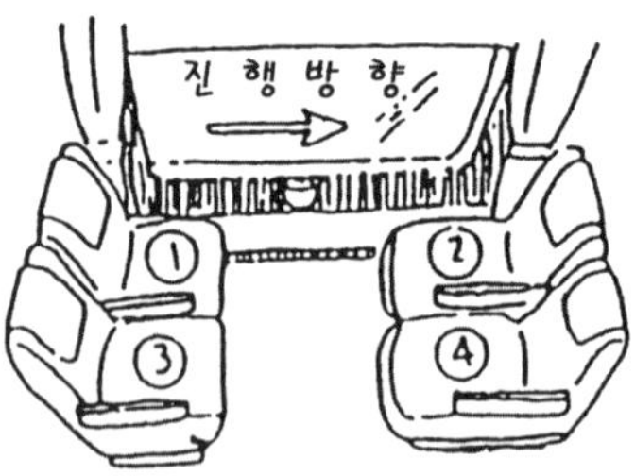

## 비행기

비행기는 상급자, 연장자가 마지막으로 타고 맨 처음 내리는 것이 올바른 순서이다. 기내에서의 상석은 창가 쪽이 제1석, 바깥 통로 쪽이 제2석, 가운데가 제3석이다.

## 엘리베이터

손윗사람이나 여성이 먼저 타고 내린다. 엘리베이터 내부에서의 상석은 엘리베이터로 들어갈 때 왼편 안쪽이고 조작 버튼 앞이 말석이다. 조작 버튼 앞에 있는 사람은 승객이 타고 내릴 때 열림 버튼을 눌러 기다려야 한다. 에너지 절약 차원에서 가급적 닫힘 버튼을 사용하지 않도록 하자.

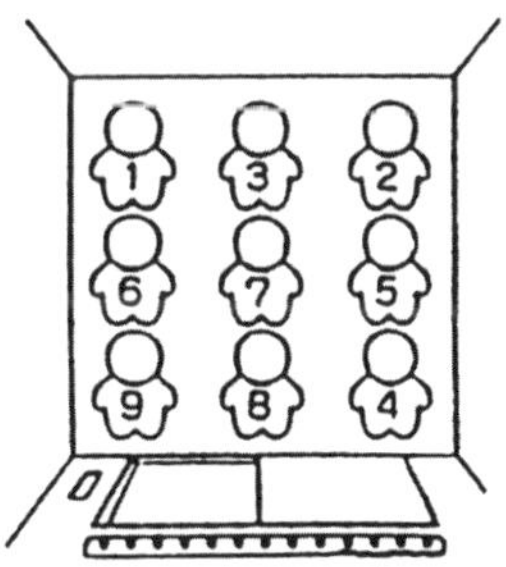


## 걸어갈 때

길을 두 명이 걸을 때는 오른쪽이 상석이지만 세 명이 걸을 때는 가운데가 제 1석, 오른쪽이 제2석, 왼쪽이 제3석이 된다. 네 명이 걸을 경우는 가운데 두 명 중 오른쪽이 최상석이 된다. 앞 뒤로 걸을 때는 윗사람이 앞서게 된다.

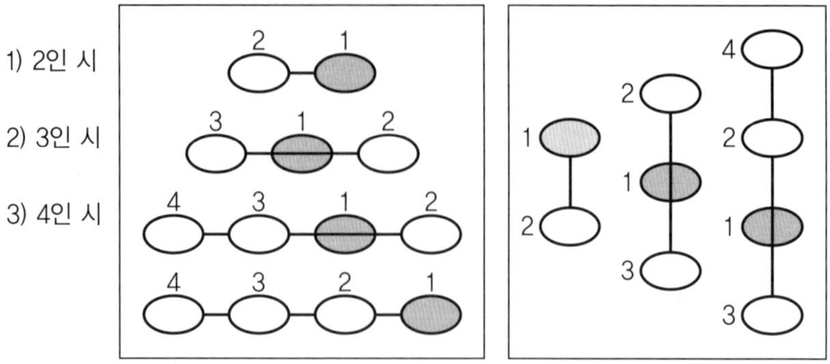


횡적 보행 시　　　종적 보행 시

## 테이블

서양에서 부부 모임의 테이블 자리 배치는 부부끼리 나란히 앉는 것이 아니라 마주보고 앉는 것이 예의이다.

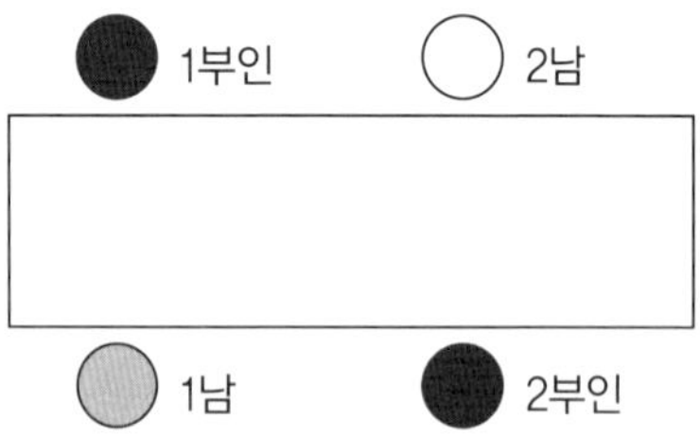


- 레스토랑에서 좋은 자리의 조건으로는 앉았을 때 전망이 좋은 자리가 최상석이다. 창가에서는 외부의 전경이 보일 수 있는 곳이나 쇼를 관람하는 곳, 그리고 무대가 제일 잘 보이는 좌석이 상석이다.
- 국기에 있어서는 자국과 타국의 국기를 병행할 경우 외국 국기가 오른쪽에 오도록 게양하는 것이 예의이다. 동일한 지위일 경우는 외국인에게 높은 서열을 적용한다.

■ 여성들 간의 서열은 기혼 부인, 미망인, 이혼 부인, 미혼자 순으로 하며 기혼의 부인 간에는 남편의 서열을 따르는 것이 일반적이다.
기본적으로 이와 같은 원칙을 알고 있되 T. P. O(Time, Place, Occasion)에 따라 상대방에 대해 배려하는 마음으로 자리를 정한다.

## 3. 순응성

국제사회에서의 에티켓에는 순응성이 대단히 중요하다. '로마에 가면 로마법을 따르라' 라는 속담이 있다. 자신과 습관이 다른 곳에서의 사교 생활에서 자기의 풍속과 습관을 고집한다면 타인과의 교제는 이루어질 수 없게 된다.

습관이나 풍속은 시대에 따라 변할 수도 있다. 에티켓도 나라, 종교, 인종에 따라 다를 수 있다는 것을 인식하고 때와 장소에 맞는 에티켓에 순응하는 것이 올바른 자세이다. 때로는 국가나 지역마다 우리의 상식이 통하지 않는 독특한 풍습이 있어 여행자들이 곤란을 겪는 경우도 있다. 그런 풍속은 비록 명문화되어 있지는 않지만 법령의 효과를 낼 수 있으므로 유의해야 한다. 따라서 여행자는 해외에 나가기 전에 해당 나라에 대한 기본 지식을 익히고 떠나야 불이익이나 곤란을 당하지 않는다.

우리는 보통 법을 지키면 손해라는 잘못된 인식을 가지고 있는데 이런 생각은 국제 사회에서는 금물이다. 법은 어떠한 경우라도 지켜야 하는 것이 국제 사회의 일반적 상식이다. 세계화 속에서 우리는 다른 사람과 다른 사회, 다른 국가에 대한 법, 풍속, 습관, 인격 등의 존중이 국제 매너의 기본임을 명심해야 한다.

습관이나 풍속은 나라, 종교, 인종에 따라 다를 수 있으므로
각각 그 곳의 에티켓을 익혀 순응하는 것이 올바른 매너이다.

# 02

# 매너의 실제

제1절 인사 매너
제2절 호칭과 경어 매너
제3절 소개 및 명함 매너
제4절 대화 매너
제5절 전화 매너
제6절 비즈니스 매너
제7절 경 · 조사 매너
제8절 방문 매너
제9절 공공장소 매너
제10절 복장 매너

열린세상

# 글로벌 매너와 문화

제2장

# 매너의 실제

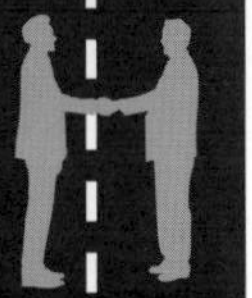

## 제1절
## 인사 매너

인사는 상대에게 자신의 마음 속에서 우러나오는 존경심과 반가움을 나타내는 형식의 하나로서 사람이 사람다움을 표현하는 행위이고 우리의 일상생활에서 가장 기본이 되는 예절이다.

인사를 T.P.O(time. place. occasion)에 맞게 예의 있게 잘하느냐 못하느냐에 따라 그 사람의 인격이 평가될 수도 있다. 이런 인사는 보통 3가지의 기본적인 기능을 가지고 있다.

첫째, 사람들이 만날 때 생길 수 있는 본능적인 불안감과 어색함을 감소시킨다.

둘째, 상대방에게 호의와 환영을 표시할 수 있다.

셋째, 좋은 인간관계를 유지시켜준다.

인사의 형태는 각국의 문화에 따라 각각 달라지기도 한다. 유목생활이나 개척생활 등 이동성이 강한 생활을 해온 민족은 생업상 수평형 인사가 발달해 왔고, 농경생활과 같은 정착생활을 해온 민족일수록 허리를 굽히는 수직형 인사가 발달해 왔다.

민주주의가 발달한 서양사회에서는 선 채로 몸의 일부를 접촉하는 형태의 인사가 발달하였는데 예를 들면 악수, 포옹, 키스 등이 있고, 서열을 중요시하는 동양사회에서는 유교의 영향으로 신분과 계급, 나이 등에 의해 상하의 수직적 관계를 나타내는 인사가 발달하였다. 동양의 인사법으로 무릎 꿇어 절하기, 허리 굽혀 절하기, 고개 숙여 절하기 등이 있다.

## 1. 인사의 기본 자세

- 인사는 내가 먼저 한다.
- 인사는 예의 바르고 정중하게 한다.
- 인사는 진심을 담은 자세로 한다.
- 인사는 누구에게든지 한다.

## 2. 인사의 POINT

### SMILE

형식적인 인사에 그치지 않으려면 진심에서 우러나는 밝고 자연스러운 표정이 수반되어야 한다.

### EYE-CONTACT

아무리 표정이 밝아도 인사를 받을 상대와 눈이 마주치지 않으면 '상대를 인정한다' 는 느낌이 없다.

**인사말(+α의 말)**

밝은 목소리의 인사말을 하여 성의와 관심을 표현한다.

**허리인사**

바른 인사자세로 세련된 모습을 연출한다.

## 3. 인사의 종류

### 1) 경례

절 대신 하는 인사법으로 경례는 크게 숙이는 동작, 멈추는 동작, 일어나는 동작으로 구분할 수 있다. 특히 멈추는 동작은 절의 맵시와 절도를 나타내므로 매우 중요하다. 남자가 경례할 때는 양손을 달걀모양으로 말아 쥐어 엄지로 주먹 속이 보이지 않게 하여 바지 재봉선에 붙이고, 여자는 오른손으로 왼손을 감싸고 엄지손가락을 서로 교차시켜서 아랫배에 가볍게 댄다.

#### (1) 경례의 종류

**❶ 의식 경례**

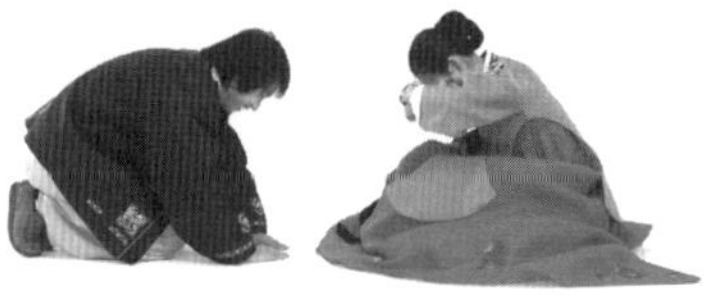

배례라 하며 허리를 90도로 숙여서 하는 인사로, 신랑 신부의 맞절, 상가에서 영좌에 하는 경례, 제의례나 추모의식에서 신위에 하는 경례이다.

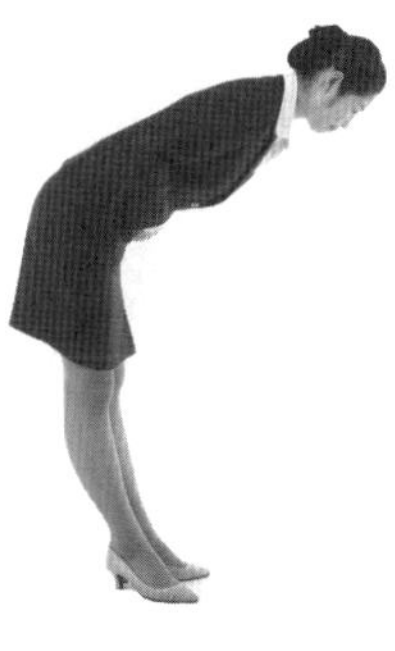

**❷ 큰 경례**

정중례라 하며 허리를 45도 숙여서 하는 인사로, 자기가 경례를 해도 답배를 하지 않아도 되는 높은 어른에게 하는 인사이다. 상대방에게 사과해야 할 경우나 감사의 마음을 전하고 싶을 때 큰 경례를 한다.

### ❸ 평경례

보통인사로 허리를 30도 정도 숙여서 하는 인사로 자기가 경례를 하면 답례를 해야 하는 웃어른이나 같은 또래에게 한다. 고객을 응대할 때나 상사에게 인사할 경우에 평경례로 한다.

### ❹ 반경례

허리를 15도 정도 숙여서 하는 인사로 윗사람이 아랫사람의 경례에 답례할 때 하는 경례이다.

## 2) 악수

악수는 서로가 대등한 입장에서, 감사의 마음과 우정을 표시하기 위하여 손을 마주 잡는 것으로 중세까지는 약속을 인정하거나 선의를 보여 주기 위하여 손을 잡는 행위에 지나지 않았다. 이것이 나중에 인사법이 되어 전 세계에 퍼지게 되었는데 일설에는 미국의 남북전쟁 당시에 적군을 만나 회담하거나 점령한 군대가 마을을 방문할 때에 자기 손에는 무기가 없으니 안심하라는 뜻에서 오른손을 내민 것에서 유래되었다고 한다. 따라서 지금도 악수는 특별한 장애가 없는 한 반드시 오른손으로 하는 것으로 되어 있다.

### (1) 올바른 악수법

#### 손 쥐는 법

손을 팔꿈치만큼 올려서 너무 세게 혹은 약하지 않게 쥐어야 한다. 손가락 끝을 잡거나 스치듯 가볍게 쥐는 것도 실례이다. 손을 너무 오랫동안 쥐고 있지 않도록 주의해야 한다.

#### 손 흔드는 법

상하로 가볍게 흔들되 자신의 어깨보다 높이 올려서는 안 된다. 여자와 악수할 때는 살짝만 움직인다. 윗사람이 흔드는 대로 따라 흔든다.

#### 시선 처리

상대의 눈을 똑바로 본다. 특히 서양인과 악수할 때는 시선을 돌리면 비굴하거나 떳떳하지 못한 사람으로 오인받을 수 있다.

#### 자세

허리를 꼿꼿이 세워 대등하게 한다. 대통령이나 왕족을 대하는 경우에는 머리를 숙여야 하지만, 그 이외의 경우에는 머리를 숙일 필요가 없다.

#### 악수와 장갑

남성은 악수할 때는 장갑을 벗는 것이 격식에 맞다. 특히 여성과 악수할 때는 반드시 벗어야 한다. 다만 갑작스러운 만남에서 여성이 손을 내밀 때, 장갑을 벗느라 상대를 기다리게 하는 것보다는 양해를 구한 뒤 장갑을 낀 채 신속하게 대응하는 편이 더 낫다.

여성은 실외에서 악수를 청할 때는 장갑을 벗을 필요가 없으며, 장갑을 낀 채로 악수를 해도 괜찮다.

### ⑵ 악수의 순서

악수는 원칙적으로 손윗사람이 손아랫사람에게 하는 것으로 되어 있다. 다만 국가원수, 왕족, 성직자 등은 예외이다.

**■ 악수의 순서**

- ■ 여성 → 남성
- ■ 상급자 → 하급자
- ■ 선배 → 후배
- ■ 연장자 → 연소자
- ■ 기혼자 → 미혼자

## 3) 목례(Bow)

목례는 가볍게 머리를 숙여 경의를 표하는 것으로 머리나 상반신을 굽히는 정도는 상대방의 정도에 따르는 것이 좋다. 하루에도 여러 번 반복해서 만나거나 동료 사이 혹은 보행 중 마주칠 경우 정지해서 일반경례를 하기 어려울 때 목례로 한다. 여성의 경우 남성에게 악수를 청하지 않는 대신 목례와 미소를 보내는 것도 예의에 어긋나지 않는다.

## 4) 키스(Kiss)

키스는 구미에 널리 퍼져 있는 인사법이다. 영국이나 미국에서는 키스라는 한 단어만 가지고 있으나 라틴계에서는 우정의 키스로 얼굴이나 뺨에 하는 것을 오스쿨룸(osculum)이라 하고, 애정으로 얼굴에 하는 키스를 바시움(basium)이라 하며, 연인들끼리 입술에 하는 키스를 사우비움(sauvium)이라 한다.

키스는 사랑, 우정, 존경의 뜻으로 자신의 입술을 남에게 주는 것이므로 목적과 대상에 따라 키스의 방법도 다르다.

❶ 입과 입을 정면으로 맞추는 것은 부부나 사랑하는 연인 사이에만 허용된다.

❷ 남녀를 막론하고 상대방의 볼에 입맞추는 것은 우정의 표시이다. 서양에서는 많은 여성들이 우정의 키스를 사교에서 활용한다.

❸ 부모와 자식 간의 키스는 부모가 자식의 이마에 입을 맞추어 주면 자녀는 답례로 부모의 볼에 키스한다.

❹ 결혼한 여성에 대한 정중한 인사로 남성이 여성의 손을 잡고 상반신을 굽혀 가볍게 손등에 입술을 대는 인사법으로, 이때 여자는 손가락이 밑으로 향하도록 손을 내민다. 예전에는 구미 각국에서 널리 행해졌으나 오늘날 영국이나 미국에서는 거의 찾아볼 수 없다. 반면 유럽이나 라틴계 국가의 사교계에선 지금도 자연스러운 에티켓이다.

### 5) 포옹(Embrace)

포옹은 반가움과 친밀감을 온몸으로 표현하는 인사법이다. 라틴계 또는 슬라브계 나라에서는 오랜만에 만나 친척이나 친구 사이일 때 포옹과 함께 양쪽에 입을 맞추는 관습이 있다. 악수보다 훨씬 친밀감 넘치는 표현이다.

### 6) 커트시(Curtsey)

왼발을 뒤로 물리며 무릎을 굽히고 몸을 숙이는 인사법으로 주로 부인들이 가장 공손하게 존경을 표시하는 절이다. 남자들은 신이나 아주 높은 성직자 앞에서 이와 같은 인사를 하나 부인들은 황제나 황후, 황족에 대해서 커트시를 한다. 예전에 서양 귀족사회에서 성행하였으나 지금은 거의 사라져 버린 인사법이다.

## 4. 나라마다 다른 인사법

각 나라의 문화에 따라 인사법이 다를 수 있으므로 상대방의 인사법을 익혀두는 것이 좋다. 또한 인사말은 현지어로 하는 것이 예의이다.

각 나라별 인사법은 다음과 같다.

| 인사의 종류 | 나라별 인사법 |
|---|---|
| 악수<br>(Hand shake) | • 미국 : 손을 힘있게 쥐고 흔들며 손윗사람일 경우 격려의 뜻으로 손아랫사람의 어깨를 두드리기도 한다.<br>• 독일 : 언제나 강하고 짧게 흔든다.<br>• 프랑스 : 프랑스식 악수는 손에 힘을 많이 주지 않는다<br>• 중남미 : 여성과 악수할 때 손등에 입을 맞추는 경우가 많다.<br>• 한국 : 악수가 인사로서 별 의미가 없고, 손을 잡는 그 자체에 의미를 둔다. |
| 목례(Bow) | • 중국을 비롯한 아시아의 유교 영향권 나라 : 하급자, 연하자일수록 먼저 더 낮추어 고개를 숙인다. |
| 입맞춤(Kiss) | • 러시아 : 키스하고 포옹한다.<br>• 프랑스, 이탈리아, 스페인, 포르투칼 그 외 다른 지중해 연안의 나라 : 주로 양쪽 뺨에 키스를 한다. 단, 이성 간에는 연인이 아닌 경우라면 소리만 내고 실제 키스는 하지 않는다. |
| 와이(Wai) | • 태국의 전통적 인사법으로 생활 최고의 규범이자 존경 또는 고마움의 표시이다.<br>• 두 손을 모으고 팔과 팔꿈치를 몸에 붙인 채로 '와이' 라고 말하면서 고개를 숙인다.<br>• 합장한 손이 위로 올라갈수록 공경의 정도가 커진다.<br>• 상위자가 하위자의 와이에 응할 때엔 양손을 합장하되 머리는 숙이지 않는다.<br>• 같은 서열 사이인 경우 양손 끝이 목 근처로 올라오되 코 높이를 넘지 않도록 한다. |
| 나마스테<br>(Namaste) | • 인도의 전통인사로 '와이' 와 비슷한 합장인사이며 상대에 대한 존경의 표시를 나타내며, 산스크리트어로 '당신 앞에 절합니다' 라는 뜻이 있다. |
| 살람(Salaam) | • 싱가포르의 전통인사로 손을 잡지 않고 인사하는 것을 말하며 한 손을 펴서 서로의 손에 가볍게 댄 후 그 손을 가슴 위에 올려 놓는다. |

| 인사의 종류 | 나라별 인사법 |
|---|---|
| 아브라쏘 (Abraso) | • 멕시코, 아르헨티나, 콜롬비아 등 중남미 나라 : 서로 껴안고 키스를 한 후 친근감의 표시로 어깨를 두드리는 행위로 키스보다 훨씬 신체접촉이 많으며 시간도 길게 걸린다. |
| 코비비기 (Nasengruss) | • 폴리네시안 : 코를 서로 비벼대는 인사법으로 알려져 있다.<br>• 뉴질랜드 북섬에 있는 로토루아 마오리족 : 반가운 남녀가 만나면 '홍기' 라는 인사가 자연스럽게 이루어진다. '홍기' 는 코를 서로 두번씩 비비는 것이다.<br>• 터키 : 친한 사람들끼리 만나면 서로 볼을 비비거나 손을 붙잡는다. |
| 침뱉기 | • 아프리카 탄자니아의 마사이 한 부족 : 만나거나 헤어질 때 상대방에 대한 존경과 친근감의 표시로 얼굴에 침을 뱉는다.<br>• 갓 태어난 아이에게도 축복과 행운의 의미로 침을 뱉고, 상거래 시 장사꾼 상호 간의 홍정을 위해서도 침을 뱉는다. |
| 기타 | • 에스키모족 : 서로의 뺨을 치는 것이 반갑다는 인사<br>• 티베트인 : 자신의 귀를 잡아당기며 혓바닥을 길게 내밀어 친근감을 표시한다. |

## 제2절
## 호칭과 경어 매너

제대로 된 호칭과 경어의 사용은 에티켓의 기본 요소이다. 자신과 상대편의 나이 · 위상, 대화상황에 알맞은 호칭을 구사할 줄 알아야 한다. 우선 대화 중인 상대편의 이름, 회사 내 사람 이름, 거래처와 담당자 이름을 정확히 기억해야 된다. 말을 걸 때 상대방의 이름을 불러주면 상대방은 관심과 성의에 대하여 남다른 인상을 받을 것이고, 여러 번 봤는데도 얼굴이나 이름을 기억 못하면 무능하고 열의가 부족한 사람으로 오인될 수 있다.

## 1. 대상별 호칭법

대상에 따른 호칭법은 다음과 같다.

| 인사의 종류 | 나라별 인사법 |
|---|---|
| 상 사 | • 직접 대면할 때에는 성과 직위에 '님' 자를 붙인다.<br>• 성명을 모르면 직위에 '님' 자만 붙인다.<br>• 상사에게 자신을 호칭할 때에는 '저' 또는 성과 지위(직명)를 사용한다.<br>(예: 허대리입니다.) |
| 부하 또는 동료직원 | • 하급자나 동료에게는 성과 직위 또는 직함으로 칭한다.<br>(예: 김과장, ○○○씨)<br>• 초면이거나 선임자일 때엔 '님' 자를 붙인다.<br>• 자신을 칭할 땐 '나' 라고 한다.<br>• 부하라도 연장자일 때는 적절한 예우가 필요하다. |
| 차상급자가 상급자를 호칭할 때 | • 자신의 상사보다 더 윗사람 앞에서 자기 상사를 칭할 땐 '님' 자를 빼고 직책이나 직위만 사용한다.<br>(예: 부장님, 김과장이...)<br>• 외부 인사나 윗항렬 친족과 이야기할 때는 "김과장께서.."하는 식으로 말한다. |
| 남자직원이 여자직원을 부를 때 | • '○○○씨' 로 부르는 것이 좋다. 후배 여직원을 부를 때도 '○○○씨', 직위가 있을 경우엔 성에 직위를 붙여 부른다.<br>• 손아래 남자직원이 선배 여직원을 부를 때는 '선배님' 이라는 호칭을 쓴다. 직위가 있으면 직위로 부른다. |

## 2. 바른 호칭법

### '씨' 의 바른 사용

■ 동년배 또는 나이차이가 위아래로 10년을 넘지 않을 때 쓴다.

■ 나이가 10세 이상 많을 때에는 '○○○선생님' 이라는 호칭을 쓴다.

### '형'의 바른 사용

- 아래위로 5세 범위 내에서만 사용한다.
- 다른 사람 앞에서 3인칭으로 쓸 때엔 성에 이름까지 붙여 말한다.
- 연상의 하급자를 부를 때 사용할 수도 있다.

### '선생'의 바른 사용

- 누구나 존경할만한 사람이나 처음 만나는 사람, 나이 차가 아주 많은 연장자에게는 '선생님'이란 호칭을 쓴다. 동년배나 연하, 연상의 하급자에겐 '선생'이 무난하다.

### '나'와 '저', '저희'

- 연하라도 상관일 경우 공식석상에서는 '저'라고 칭한다.
- 조직체 장(長)인 경우 공식 행사나 회의 때는 '저'라는 호칭을 사용한다.
- 다른 회사에 대해서 자신이 속한 회사를 칭할 때는 '저희 회사'가 맞다.

### 실수하기 쉬운 호칭

- 상사에 대한 존칭은 호칭에만 붙인다(예: 회장님실→회장실).
- 본인이 참석한 자리에서 그 지시를 전달할 땐 '님'을 붙인다(예: 상무님 지시사항을 말씀드리겠습니다).
- 문서에는 상관에 대한 존칭을 생략한다(예 : 박부장님 제안→박부장 제안).

## 3. 서양인에 대한 호칭과 경칭

### 이름의 구성

영어권 국민의 이름은 본명 · 중간이름 · 성으로 구분된다. 처음으로 들어

가는 것이 퍼스트 네임 또는 기븐 네임(first name or given name)이라고 하여 우리나라의 본명에 해당되며, 중간에 들어가는 것이 미들 네임(middle name)으로 우리나라에 없는 이름이다. 마지막 자리가 라스트 네임 또는 패밀리 네임(last name or family name)으로 성에 해당된다.

### 표기 방법

경우에 따라서 미들 네임이나 퍼스트 네임을 생략하기도 한다. 미국식은 미들 네임이나 퍼스트 네임, 둘 중 하나만 생략하는 것이고, 영국에선 성 이외의 것은 모두 생략해도 좋다. 또한 표기 시 미들 네임이나 퍼스트 네임을 약자로 쓰기도 한다.

### 일반적인 호칭

미국에선 처음 소개받은 사람이라도 바로 이름을 부르는 것이 결례가 되지 않는다. Mr, Miss 등의 경칭을 계속 사용하면 고지식한 사람 또는 거리감이 느껴지는 사람으로 평가받기 쉽다. 그렇다고 함부로 아무 이름이나 부를 수 없으므로 기준을 잘 알아두어야 한다. 친구, 동료처럼 대등한 위치의 사람이라면 자연스럽게 이름을 부른다. 나이나 지위가 높은 사람이라도 상대방이 'please call me Tom' 이라고 하면 상대방의 이름을 부른다.

### 일반인에 대한 경칭

의사 · 교수 같은 전문 직업인, 정부 고위 관료 등 사회적 지위가 높은 사람에겐 원칙적으로 그에 알맞은 경칭을 사용한다. Mr.는 남자 이름 앞에 붙이는 경칭으로 '미스터 프레지던트' 처럼 관직명 앞에 붙여 쓰기도 한다. 의사나 인문과학분야 박사학위 취득자에게는 Mr.대신에 Dr.를 사용한다. 친한 사이라도 용건이 분명할 땐 Dr.라고 불러주는 것이 좋다.

## 4. 바른 경어 사용법

사회활동을 하면서 대 · 내외적으로 많은 사람과 접촉하게 될 때 경어의 사용에 대한 올바른 지식이 요구된다. 경어는 듣는 사람과 말하는 사람과의 인간관계에서 구별되어 사용되는데 보통 상하관계, 친분관계 등 사회적 · 심리적 거리감에 따라 경어의 사용이 달라진다.

### 상대방을 높여주는 존경어

존경어는 말하는 상대, 즉 듣는 사람이나 또는 화제 중에 등장하는 인물에 대한 경의를 나타내는 말로 표현의 방법은 다음과 같다.

**예)** ○○선생님, ○○씨, ○○여사, 귀하, 귀사, 잡수신다, 말씀하신다.

### 자신을 낮추는 겸양어

자신과 자신의 동작 · 태도에 대해 낮추어 표현함으로써 상대적으로 상대방을 높이는 표현으로 표현 방법은 다음과 같다.

**예)** 우리들, 저희, 저희들, 여쭙다, 뵙다, 드리다, 찾아뵙겠습니다.

### 정중한 공손어

정중한 말은 격식 있는 분위기로 이야기할 때 사용하는 말로서 품위 있는 아름다운 말이다. 상대방에게 공손한 마음을 표현할 때 쓰며 말 끝에 '~ㅂ니다.'를 붙인다.

**예)** 안녕하십니까? 보고 드립니다. 말씀해 주십시오.

## 제3절
# 소개 및 명함 매너

사람을 처음 만날 때는 스스로 누군가에게 접근해 자기를 소개하는 경우와 양쪽을 모두 아는 제3자가 두 사람을 소개하는 경우가 있다. 자기 자신을 알리거나 다른 사람을 소개하는 일은 모두에 대한 경의의 표시이기도 하므로 적극적인 자세로 제대로 해야 한다.

### 1. 소개의 5단계

**1단계** 일어선다.

- 동성끼리 소개받을 때는 서로 일어난다.
- 남성이 여성을 소개받을 때는 반드시 일어난다.
- 여성이 남성을 소개받을 때는 반드시 일어나지 않아도 된다.
- 연장자, 성직자, 상급자를 소개받을 때는 남녀에 관계없이 일어나야 한다.

**2단계** 상대방의 눈을 바라보며 즐거운 표정을 짓는다.

**3단계** 악수나 인사를 한다.

**4단계** 인사를 하면서 상대방의 이름을 반복한다.

**5단계** 대화가 끝난 후에는 마무리 인사를 한다.

## 2. 상황별 소개 방법

### 1) 자기 자신을 소개할 때

- ■자신의 지위를 밝히지 않고 이름과 성을 알려준다.
- ■자신의 이름 앞에 존칭을 붙이지 않는다(Mr. Mrs. Miss).
- ■자신을 공공연히 소개하는 것이 자기자랑을 한다거나 부끄러운 일이라는 생각을 버린다.

### 2) 타인 소개

윗사람의 이름을 먼저 부른 후, 아랫사람의 이름을 먼저 알려주는 것이 원칙이다.

예를 들어, Mr. Lee가 윗사람이고 Mr. Kim이 아랫사람이면 "Mr. Lee, this is Mr. Kim"이라고 소개한다.

**■바른 소개 순서**

- 연소자를 연장자에게
- 남성을 여성에게
- 후배를 선배에게
- 미혼자를 기혼자에게
- 집안 사람을 손님에게
- 하급자를 상급자에게
- 회사동료나 임원을 외부인(고객)에게
- 지명도 낮은 사람을 높은 사람에게

## 3. 소개받은 후의 대화와 헤어짐

초면인 사람과는 정치, 종교, 금전, 신체와 관련된 내용은 피해야 할 주제들이다. 또한, 일방적으로 말하거나 반대로 조용히 앉아 있는 것도 실례가 된다. 가족, 직장문제처럼 지나치게 개인적인 주제들은 되도록 꺼내지 않는 것이 좋다. 소개를 받은 후 헤어질 때는 인사를 하는 것이 예의이며 적은 인원의 파티에서 자리를 뜰 경우엔 소개받았던 모든 이에게 인사해야 하며 사람이 많은 파티에선 호스티스와 호스트, 자기 주변의 사람에게만 인사를 하면 된다. 사람들의 주의를 끌지 않도록 작은 목소리로 정중하게 이야기하며 작별인사를 할 때 역시 일어서는 것이 예의이다.

## 4. 올바른 명함 사용법

올바른 명함 사용 방법을 아는 것은 국제 매너 상 매우 중요한 역할을 한다. 우리나라에서는 사교형 명함과 업무용 명함이 하나로 통일되어 별다른 구별 없이 사용하고 있으나 서양에서는 엄격히 구별하여 쓰고 있다. 그러므로 때와 장소에 맞게 적절하게 명함을 사용한다면 돋보이는 국제인이 될 수 있을 것이다.

명함이 생겨난 유래에 대해서는 의견이 분분한데 동양에서는 중국이, 서양에서는 프랑스에서 시작되었다는 의견이 지배적이다. 중국 춘추시대의 공자도 명함을 썼는데, 당시에는 친구의 집을 방문했다가 친구가 부재중이면 자신의 이름을 적어 남겨 놓고 오는 관습이 있었는데 집에 돌아온 친구가 명함을 보고는 바로 그 사람을 찾아가 인사하는 것이 에티켓으로 통용되었다고 한다. 서양에서는 프랑스 루이 14세 시대부터 사용되기 시작한 것으로 알려져 있다. 당시 사교계 귀부인들이 트럼프 카드에 자신의 이름을 써서 왕에게 올린 것이 시초가 되었는데, 그 후 명함용 흰 종이에 직접 글씨를 쓰던 것에서 동판 인쇄물로 발전해 지금의 형태를 갖추게 되었다. 명함은 자신의 얼굴과 같은 것이므로 품위 있게 만들고 올바르게 사용하는 것이 중요하다.

### 1) 명함의 표기방법

명함은 그 사람을 대신하는 역할을 하므로 표기방법과 규격에 맞추어 올바르게 만들어야 한다. 규격을 크게 한다든지 모퉁이를 원형으로 하거나 색깔 있는 용지를 쓰는 것을 삼가야 한다.

■ 명함에 다음 항목을 표기한다.

- 회사 로고나 심볼
- 자신의 이름
- 직위
- 회사이름
- 회사주소
- 전화번호
- 팩스번호
- 이메일주소

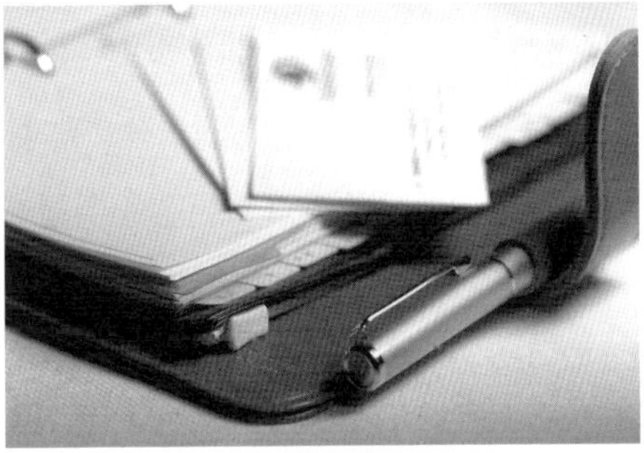

■ 비지니스를 위한 명함은 2개 국어로 제작한다. 한 면에는 자국어로, 다른 한 면에는 방문국의 언어로 표기한다.

■ 유럽에서는 신용을 얻기 위해 명함에 학위를 표기하기도 한다.

■ 독일인 · 네델란드인 · 스위스인을 만날 때는, 회사가 세워진지 오래되었다면 회사 설립연도를 표기하는 것도 좋다.

### 2) 명함교환 매너

■ 명함은 서서 주고받는 것이 예의이다.

■ 명함을 건네는 위치는 상대방의 가슴 높이 정도가 적당하다.

■ 명함을 주고받을 때는 간략한 자기 소개의 말을 한다.

- 명함은 반드시 명함지갑에서 꺼내고 받은 명함도 그 곳에 넣는다.
- 명함 지갑은 바지주머니가 아닌 상의 안쪽 주머니에서 꺼내는 것이 매너이다.
- 받은 명함을 즉시 호주머니에 넣는 것은 예의에 어긋나므로 명함을 받으면 일단 그 내용과 관련해 한두 마디 대화를 나눈다.
- 명함을 받았을 때 상대방의 이름이 외국어이거나 어려운 한자일 경우 즉석에서 확인해 나중에 실수를 막도록 한다.
- 명함도 소개 때와 마찬가지로 하위자가 상위자에게 먼저 내민다. 명함 오른쪽 끝을 오른손 엄지손가락과 집게손가락으로 잡아 건네는 것이 예의이다. 이때 왼손으로 오른손을 가볍게 받쳐든다.
- 상대와 동시에 명함을 꺼냈을 때는 상대편의 명함을 왼손으로 받은 후 오른손으로 옮겨 쥔다.
- 식사 중에는 명함을 전달하지 않으며, 식사가 끝날 때까지 기다린다.
- 저녁 파티에서는 상대방이 먼저 명함을 요청하지 않으면 꺼내지 않는다.

### 3) 명함의 종류

#### (1) 사교형 명함

예전에 공자가 만나러 간 사람을 못 만나고 돌아올 때 남겼던 이름에서 유래된 것이 비지팅 카드(visiting card), 곧 사교형 명함의 시초이다. 사교형 명함은 원래 Mr.나 Mrs. 또는 부부용인 경우 Mr. and Mrs. 존칭을 붙여 이름만 인쇄했다. 보통 이름 외에 아무 것도 넣지 않지만 주소나 전화번호를 넣을 때는 우측하단에 작은 글씨로 넣는 것이 좋다. 사교형 명함은 처음 만난 사람과 교환하는 것이 아니고 꽃이나 선물을 보낼 때, 파티에 초대할 때 초대장 대신으로, 축의 · 사의 · 조의 등을 표시하는 메시지 카드로 주로 사용한다. 미국의 사교형 명함은 보통 흑색잉크로 동판인쇄하고 필기체로 쓴다.

### (2) 업무용 명함

업무용 명함은 회사 사원이 다른 회사나 고객을 사업상 만났을 때와 같이 업무용으로 쓰는 것이므로 이것을 방문용과 혼동하여 사교용으로 써서는 안 된다. 보통 업무용 명함이 사교형 명함보다 약간 크며 사교형 명함이 필기체인데 비하여 고딕체나 명조체를 쓴다. 업무용 명함에는 중역이나 사장용 명함과 사원과 같은 일반 명함이 있다.

#### 사장이나 중역용

명함 중앙에 이름을 넣고 하단에 직위와 회사명을 쓴다.

#### 사원용 명함

명함의 중앙에 회사명을 쓰고 성명과 소속 부서 · 회사 · 주소 등을 좌측 하단에 쓰고 남자의 경우는 Mr. 존칭을 붙인다.

## 4) 명함을 주고받을 때의 주의사항

명함을 교환한 후에 받은 명함 위에 글씨를 쓰거나 무심코 낙서를 하는 이들이 있는데 삼가야 한다. 꼭 메모할 일이 있는데 종이가 없을 땐 반드시 양해를 구하고 깨끗한 필체로 적어 넣는다. 상대방이 보는 앞에서 명함을 구기거나 손장난을 치다가 떨어뜨리는 행위는 큰 실례가 된다. 상대방의 사무실을 방문했다가 돌아가면서 받은 명함을 테이블 위에 놓고 나가는 실수도 없어야 한다. 또 상대의 이름을 금방 잊어버려 다시 명함을 꺼내 본다거나, 명함지갑을 어디 두었는지 몰라 허둥대는 모습, 명함을 충분히 챙겨두지 않아 받기만 하고 주지 못하는 경우도 피해야 할 상황이다.

### 5) 명함 활용을 위한 정리법

받은 명함을 정리하지 않으면 종이조각에 지나지 않는다. 필요할 때에 바로 찾아서 활용할 수 있도록 효율적으로 정리를 해야 한다. 명함을 받은 당일에 명함의 여백에 만난 일자, 장소, 용건 등을 메모해 두도록 한다. 상대의 얼굴과 특징을 잊지 않도록 간단히 신상에 대해 메모를 해둔다. 파일을 만들 경우 가나다순으로 하면 상대의 이름을 확실히 기억하지 않으면 찾기 어려우므로 회사별, 업종별로 정리해 두도록 한다. 여담으로 들은 취미나 기호 등도 명함과 함께 따로 메모해 두면 좋다.

### 6) 외국인과의 명함 교환 매너

서양인은 초면 인사 때 명함을 잘 주지 않는다. 파티에서 명함을 돌리는 자체가 주최자에 대하여 실례로 볼 정도이다. 따라서 한국식으로 인사와 함께 명함부터 내밀고 보는 행위는 자제하는 것이 좋다. 서양인들은 대화를 나누어 보고 차후 접촉해볼 필요가 있다고 판단되면 대화가 끝나고 헤어질 무렵에 명함을 준다. 또한, 서양인과 명함을 교환할 때는 반드시 오른손을 사용해야 한다. 명함은 악수와 달리 장갑낀 손으로 주고 받아도 큰 무리가 없다.

## 제4절
## 대화 매너

대화는 인간만이 소유할 수 있는 특권으로 다양한 인간관계를 공유하게 해주며 적극적인 나의 표현 수단이다. 그러므로 무엇보다 서로를 이해하고 받아들이려는 자세가 필요하며 열린 마음으로 대화에 임할 때 쌍방적(雙方的)이고 질적인 대화가 이루어질 수 있을 것이다.

좋은 대화는 일상에 활력을 불어 넣어주며 사업을 성공으로 이끌며, 진실한 우정과 화목한 가정을 약속한다.

## 1. 바른 대화 예절

- 대화하는 사람 사이의 거리는 60~70cm가 이상적이다. 너무 가까이 다가가면 상대방에게 불쾌감을 줄 수 있고 위협받고 있다는 느낌을 줄 수 있다.
- 주위를 두리번거리거나 대화 중 창문 등 엉뚱한 곳을 뚫어져라 응시하는 것은 실례가 되므로 시선은 상대방의 얼굴에 둔다.

- 다리 떨기, 머리카락 만지기, 손 비비기, 손톱 깨물기, 몸 흔들기 등 좋지 않은 버릇이 무의식 중에 드러나지 않도록 하며, 대화 도중 팔장을 끼거나 다리를 포개어 앉지 않도록 한다.
- 너무 심한 사투리와 불명확한 발음은 삼간다. 속어, 비어, 유행어의 사용을 자제하며 품위 있는 언어를 사용하도록 한다.
- 지나치게 높은 톤은 경박스럽게 보일 수 있고, 너무 낮은 억양은 분위기를 무겁게 만들 수 있으므로 억양에 신경을 쓴다.
- 상대방의 입장을 고려한 장소에 적절한 언어를 구사하도록 한다.

누구든지 대화에서 소외되었다는 느낌을 받게 해서는 안 되므로 말할 기회를 놓친 사람에겐 적절한 질문을 유도하여 대화에 참여시키도록 한다.

처음 만남에서 여성의 나이나 결혼여부를 묻는 것은 실례가 되므로 삼가도록 한다.

## 2. 좋은 대화 상대가 되는 법

좋은 대화 상대가 되려면 다른 사람의 마음을 짐작하며 헤아릴 수 있어야 한다. 진실하고 성의 있는 자세, 상대에 대한 세심한 배려, 긍정과 공감에 초점을 둔 대화기법이 좋은 인간관계를 보장한다.

■ 1 · 2 · 3법칙을 적용하라.

말을 잘하는 사람은 남의 말을 잘 듣고 공감하는 사람이다. 1 · 2 · 3법칙이란 1번 말하고 2번 듣고 3번 공감하라는 법칙인데 상대와의 대화 중 가장 필요한 부분이라 하겠다.

■ 상대방에 대한 칭찬을 아끼지 말라.

사람은 자신을 칭찬하는 사람을 칭찬하고 싶어하므로 남을 칭찬하는 것은 곧 나를 칭찬하는 것이다. 누구라도 한두 가지의 장점은 있기 마련이므로 그것을 빨리 파악해 진심어린 칭찬을 한다면 당신은 좋은 대화 상대가 될 것이다.

■ 대화의 내용에 공감하고 긍정하라.

사람은 자신의 희로애락에 공감하는 사람에게서 안정감과 친근감을 느낀다. 또 긍정의 기술도 필요한데 "왜 그렇게 피곤해 보여요?"의 표현보다는

"요즘 바쁘신 가봐요. 확실히 능력 있는 분은 다르네요"라고 표현하는 쪽이 더 긍정적이다. 그때 그때의 적절한 감탄사와 맞장구는 상대방으로 하여금 당신이 자신의 말을 경청하고 있다는 느낌을 갖게 해준다.

■ 겸손은 최고의 미덕이다.

장점은 남이 인정해 주는 것이지 자신이 애써 부각시킨다고 공식화되는 것은 아닌데 이것을 모르고 남 앞에서 자신의 장점을 자랑하고 싶어하는 사람들이 많다. 잘난 척하는 사람이나 너무 완벽해 보이는 사람에겐 거리감이 느껴지게 마련이므로 겸손한 자세로 대화에 임해야 한다.

■ 대화의 첫마디를 준비하라.

첫 만남을 앞둔 시점이면 상대를 만나 어떤 식으로 이야기를 풀어갈지 미리 생각해 두도록 한다. 재치 있는 말이 떠오르지 않을 때는 그 날의 대화 주제와 관련된 옛경험을 떠올려 보던지 신문, 잡지, 인터넷을 통해 대화의 소재를 찾도록 한나.

■ 대화의 룰을 지켜라.

좋은 대화는 일정한 규칙이 있는데 이것은 상대방의 말을 가로막지 않는다, 의견을 제시할 때는 반론의 기회를 준다, 임의로 화제를 바꾸지 않는다 등으로 우리가 평소에 잘 알고 있는 것들이지만 지키기는 쉽지 않다. 말을 주고받는 순서나 자신이 하고 있는 말을 항상 염두에 두면 대화 상에서 실수를 줄일 수 있다.

■ 호감 받는 경청 매너 10가지

1. 귀를 기울일 것
2. 표정과 동작을 주시할 것
3. 감각을 총동원하여 들을 것
4. 분위기를 깨지 말 것
5. 맞장구 칠 것
6. 주의 깊게 들을 것
7. 중단시키지 말 것
8. 흥미를 가질 것
9. 상대방의 입장에서 들을 것
10. 상대방의 거울이 될 것

## 3. 바디 랭귀지(Body Language)

사람은 언어만으로 의사소통을 하는 것이 아니다. 자세, 손의 움직임, 시선접촉, 공간 사용 등 다양한 코트를 통해 속뜻을 표현하는데, 사람들은 놀랍게도 특별한 학습 없이도 다른 사람의 바디 랭귀지(몸짓언어)를 이해하는 능력을 갖추고 있다고 한다. 그러므로 모든 동작과 움직임 등의 무의식적인 행동에도 주의를 기울여야 한다. 또 이런 바디랭귀지가 나라별로 다른 의미로 해석된다고 한다.

| 부위 | 제스처 | 나라 | 의미 |
|---|---|---|---|
| 눈 | 눈썹을 치켜올리면 | 통가 | 네, 찬성 |
| | | 페루 | 돈을 내게 지불해 달라 |
| | 눈꺼풀을 검지로 잡아당기면  | 영국/프랑스 | 날 속일순 없어 네가 뭘 하려는 지 다 알아 |
| | | 이탈리아 | 조심하고 정신을 집중해 |
| | | 옛 유고연방 | 슬픔, 실망 |
| 코 | 검지와 엄지로 둥근원을 만들어 코끝에 갖다대면 | 콜롬비아 | 지금 이야기하고 있는 사람은 동성애자 |
| | 콧망울을 검지의 안쪽으로 살짝 두드리면 | 영국 | 비밀 |
| | | 이탈리아 | 친근한 사이에서 경고의 표시 |
| | 코 끝에 엄지 손가락을 갖다대면  | 유럽 | 남을 비웃을 때 사용함. 양쪽 엄지손가락을 사용하년 보다 심한 조롱의 뜻 |
| | 코를 벌름벌름 움직이면 | 푸에르토리코 | 무슨 일이 일어난 거야 |
| | 코를 비틀면  | 프랑스 | 술에 취함 |
| | 코를 파면  | 시리아 | 지옥에나 가라 |
| 입 | 손가락 끝에 키스하면 | 라틴아메리카 | 멋지다는 감탄의 표현(여성, 와인, 자동차, 축구 시합 등 자유롭게 쓸수 있다) |
| | 플루트를 부는 시늉을 하면 | 프랑스 | 당신이 너무 오래 이야기해서 나는 지루해요 |
| 귀 | 검지로 바깥쪽을 향해 귓볼을 두드리면 | 이탈리아 | 곁에 있는 남자가 계집아이 같아 |

| 부위 | 제스처 | 나라 | 의미 |
|---|---|---|---|
| 귀 | 귀를 움켜주면  | 인도 | 실수했을 때 사과의 표시 |
| | | 브라질 | 음식을 잘 먹었다. |
| | 귓가에다 검지로 여러번 원을 그리면 | 유럽/라틴 아메리카 | 돌았다 |
| | | 네덜란드 | 누군가에게 전화가 걸려왔어 |
| 볼 | 검지를 볼에 대고 좌우로 비틀면  | 이탈리아 | 남을 칭찬한다는 뜻 |
| | | 독일 | 저건 미친 짓이야 |
| 턱 | 턱을 쓰다듬으면  | 그리스<br>이탈리아<br>스페인 | 매력적 |
| | 턱을 손톱으로 퉁기면  | 이탈리아<br>브라질<br>파라과이 | 흥미없어, 꺼져<br>모르겠는데 |
| 머리 | 고개를 앞으로 끄덕이면  | 불가리아<br>그리스<br>유고슬라비아<br>터키 | 아니오 |
| | 검지 끝으로 머리를 톡톡 치면 | 아르헨티나<br>페루 | 지금은 생각중,<br>생각 좀 해봐 |
| | | 그 외 | 그는 정신나간 사람이야 |
| | 손가락으로 옆머리를 나사 돌리듯 꼬면 | 독일 | 미쳤어 |
| | 검지와 새끼 손가락으로 만든 뿔을 수직으로 세우면  | 이탈리아 | 남한테 아내를 새치기 당했다. |
| | | 브라질 | 행운 |

| 부위 | 제스처 | 나라 | 의미 |
|---|---|---|---|
| 머리 | 검지와 중지로 V자 사인을 만들면 | 유럽 | 승리(단, 손바닥을 자기쪽으로 향하게 하여 사인하면 외설적인 표현이 되므로 유의할 것) |
| | 손바닥을 아래로 향하여 위아래로 흔들면 | 중동/극동지역/포르투칼/스페인/라틴 아메리카 | 이리 와봐(단, 손가락을 사용하면 상대를 모욕하는 의미가 되므로 유의할 것) |
| | 엄지와 검지 손가락으로 둥근원을 만들면  | 세계 각국 | OK사인 |
| | | 브라질/독일 | 조악하고 외설적 |
| | | 프랑스 | 가치 없어 |
| | 검지와 중지를 엇갈리면  | 유럽 | 행운, 보호 |
| | | 파라과이 | 무례한 행동임 |
| 손 | 엄지와 새끼 손가락만을 세우면  | 하와이 | 침착해라, 기분 풀어 |
| | | 멕시코 | (이 제스처를 가슴앞에서 주먹이 앞을 향하도록 하면) 한 잔 할까? |
| | | 일본 | 숫자 6 |
| | 양손의 검지끝을 2, 3회 부딪히면 | 이집트 | 부부가 동침 중, 같이 잘까? |
| | 중지를 뻗쳐 세우면  | 세계 각국 | 매우 외설적인 표현 |
| | 주먹 쥔 손을 다른쪽 손바닥에 쳐서 소리내면 | 세계 각국 | 맞아 볼래? 이걸 그냥! |
| | 손을 펼쳐 까딱이면  | 세계 각국 | 꺼져 버려, 저리 가 |

| 부위 | 제스처 | 나라 | 의미 |
| --- | --- | --- | --- |
| 손 | 손바닥으로 다른 쪽 손등을 두어번 털면  | 네덜란드 | 저 사람은 동성연애자야 |
| | 손가락을 모두 모아 오므리면 | 이탈리아 | 의문, 무엇이 잘 안돼요? |
| | 오른손을 가슴과 이마에 댄 후 손을 올리며 고개를 숙이면 | 중동 | 평화가 당신과 함께 하기를 |
| | 한손으로 다른쪽 손등을 톱질하는 시늉을 하면 | 콜롬비아 | 이익을 절반씩 나누자 |
| | 검지와 중지 사이로 엄지 손가락을 내밀면 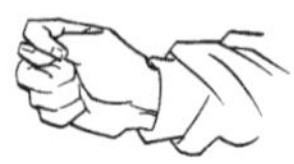 | 유럽, 지중해의 몇몇 나라 | 경멸 |
| | | 브라질 베네수엘라 | 행운 |
| 팔 | 팔짱을 끼면  | 핀란드 | 오만과 자존심 |
| | | 피지 | 경멸 |
| | 검지와 새끼 손가락을 뿔처럼 만들어 팔을 앞으로 뻗치면 | 유럽 | 악령에 대한 자기 방어 |
| | 검지와 중지를 붙여 팔꿈치를 톡톡 치면  | 네덜란드 | 그 사람을 믿을 수 없어 |
| | | 콜롬비아 | 당신은 까다로워 |

참조 : 국제생활과 예절 한국전례연구원(김두중 외 지음)

## 제5절
# 전화 매너

인간관계의 80% 이상을 차지하는 것이 언어활동이라고 한다면 비즈니스를 위한 언어활동의 60% 이상은 전화대화라 해도 과언이 아니다.

전화를 거는 방법이나 태도에 따라서 상대에게 실례가 되거나 상대방의 기분을 상하게 할 수 있다. 전화는 신속하고 경제적으로 용건을 마칠 수 있는 장점을 가지고 있는 반면, 서로의 얼굴을 대하고 이야기할 때와 달리 상대방의 표정과 동작, 태도를 살필 수 없으므로 어려운 단점도 있다. 전화는 진심을 담아서 응대해야 하며 상대의 모습이 보이지 않는다고 해서 아무렇게나 행동하면, 그런 감정이 모두 목소리를 타고 상대방에게 전달될 수 있다는 것을 잊어서는 안 된다.

## 1. 전화 예절의 중요성

전화의 선을 통하여 흐르는 목소리는 그 사람의 진실한 인격을 반영한다고 한다. 그 이유는 전화를 걸 때 태도나 마음가짐이 유연하게 소리가 되어 상대방에게 들리기 때문이다. 상대방이 보이지는 않지만 표정, 몸짓, 손짓 등이 그대로 전화선을 통해서 상대방의 감각에 전달된다.

### 1) 상대방이 보이지 않는다는 것

상대의 표정이나 감정을 소리로서 추적하기 때문에 특히 일언일구(一言一句)를 명확히 발음하여 밝은 표정과 목소리로 말해야 한다.

### 2) 시간에 제한이 있다는 것

명확하게 구체적으로 간결하게 끝마쳐야 한다.

애매한 어구는 쓰지 않도록 한다.

### 3) 상대는 보통 1인이라고 하는 것

주위에 정신이 팔리지 않도록 한다.

상대방의 감정, 표정, 태도를 머리에 그려가며 대화해야 한다.

## 2. 호감을 갖게 하는 전화 매너

### 1) 상대방의 사정을 생각하지 않고 일방적으로 이야기하는 것은 예의에 어긋난다. 예고 없이 걸려온 전화는 상황에 따라서는 매우 당혹하게 되는데, 거는 쪽은 긴급사항이 아니라면 상대방의 상황을 묻고 나서 자신의 용건을 말해야 한다.

**예)** 바쁜 시간대 : "지금 통화 가능하십니까?", "나중에 다시 전화 드릴까요?"

전화가 길어질 것 같을 때 : "통화가 길어질 것 같은데 괜찮으시겠습니까?"

시간에 따라 : "아침 일찍 죄송합니다", "밤늦게 죄송합니다", "휴일이라 쉬고 계실텐데 죄송합니다" 등

### 2) 결론부터 이야기하고 통화는 짧게 마친다.

전화를 걸기 전에 먼저 용건을 메모해서 내용을 빠뜨리지 않도록 요령 있게 말하며 처음 용건을 말할 때는 "○○건으로 전화 드렸습니다" 라고 말하고 나서 결론부터 이야기한다.

### 3) 상대방이 부재중일 때는 이쪽에서 다시 건다.

상대방이 외출 중이라면 몇 시에 돌아오는가를 묻고,"그렇다면 ○○시에 다시 전화 드리겠습니다."라고 약속한 뒤, 그 다음에 반드시 그 시간에 전화를 다시 한다.

한번 더 걸었는데도 불구하고 부재중인 경우에는 "죄송합니다만, ○○시쯤에 전화를 받고 싶다고 전해주십시오"라고 말한 뒤, 자신의 이름과 전화번호를 알려준다.

### 4) 메세지를 부탁할 때는 정중히, 정확히 한다.

상대방이 부재중일 때 다시 전화하기도 여의치 않을 경우는 "죄송합니다만, 메시지를 부탁해노 괜찮겠습니까?"하고 의향을 묻고 나서 메시지 내용을 간결히 전한다. 단, 용건이 복잡할 경우에는 "메모해 주시면 감사하겠습니다만"하고 정중한 어조로 부탁을 하고 메모가 끝나면 반드시 메시지 내용을 확인한다.

### 5) 전화를 건쪽이 먼저 끊는다고 단정할 수는 없다.

전화는 건 사람으로부터 "그럼 실례하겠습니다"라고 말하고 먼저 끊는 것이, 원칙이지만, 상대방이 윗사람일 경우에는 상대방이 먼저 끊는 것을 확인하고 나서 끊는 등 그때 그때 상황에 따라서 대응한다.

### 6) 실례가 되는 전화

- 상대방의 상황을 듣지도 않고, 장시간 통화해 상대방의 생활을 침해하는 경우
- "○○씨 부탁합니다" 등과 자신의 이름을 밝히지 않고, 상대방의 이름도 확인하지 않고, 자신의 이야기만 하는 경우

■ 일반적으로 전화를 건 쪽이 먼저 끊는 것이 보통이지만, 상대방의 인사도 끝나지 않았는데 끊는 경우
■ 고객 앞에서 개인적인 일로 전화를 길게 하는 경우
■ 윗사람에게 전화할 때 본인이 직접 걸지 않는 경우
■ 전화기를 턱과 어깨에 걸치고 통화하는 경우
■ 다른 사람의 전화를 받아주지 않는 경우
■ 전화를 건 사람의 용건을 무시하는 경우
■ 하찮은 일에 통화를 오래 끄는 경우

## 3. 호감을 주는 전화 매너

### 1) 전화벨이 3번 이상 울리지 않도록 한다.

전화가 걸려오면 TV와 오디오의 음향을 줄이고, 가능한 전화벨이 3번 이상 울리지 않도록 한다. 만약 전화벨이 5회 이상 울렸을 경우에는 "기다리게 해서 죄송합니다."라고 한 다음에, 자신의 이름을 밝히고 상대방을 확인하도록 한다.

### 2) 본인이 부재중일 때는 어느 쪽에서 전화를 걸 것인지 확인하도록 한다.

"공교롭게도 ○○씨는 지금 자리에 없습니다만"라고 하고, 다시 전화를 받을 것인지 아니면 이쪽에서 전화를 할 것인가의 판단을 상대방에게 확인해야 한다.

### 3) 1분 이상 전화를 기다리게 할 경우에는 전화를 일단 끊는다.

본인이 잠깐 자리를 비웠거나 전화를 받을 수 없는 상황일 때가 있는데 이

러한 경우 기다리게 하는 시간이 길어도 1분을 넘지 않도록 하며, 그 이상 길어질 경우에는 일단 끊고 이쪽에서 다시 걸겠다고 이야기한다.

### 4) 메세지를 받을 때는 반드시 메모한다.

본인이 부재중일 때 "괜찮으시면 용건을 전해 드리겠습니다."라고 묻는 것이 호감을 갖게 하므로 전화기 옆에는 반드시 메모지와 펜을 준비해 두고 '누구에게', '누구로부터', '일시', '장소', '용건' 등을 간단히 적어서, 전화받은 시간과 받은 사람의 이름을 적어서 놓도록 한다.메시지를 메모했으면 정확을 기하기 위해서 반드시 중요한 '고유명사', '시간', '장소' 등을 복창하며 확인하도록 한다.

## 4. 전화응대 요령

### 1) 다른 사람에게 전화를 돌릴 경우

"○○씨에게 전화를 돌리겠습니다. 잠시만 기다려 주시겠습니까?"라고 말하고, 보류로 하거나 전화기를 손으로 눌러 소리를 막는다. 그리고 본인에게 "○○씨로부터 전화입니다"라고 누구로부터의 전화인지를 확실하게 전달한다.

혹시 상대방이 이름을 밝히지 않을 경우에는 "실례합니다만, 성함이 어떻게 되십니까?"라고 정중히 물어본다.

본인이 전화를 받기가 매우 어려운 경우에는 보류로 한 채로는 상대방이 마냥 기다리게 됨으로 도중에 보류를 해제하고, "죄송합니다만, 조금 더 기다려 주시겠습니까?"라고 상대방에게 양해를 구하도록 한다

### 2) 전화가 도중에 끊어졌을 경우

이야기 중에 무언가의 문제로 전화가 끊어졌을 때는 전화를 걸었던 쪽에서 다시 거는 것이 원칙이지만, 분명히 받는 쪽에서의 잘못일 경우에는 받는 쪽에서 다시 걸어서 "저희 쪽의 문제로 전화가 끊어졌습니다. 죄송합니다" 하고 양해를 구하도록 한다.

### 3) 상대방의 전화소리가 잘 들리지 않을 경우

잘 들리지 않을 때는 "좀 멀게 들립니다"라고 완곡히 표현한다. 그러나 "들리지 않는데요"라든가 "크게 말씀해 주십시오" 등의 직접적인 표현은 상대방의 이야기를 원망하는 듯이 들릴 수도 있으므로 주의해야 한다.

### 4) 본인이 다른 전화를 받고 있을 경우

먼저 걸려온 전화를 우선 하는 것이 예의이기 때문에 "지금 ㅇㅇ씨는 통화중입니다. 잠시만 기다려 주시겠습니까?"라고 양해를 구하며, 전화가 금방 끝나지 않을 것 같을 때는 "통화가 길어질 것 같은데, 이쪽에서 전화를 드리라고 할까요?"하고 상대방의 의향을 묻는다.

### 5) 접객 중에 전화를 걸려 왔을 경우

손님에게 "실례합니다."라고 양해를 구한 후에 전화를 받는다. 긴급한 용건이 아닌 경우에는 "죄송합니다만, 지금 손님이 와 계십니다. 잠시 후에 제가 전화를 드리겠습니다"라고 양해는 구하고 전화를 끊도록 한다.

### 6) 잘못 걸려온 전화를 받았을 경우

잘못 걸려온 전화를 받았을 경우에는 번호를 잘못 누른 것만이 아니라, 전화번호 그 자체를 잘못 알고 있는 경우가 많으므로 "잘못 걸었어요"라고 불쾌한 듯이 끊지 말고 "몇 번으로 거셨습니까?"라고 물어 본 뒤, "전화를 잘못 거신 것 같군요"라고 말하고 상대방의 잘못을 지적해 주는 것이 좋다.

| 바람직하지 않은 표현 | 바람직한 표현 |
|---|---|
| 그래요. | 그렇습니다. |
| 알고 있어요. | 알고 있습니다. |
| 그대로예요. | 바로 그렇습니다. |
| 무슨 일이지요? | 무슨 용건이십니까? |
| 예, 뭐라고요. | 죄송합니다만, 다시 한번 말씀해 주시겠습니까? |
| 잠깐 기다리세요. | 잠시 기다려 주십시오. |
| 물어보고 오겠습니다. | 여쭈어 보고 오겠습니다. |
| 자리에 없어요. | 자리를 비우셨습니다. |
| 나중에 전화주세요. | 나중에 전화주시겠습니까? |

## 5. 휴대폰 매너

우리나라의 휴대폰 이용객이 6,000만 명을 넘어서고 있다. 우리가 만든 휴대폰은 세계시장에서 1, 2위를 다투고 있다. 하지만 지하철, 도서관, 병원, 극장 등 공공장소에서 시도 때도 없이 울려대는 휴대전화 벨소리는 심각한 사회문제가 되고 있다. 주위에 아랑곳하지 않고 울려대는 휴대폰소리는 남녀노소 구분이 없다. 특히 10대들의 휴대폰 이용자가 급증하면서 '휴대폰 공해'가 더욱 심각

해지고 있다. 이들이 버스나 지하철 등에서 큰 소리로 통화하거나 게임을 즐기는 모습은 이제 전혀 낯선 풍경이 아니다. 카메라폰의 보급이 확산되면서 휴대폰이 '몰래 카메라'로 악용된 사례도 있으며, 심지어 학교 수업시간 중 울려 퍼지는 전화벨 소리와 문자를 보내는 학생들로 인해 수업진행이 어려울 정도라고 한다. 이러한 휴대폰의 보이지 않는 폭력 속에 휴대폰 강국이라는 호칭에 맞는 휴대폰 매너가 절실히 요구된다.

1) 공공장소에서 휴대폰을 매너 모드로 전환한다. 영화나 공연 관람 시에는 반드시 매너 모드로 전환한다. 공공장소에서 나부터 타인에 대한 배려를 하자.
2) 열차 내, 극장이나 도서관, 레스토랑 등 조용한 장소와 분위기를 즐기는 곳에서는 착신음을 진동으로 하거나 전원을 꺼두는 것이 예의이다. 꼭 통화가 필요할 때는 조용히 간단하게 통화한다.
3) 수업시간이나 회의시간에는 휴대폰을 매너 모드로 전환하거나 전원을 꺼둔다.
4) 통화할 때 전화받는 사람의 통화가 가능한지부터 확인한다.
5) 운전 중 휴대폰 사용도 자제되어야 한다. 이미 법적으로 금지하고 있지만 여전히 많은 사람들은 운전 중 휴대폰을 이용한다. 운전 중에 전화가 오면 운전 중임을 얘기하고 전화를 끊은 뒤 안전한 곳에 차를 주차시키고 나서 통화하는 것이 바람직하다. 상대방이 운전 중일 때는 다시 통화하기로 하고 가능한 시간에 통화를 약속한다.
6) 의료기기 주위나 비행기 안에서 휴대폰 사용을 자제하도록 한다. 휴대폰의 고주파가 의료기구 및 비행기 이착륙에 크게 영향을 미칠 수 있어 큰 위험을 초래한다.
7) 문자 메시지 보낼 때 발신자 이름을 반드시 적어 보내도록 한다. 공공장소에서 큰 목소리의 전화통화와 전화벨도 자제되어야 한다.
8) 카메라 폰을 이용할 경우 상대방의 인권과 사생활을 침해하지 않는지 생각한 후 양해를 구하고 찍는다.

## 제6절
# 비즈니스 매너

## 1. 바른 자세 매너

인간은 어렸을 때부터 올바른 자세와 동작을 습성화해야 하며, 모든 일을 추진함에 있어서 처음부터 바른 행동, 질서 있는 행동을 실천하도록 해야 한다. 업무 중의 바른 자세는 언행에 설득력을 더해주고 일의 능률을 높여준다. 여러 사람을 대하는 비즈니스맨이라면 자신의 행동 습관과 근무자세에 대해 점검해 볼 필요가 있다.

### 1) 바른 태도

#### (1) 마음 가짐

- 성실한 마음으로 상대방을 맞이할 준비를 갖추도록 한다.
- 직장인이면 회사를 대표하고 있다는 마음가짐으로 임하도록 한다.
- 자신의 습관적인 나쁜 버릇이나 태도는 고치도록 한다.
- 모든 상황을 상대방의 입장에서 이해하도록 한다.

#### (2) 선 자세

업무 중이거나 여러 가지 이유로 남 앞에 서야 하는 경우가 있다. 이때는 등을 곧게 펴고 양쪽다리에 체중을 균등하게 실어 몸의 중심이 한쪽으로 쏠리지 않게 한다.

불필요한 손동작이나 주머니에 손을 넣는 습관, 벽이나 책상에 몸을 기대 서는 것도 모두 바른 자세가 아니다.

### (3) 걷는 자세

똑바로 선 자세에서 하나의 선을 중심으로 바르고 균형 있게 서며 좌우의 반쪽을 교대로 중심선에 나란히 한다. 무릎을 구부리지 않고 허리를 이용하여 걷도록 하여 팔을 몸의 중심선에 나란히 하여 앞뒤로 가볍게 흔든다.

### (4) 의자에 바르게 앉는 자세

의자 옆에 서서 양발을 가지런히 모으고 한쪽 발을 약간 앞쪽으로 가도록 한 다음 균형을 잡고 양쪽 무릎을 붙이고 앉는다.

상체는 구부리지 않고 등을 펴고 등과 허리가 일직선이 되도록 하여 의자와 등 사이에 주먹이 하나 정도 들어갈 수 있도록 앉는다. 앉을 때 의자 끝에 걸터 앉거나 의자에 너무 깊숙히 편하게 앉는 것은 금물이다. 사무실에서는 의자에 얕게 걸터 앉지 않고, 등은 곧게 펴고 턱을 가볍게 살짝 아래로 당긴다.

## 2. 손님 접대 매너

사무실을 처음 방문했을 때 직원이 상냥하게 맞아주면 마음이 훨씬 편하고 사무실의 이미지도 좋아진다. 반면에 불친절한 시선으로 퉁명스럽게 응대를 하면 회사에 대한 인상이 나빠질 수밖에 없다. 사무실 문 앞에서 머뭇거리는 손님이 있으면 먼저 본 사람이 다가가서 인사를 하고 용건을 묻도록 한다. 그 후 찾는 부서나 사람에게로 안내를 한다. 담당자에게 손님이 왔음을 알리고 담당자가 자리를 비웠을 때는 잠시 기다리게 양해를 구하며, 담당자가 곧 돌아올 수 없는 상황이면 다른 사람으로 대신해도 좋은지 물어보고 적합한 인물을 찾아 연결한다. 오래 기다려야 할 경우에는 편한 자리로 안내해 신문, 사보, 잡지 등 간단한 읽을 거리를 제공한다.

전화 통화 중일 때 곁에 손님이 다가오면 일단 자리에서 일어나 목례로 예의를 표시한다. 빨리 끝낼 수 없는 통화라면 상대방에게 잠시 실례한다는 말을 전한 뒤 손님에게 양해를 구하고 계속한다. 물론 가급적 빨리 끊어야 한다.

길을 묻는 손님이 있을 때에는 턱짓이나 손가락질 대신, 손바닥을 연잎 모양으로 살짝 오므려 밖으로 향하게 한 뒤 팔을 뻗어 방향을 제시한다. 계단을 오르내릴 때도 손님의 우측에서 1~2계단 앞서가는 것이 예의다. 엘리베이터에 함께 탔을 때에는 손님에게 등을 보이지 않도록 조심한다.

### 무리 없는 접대법

접대의 목적은 상대방에게 즐거움을 주려는 것이므로 상대방의 기호와 취향에 맞게 준비하고 돌발 상황이 벌어지지 않도록 세심한 주의를 기울인다.

장소를 예약하고 미리 좌석을 정해서 손님이 도착하면 즉시 적당한 자리에 안내할 수 있어야 한다.

상대방의 나이, 음주 습관, 즐기는 음식 등을 고려해 준비한다. 또한 이번 모임에 대해 가지고 있는 상대방의 기대 수준도 염두에 두도록 한다.

접대하는 측에서 먼저 업무 이야기를 꺼내는 것은 좋지 않으며 상대가 먼저 말을 꺼내면 시작한다.

모임 시작 후 2시간 정도가 지나면 자리를 정리한다. 상대방에게 다음 약속이 있는지 미리 물어두는 것도 좋은 방법이다.

계산은 고객 모르게 끝내기 위해 모임 전에 미리 가게 주인과 의논해 두는 것이 좋다.

접대받을 때는 반드시 상사에게 보고한다. 결과보고도 하고 필요한 경우 상대에게 감사 전화를 건다.

인사와 건배가 끝날 때까지는 요리에 손을 대지 않는다.

음식은 가장 비싼 것과 가장 싼 것을 제외한 나머지 중에서 좋아하는 것으로 선택한다. 과음, 과식을 피하고 상대편의 이야기에 주의 깊게 귀를 기울인다.

섣부른 약속이나 과장된 자기 자랑은 금물이며 대접받을 때일수록 예의를 지켜야 한다.

## 3. 흡연 매너

흡연과 관련된 에티켓은 두 가지 목적을 갖고 있는데 화재 방지와 타인에 대한 배려다. 따라서 담배꽁초나 성냥을 그냥 휴지통에 버리거나 금연 지역에서 담배를 피우는 것은 있어서는 안 될 일이다. 대형건물, 공공기관청사, 음식점 등 대중이 이용하는 공공장소에서 흡연이 전면금지되고, 흡연자 권리 보호를 위해 흡연실 설치가 허용되었다.

공식석상에서의 금연은 상식이며 부득이한 경우에는 밖에 나와 피운다. 요즘은 대부분의 사무실이 금연을 택하고 있으므로 업무상 방문한 회사에서는 담배를 피우지 않는 것이 좋다.

실내외를 막론하고 걸으면서 담배를 피우는 것은 금물이다.

재떨이가 놓여 있지 않은 곳은 일단 금연지역이라고 생각하는 것이 좋으며 불부터 붙인 다음 재떨이를 찾는 것은 예의에 어긋난다.

누군가를 방문하거나 손님이 찾아왔을 때, 앉자마자 담배부터 피워 무는 것은 결례다. 인사가 끝나고 본 대화가 시작된 뒤 피우고 반드시 상대방에게 양해를 구해야 한다. 상대가 이리저리 성냥을 찾는 경우가 아니라면 매번 담뱃불을 붙여줄 필요는 없으며 여러 사람에게 담뱃불을 제공할 때는 직위, 연령 순으로 한다.

음식점에서 아무 접시에나 재를 터는 행위, 차창 밖으로 꽁초를 던지는 행위는 삼가며 음료수 자판기에서 커피를 뽑아 마신 뒤 빈 종이컵에 피우던 담배를 넣고 침을 뱉는 것도 보기 좋지 않다. 담배는 지정된 장소에서만 피우고 뒷처리도 깔끔하게 해야 한다.

■ 직장 내 성희롱 예방을 위한 남녀직장인 10계명

1. 음담패설을 삼간다.
2. 평소 동료들간 존칭을 사용한다.
3. 성희롱으로 인한 불쾌한 감정은 분명히 표현한다.
4. 상대방이 싫다는 표현에 대해 진지하게 받아들인다.
5. 회식 때 술시중이나 블루스를 강요하지 않는다.
6. 직장에서 인터넷 음란사이트를 보지 않는다.
7. 직장동료의 신체에 대해 성적인 평가나 비유를 하지 않는다.
8. 불필요한 신체접촉을 삼간다.
9. 고정된 성 역할을 강조하는 말을 하지 않는다.
10. 주위에 피해자가 있을 때는 적극적으로 도와준다.

## 제7절
## 경 · 조사 매너

세계 각국의 연중행사 및 의례모임은 각기 그 방법과 내용이 다양하므로 이를 잘 알고 활용한다면 보다 흥미로운 행사에 참여하여 현지인과의 유대관계를 좋게 하는데 도움이 될 것이다. 혼인, 출산, 생일 등의 축하나 문병, 조문 등의 모임에는 가능한 참석하도록 하여 축하나 위로의 말을 전하도록 한다.

### 1. 경사 시 매너

#### 1) 신년축하

새해를 맞아 연하장을 보내거나 축하인사를 하는 것은 세계의 공통된 행사라 하겠다. 새해 첫날, 직장상사나 동료, 친지, 친구를 방문하여 인사를 나누는 것은 어느 나라이든지 공통된 관습이지만 나라에 따라 정도의 차이는 있다. 서양에서의 신년축하의 에티켓은 다음과 같다.

❶ 상사와 조부모는 새해 전날 밤에 방문하도록 한다.

❷ 부모, 백부모, 형제, 자매는 새해 첫날 방문하도록 한다.

❸ 사촌 및 그 밖의 친지는 1주일 이내에 방문하도록 한다.

❹ 일반 지인(知人)은 1개월 이내에 방문하며 방문 이외의 신년축하로는 연하장을 보낸다.

❺ 연하장을 대신하여 명함하단에 연하(年賀)의 문구를 적어보내기도 한다.

## 2) 출산

### 아기출산소식과 이름짓기

아기가 태어나면 부모는 친척과 친지들에게 알린다. 통보를 받은 사람은 곧바로 축하인사와 함께 산모에게 생화를 보내는 것이 예의이며, 아기에게도 선물을 보내면 좋지만 생략하고 축하카드로 대신하여도 무방하다.

서양의 기독교국가에서는 새로 태어난 아기에게 이름을 붙여주는 명명식(命名式)을 행하는 관습이 있다. 의식의 시기는 신 · 구교에 따라 다소 다르다. 이 의식을 위하여 평소 존경하는 친구나 친척에게 아기의 대부모(Godparents)를 의뢰하게 되는데, 의뢰를 받은 사람은 반드시 수락하는 것이 예의이다. 대개 남자아기에게는 대부(Godfather) 2명, 대모(Godmother) 1명을, 여자아기에게는 대부(Godfather) 1명과 대모(Godmother) 1명을 각각 정하여 준다.

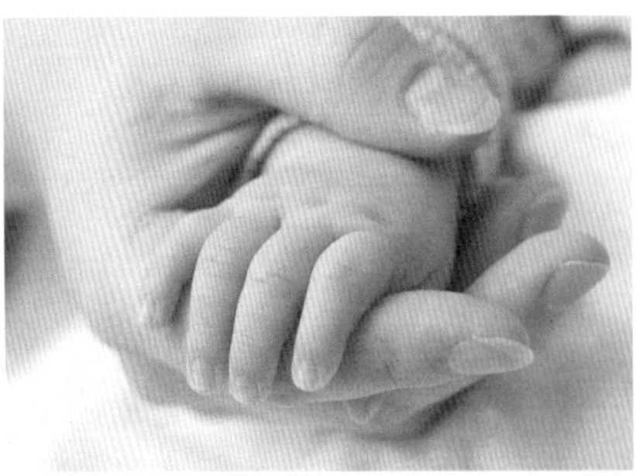

명명식은 교회에서 치러지며 명명식 당일에는 목사(신부) 이하 가까운 친지 등을 초대하여 축하오찬이나 파

티를 개최하는데, 반드시 이름을 적어 넣은 케이크와 축하 샴페인을 준비하도록 되어 있다. 손님들은 이날 아기를 위하여 장래에 도움이 될만한 선물을 하게 되는데 현금으로 대신하여도 무방하다.

한편 서양에서는 성서에 나오는 인물의 이름이나 가족의 이름을 따서 아기의 이름을 짓는 일이 많다. 아버지의 이름을 물려주는 경우에는 아기의 이름 뒤에 Jr.를 붙이거나 미들 네임을 다르게 짓는다.

### 3) 생일 축하

서양에서의 생일은 그 가정의 연중행사의 하나로 이를 중요시 여겨 생일케이크와 축가로 생일을 맞은 가족에게 축하의 마음을 전한다.

축하방법은 보통 지면이 있는 사이면 명함이나 편지로 축하를 한다. 명함으로 하는 경우에는 명함의 좌측 밑에 소문자로 p.f.(pour fliciter : 축하합니다)라고 연필로 적어 보낸다. 명함의 끝을 접어놓으면 없는 사이 본인이 직접 축하하러 다녀갔다는 표시이고 이러한 축하를 받은 경우에는 24시간 이내에 p.r.(pour remercier : 감사합니다)이라고 적은 명함으로 답례를 하여야 한다.

편지로 축하를 하는 것은 매우 정중한 방법으로 손으로 직접 쓰는 것이 예의이며 특히 친한 여자친구에게는 이러한 편지가 적당하다.

축하선물은 보통 친한 사이에 하게 되는데 상대방의 사회적 지위나 취향에 따라 적당하게 선택한다. 선물과 함께 보내는 명함에는 "Wishing you many happy returns of the day"라 적으며, 간단히 할 경우에는 「p.f.」라 적는다.

일반적인 선물로서 어린아이에게는 완구, 그림책, 장난감 정도가 좋겠고, 성인에게는 넥타이, 책, 문구류, 액세서리 등이 좋겠다. 젊은 여자친구에게는 생화, 서적, 초콜릿 정도가 좋다.

### 4) 크리스마스 축하

원래 기독교 국가에서 크리스마스는 가장 큰 연중행사로서 오늘날 크리스마스는 종교에 관계없이 전 세계적으로 보편화되어 대부분 선물을 주고받는 관습이 정착되었는데 나라에 따라서 그 정도가 다소 다를 뿐이다. 미국인과 같이 성대하게 보내는 사람들에게는 이들의 방식대로 예의를 갖추는 것이 사교상 중요하다고 하겠다.

크리스마스에는 주로 카드를 보내는데 카드는 자신의 성격 및 취향을 살린 것이 바람직하나 문구는 대개 일정한 양식을 인쇄하기도 한다.

**예)** Merry Christmas and Happy New Year.
With the Compliments of the Season.

카드에는 보내는 사람의 서명을 하게 되는데 Mr.나 Mrs.를 붙이지 않는다. 단순히 James Smith라는 이름만 쓰면 된다. 한편, 카드에 부부의 이름을 동시에 인쇄하였을 때 아내가 친한 친구나 친척에게 카드를 보낸다면 남편이름을 잉크로 지우고 "Love"나 "Affectionately"로 고쳐 써서 보내도 무방하다. 크리스마스 카드는 색이 있는 펜으로 사인을 하여도 상관없다.

친한 사이에는 크리스마스 선물을 주고받는데 일반적으로 서양에서는 선물을 받으면 즉시 열어보는 것이 예의이지만 크리스마스 선물은 그 자리에서 열어보는 것이 아니다.

선물로는 어린아이에게는 완구류, 젊은 사람들에게는 생활용품, 서적 · 문구류, 장신구, 초콜릿, 어른에게는 포도주 등의 술이 무난하며 포장에도 신경을 써야 한다. 만일 명함을 붙여 선물을 할 때는 "A Merry Christmas"라 기록하며 X-mas식의 약자로 적는 것은 가급적 삼가도록 한다. 이렇게 약자로 쓰는 것을 싫어하는 외국인이 많기 때문이다.

### 5) 약혼 축하

약혼은 당사자 간의 합의가 있더라도 부모가 반대하면 성립될 수 없으므로 일단 약혼이 성립되면 두 사람의 관계가 표면화되는 것이다. 이들의 행동은 시종일관 주위의 사람들로부터 관심의 대상이 되게 마련이므로 결혼 전까지 각별히 행동에 신경을 써야 한다. 약혼의 예의로는 남성이 여성에게 결혼 신청을 할 경우 반드시 사전에 여성의 부모로부터 정식동의를 받게 되어 있으나 오늘날에는 여성의 부모가 남성의 출입을 자유롭게 묵인하여 주는 것만으로도 결혼에 동의한다는 뜻으로 여겨지므로 남성은 언제든 여성에게 결혼 신청을 하여도 좋다. 신청시기는 언제라도 상관없겠으나 영국에서는 그 달의 중순에 하는 것이 이혼할 확률이 적다고 여긴다.

약혼의 표시는 반지로 나타내는 것이 관습이며 약혼반지는 약혼 발표날에 보내고 왼손 약지에 끼도록 한다. 반지 선택은 여성에게 맡기는 것이 일반적이며 금반지보다는 빛이 나는 다이아몬드나 태어난 달의 탄생석을 선택하기도 한다.

미국이나 영국에서는 약혼이 결정되면 신부의 부모가 정식으로 신문에 발표하는 것이 관습으로 되어 있고 친척이나 친구에게는 약혼 통지를 한다.

우리나라에서는 신부 측에서 약혼 발표와 함께 양가의 상견례를 위한 자리로 약혼식을 마련하지만 약혼식 자체는 필수적인 행사는 아니다. 통보를 받은 친구나 친척은 가능한 한 빠른 시일 내에 축하편지를 쓴다. 선물을 할 경우에는 식탁보, 차렵이불 등 신혼에 필요한 물건이 좋겠다. 약혼기간은 3개월~5개월 정도가 좋은데 그 동안이면 결혼준비에 여유가 있고 서로 상대방을 이해하는 데도 적당하기 때문이다.

### 6) 결혼 축하

서양에서도 결혼날짜나 결혼식장의 최종결정은 양측의 특별한 문제가 없는 한 신부 측에서 하는 것이 예의로 되어 있다. 이는 「여성존중」의 의미보다는 결혼날짜의 결정은 전통적으로 신부측의 권리이기 때문이다. 신랑 신부가 교회에 다니는 경우는 신부 쪽의 교회를 식장으로 정한다.

결혼의 주례는 서양의 경우 대부분 목사나 신부님이 맡고 우리나라에서는 학교시절 은사나, 기업체의 장에게 부탁하는 경우가 많다. 서양에서는 예로부터 관습에 따라 신부 측과 신랑 측이 결혼에 따른 비용을 분담하여 지급하였는데, 이는 우리나라의 경우도 마찬가지다. 그러나 요즈음에는 양가의 처지에 따라 합리적인 방법으로 비용을 분담하는 경향이 늘고 있다.

참고로 서양관습에 따른 신부 측과 신랑 측의 비용분담을 소개하면 다음과 같다.

#### (1) 신부 측의 부담

❶ 결혼 청첩장 및 신문에 결혼발표를 하는데 드는 비용

❷ 옷을 포함한 혼수

❸ 꽃장식 비용(결혼식장 장식용 꽃, 신부 측 부모의 코사지)

❹ 축가를 부르는 사람들이나 식장에서 보조하여 주는 사람들에 대한 사례금

❺ 피로연에 따른 제반비용

❻ 신부 들러리에 대한 선물

❼ 사진촬영비

❽ 신랑을 위한 선물 및 결혼반지

### (2) 신랑의 부담

❶ 약혼반지 및 결혼반지 등 신부를 위한 보석과 선물비용

❷ 신랑의 총각생활을 마감하는 파티인 「Bachelor dinner」 개최에 따른 제반비용

❸ 신부를 위한 부케 및 신랑 측 코사지 비용

❹ 신랑 들러리에 대한 선물

❺ 결혼식장 이용료 및 주례에게 드리는 사례금

❻ 신혼여행에 드는 제반 비용

서양에서는 들러리를 세우는 관습이 있는데 신랑 신부의 친인척에게 부탁을 한다. 들러리의 복장은 신랑신부의 복장과 비슷한 것으로 신부가 정하며 복장을 비슷하게 하는 것은 악마들이 결혼을 방해하지 못하게 하기 위한 것이라도 한다. 우리나라에서는 들러리 대신 화동(花童)이라 하여 어린 꼬마 남녀를 앞세우기도 한다.

결혼 초대장은 일반 초대장과 달리 한 번 접힌 카드를 사용하는 게 일반적이다. 글은 3인칭으로 적는 것이 원칙이며 이에 대한 회답도 초대장의 형식을 따른다.

초대장의 맨 위에는 주최자로서 신부 부모의 이름을 적는데 혼례비용을 나누어 낼 때는 두 집안의 부모 이름을 함께 적어 넣기도 한다. 서양에서는 결혼 초대장과 피로연 초대장을 각각 발송하는 경우가 많지만 초대장 하나로 결혼식과 피로연에 대한 초대 내용을 함께 표현하여도 무방하다.

지역과 관습에 따라 결혼 초대장의 발송시기는 다르지만 대개 2주~4주 전에 하는 것이 구미의 관행으로 되어 있으며 만약 상대방이 개인사정으로 참석이 불가능할지라도 일단 보내는 것이 예의이다.

초대장의 수신인이나 주소는 정확하게 쓰도록 하며 미혼의 여성에게는 부

모 앞으로 하여도 무방하나 성인 남자의 경우는 본인 앞으로 한다. 또한 일반 초대장의 경우와 달리 「~가족 귀중(~and family)」으로 보내는 것은 잘못된 방법이다.

결혼 초대장을 받고 축하선물을 보낼 때에는 축하편지나 명함을 함께 보낸다. 명함에는 간단하게 축하 인사를 적어서 보낸다. 신혼부부는 결혼여행에서 돌아와 친지나 선물을 보낸 사람들에게 감사의 표시를 하는 것이 예의이다. 감사의 방문은 보통 3주 이내, 방문이 여의치 않을 때에는 편지나 전화로 감사의 뜻을 전하기도 한다

## 2. 조사 시 매너

### 1) 문병 매너

문병은 가능하다면 이른 시일 안에 가는 것이 에티켓이다. 시간은 오전, 오후 상관없겠으나 사교방문 시간이 아닌 오전 중이라면 문병만 간단히 끝내고 온다.

환자가 중병일 때는 당사자를 반드시 만날 필요가 없으며 환자 가족을 통하여 신속한 쾌유를 바라는 뜻을 전하면 된다. 문병은 직접 찾아가는 것이 예의겠으나 상황이 여의치 않을 시에는 명함에 "To inquire." 또는 "p.p.n." (pour prendre nouvelle: 쾌유를 빕니다)이라고 적어 보낸다.

문병 시에는 꽃을 가지고 가는 경우에 꽃병이 없는 경우가 많으므로 꽃병에 담아 가는 것도 좋다. 특히 장기간 입원하여 있는 환자에게는 본인이 선호할만한 것으로 예를 들면 서적이나 잡지, 가운이나 슬리퍼, 담요 등을 선사하는 것도 좋겠다.

자기 자신이 병에 걸려 문병을 받을 경우에는 완쾌 후 적당한 시기에 자신을 찾아왔던 모든 사람을 방문하여 고마움을 표하는 것이 에티켓이다.

### 2) 재해에 따른 위로

전혀 예상하지 못했던 재난을 당한 사람에게 적절한 시기에 마음에서 우러나오는 위로하여 주는 것은 인지상정(人之常情)일 것이다. 재해를 당한 사실을 알게 되면 직접 찾아가서 위로를 하거나, 멀리 떨어져 있을 시에는 전보나 편지로 위로를 하도록 한다. 위로편지를 쓸 때는 상대의 감정을 자극하여 한층 더 낙담시킬만한 문구는 피하고 되도록 빠른 시일 내에 훌훌 털고 일어날 수 있도록 성의있게 쓰는 것이 중요하다.

### 3) 장례와 문상

유가족은 죽은 이에 대한 감정 때문에 이성적으로 일을 처리하기가 힘들므로 가까운 친구나 친척은 시망소식을 들으면 곧바로 찾아가 유족들을 대신하여 장례절차의 일부를 도와주는 것이 바람직하다.

사망 소식을 전달받으면 문상을 위하여 가능한 한 빠른 시간에 조문하는 것이 도리이다. 남편이 죽으면 부인에게, 부인이 죽으면 남편에게, 그리고 부모가 죽으면 자식에게, 자식이 죽으면 부모에게 조의를 표한다.

장례식 후에도 유족의 슬픔을 위로하기 위하여 방문할 수 있는데, 미리 시간을 정하여 방문하도록 한다. 슬픔을 가중시키는 표현은 삼가야 하며 조문 시간은 15분 정도가 좋겠다.

조문을 갈 때의 복장은 남성의 경우 검은 양복과 검은 넥타이와 구두, 양말, 타이, 흰 셔츠를 착용하는 것이 원칙이며 여성의 경우에는 가능하면 검은 옷과 장갑, 핸드백을 착용하며 화려한 장식이나 보석, 화장, 향수 등의 사용은 삼간다. 만약 가톨릭 장례에 참석할 경우 여성은 모자를 착용하도록 한다.

유가족들은 장례식이 끝난 후에도 남자는 검은색 양복을 착용하고 저고리의 왼쪽 소매에 상장을 달도록 한다. 남편을 잃은 젊은 아내나 딸, 여자 형제들은 장례를 치르고 철이 바뀔 때까지만 상복을 입지만 성인이 된 자식을 잃은 여자의 경우 6개월에서 1년 간 상복을 입기도 한다.

## 제8절
# 방문 매너

방문은 사람들 간의 교제를 더욱 발전시켜 가는 하나의 방법이므로 평소의 방식에 맞게 하는 것이 중요하며 특히 외국인과의 방문에서는 해당 국가의 문화 및 에티켓을 준수할 필요가 있다.

## 1. 방문시간에 대한 에티켓

방문 시에 특히 신경을 써야 할 것은 바로 시간에 대한 에티켓이다. 어떤 경우이든지 시간을 지킨다는 것은 중요한 일이겠지만 특히 방문에 있어서는 약속한 시간에 필히 도착하고자 하는 마음자세가 더욱 중요하다.

### 1) 약속

사교적 목적이든 업무 목적인 방문이든 먼저 서신이나 전화를 통해 미리 방문 목적, 인원, 체재시간 등을 전한 뒤 상대방의 형편에 맞춰 방문날짜와 약속시간을 정하여 방문한다. 시간 약속을 하지 않고 방문하는 것은 매우 특별한 경우에 한하며, 사전에 시간 약속을 하여 놓는 것이 에티켓이다. 외국에선 매우 친한 사이라 해도 반드시 연락한 후 방문한다. 지나가는 길에 잠시 들를 때에도 반드시 전화로 연락해 본 후 방문하는 것이 좋다.

### 2) 방문하여도 좋은 시각

가능한 아침식사 시간 전, 청소하기 전, 밤늦은 시각이나 취침 시간, 일요일이나 공휴일은 방문하지 않는 것이 좋다. 보통 오전 10~11시나 오후 3시 이후부터 저녁식사 전인 오후 4~6시경이 좋다. 구미에서는 조문이나 병문안을 제외하고는 오전 중에 방문은 절대 하지 않는 것이 예의이다.

### 3) 노크의 에티켓

방문을 해서 남의 방이나 사무실에 들어갈 때는 노크를 하는 것이 예의이지만, 병실의 경우만은 의사가 검진 중인 경우를 제외하고 조용히 그냥 들어가도 무방하다.

### 4) 머무르는 시간

처음 방문할 때에는 도착 후 약 15분 정도 머물다가 일어서는 것이 예의이다. 이야기 도중에 다른 손님이 찾아왔을 때에는 당황하여 서둘러 떠나기보다는 되도록 빨리 이야기를 끝내도록 하여 새로운 고객에게 자리를 양보하는 것이 좋다. 새로 온 손님을 5분 이상 기다리게 하는 것은 실례이다.

### 5) 방문 시 옷차림

옷차림은 방문하는 목적, 시간, 장소에 맞게 하며 만약 초대장에 'White Tie' 라고 되어 있으면 'Tail Coat' 라 불리는 야회복을 입어야 한다. 이를 연미복(燕尾服)이라고도 하는데 무도회나 디너파티 때에 입는 가장 격식을 갖춘 남성의 복장이다.

특별한 방문이 아닌 경우에는 평소에 외출복이면 충분하며 여성의 경우 평상복에 가벼운 액세서리를 착용하는 정도면 되고 남성의 경우 조문이 아니면 김정 넥타이는 삼가도록 하며, 운동복 차림이나 반바지, 등산모나 운동모자 등 스포티한 것은 피한다.

## 2. 방문 시 에티켓

1) 방문지에 도착해서 초인종을 누르기 전에 옷차림을 점검한 후 초인종은 짧게 누르고 여유 있게 기다린 후 주인이 나오면 공손히 인사를 하고 안

내에 따른다. 한국의 경우는 사무실이나 집안에 들어가기 전에 코트나 머플러를 벗어야 하며, 신발을 벗어야 할 경우는 앞쪽을 보고 벗는다. 서양의 경우는 현관에서 인사를 하고 집안에 들어서면서 남성의 경우 모자는 벗지만, 잠시 방문의 경우 외투는 벗지 않는다. 만약 시간이 걸리는 방문일 경우에는 외투를 벗어 현관에 놓고 들어간다.

2) 집안을 두리번거리거나 기웃거리면서 둘러보지 않도록 하며 좌석은 주인이 권하는 자리에 앉되 너무 상석은 사양하는 것이 좋다. 만약 자리가 정해져 있는 경우에는 주인의 안내에 따라 자리하면 된다. 그리고 윗사람이나 주인보다 편한 자세는 취하지 않도록 한다.

3) 비나 눈이 와서 양말이 더러워졌을 경우에는 화장실에서 갈아 신도록 한다. 될 수 있으면 화장실 사용은 삼가는 것이 좋으며 사용할 경우 양해를 구한 뒤 깨끗이 사용한다. 또한 방문한 집이나 사무실의 전화를 양해 없이 사용하거나 가족이나 사원들에게 심부름을 시킨다든지 하는 일은 삼간다.

4) 방문을 마치고 돌아갈 시기는 방문자가 알아서 일어나는 것이 바람직하다. 접대받은 음식이나 도움에 대해 정중하게 감사의 뜻을 전하되 너무 장황하게 늘어놓지 않도록 한다. 또한 어른이나 전송하는 사람이 오래 서있게 되므로 간단하게 인사를 하는 것이 좋다.

5) 방문한 집에서 묵고 갈 때는 그 집의 생활시간, 기호 등을 고려하여 맞추도록 한다. 집에 돌아온 후에는 상대방의 배려에 대한 감사의 뜻을 전화나 서신으로 전해야 한다.

## 3. 반드시 방문하여야 하는 경우

사교 상 반드시 방문을 하여야 하는 경우는 다음과 같다.

❶ 사교 관습상 행하는 방문(Traditional Calling)

❷ 일반 관례로 행하는 의례적 방문(Courtesy Calling)

❸ 친근한 사이의 방문(Visite d' amiti) 등이 있다.

### 1) 사교 관습에 의한 방문

■ **처음 소개받은 사람에 대한 방문** 파티석상에서 손윗사람으로부터 한번 놀러오라는 인사로 명함을 받았을 경우에는 1주일 이내에 그 사람을 방문하는 것이 예의이며 만약 방문이 없을 경우 상대방은 교제를 원하지 않는 것으로 이해한다.

■ **초대를 받았을 때** 보통 부인들 사이에서 많이 이루어지는데 남편의 경우는 대개 바쁜 업무에 쫓겨 일일이 방문하기가 어렵기 때문이다.

❶ 안면이 없는 사람으로부터의 초대 시에는 3일 이내에 방문하여 인사하는 것이 예의이며, 만일 방문이 어려운 때에는 명함을 보내지만 오늘날 이런 의례는 점점 간소하게 바뀌고 있다.

❷ 여성이 저녁 파티에 초대받았을 시에는 참석 여부에 관계없이 2~3 주일 이내에 상대방의 부인을 방문하는 것이 예의이다.

❸ 만찬에 초대받았을 시에는 2주일 이내에 감사편지를 보내는 것이 예의였으나 오늘날에는 생략되어 단지 명함을 보내는 정도로 대신하기도 한다. 그러나 영국의 상류사회에서는 아직까지 감사편지를 보내고 있으며 또한 초대를 사양할 때에도 3주 이내에 방문하여 명함을 놓고 오는 것이 예의로 되어 있다.

❹ 과거에는 오찬이나 오전에 열리는 리셉션이 많았으나 오늘날에는 거의 생략되고 있다.

### 2) 일반관례로서의 방문

이것은 명절 등의 연중행사나 가정에서 일어나는 경조사에 대하여 축하나 위로를 위하여 방문하는 것으로서 전 세계적으로 공통되게 행하여지고 있다. 대표적인 예를 살펴보면 다음과 같다.

■ 연하인사

- 결혼 : 신혼여행을 다녀온 후 2주 내에 방문한다.
- 출산 : 통지를 받을 후 2주 내에 방문한다.
- 사망 : 통지를 받은 후 1주 내에 방문한다.
- 문병 : 문병을 왔던 사람에게도 답방을 한다. 시기는 완쾌 후 언제라도 좋다. 지인에 대한 문병은 소식을 들은 후 곧바로 가는 것이 예의이다.
- 작별인사를 위한 방문에 대한 답례 : 작별인사차 방문한 사람에 대하여서는 답례로서 방문을 해야 하는데 이 방문은 평소 친교가 있는 사람이 하는 것으로, 그다지 깊은 사이가 아니면 상대가 p.p.c.(pour prendre conge : 작별인사 드립니다)의 명함으로 작별을 전하기 때문에 이에 대한 회신을 할 필요는 없다.
- 가까운 사람이 방문했을 때도 꼭 답방을 한다.
- 가까운 사람이 사업에 실패를 했거나 실직 또는 재해를 당했을 때에는 가급적 빨리 위문을 가는 것이 예의이며 반대로 승진을 하거나 높은 자리에 취임하게 되었을 때는 사교명함으로 축하를 표하는 것이 좋다.

### 3) 친구 간의 방문

앞서 언급한 사교적인 또한 에티켓 상 이루어지는 방문 외에 아주 친한 친구 사이의 방문은 형식에 구애받지 말고 T.P.O에 맞게 적절하게 하여도 무방하다.

## 제9절
# 공공장소 매너

서양에서는 사교 장소에서의 매너뿐만이 아니라 많은 사람들이 모여 있는 공공장소에서의 매너도 매우 중요하게 생각한다.

따라서 만찬이나 파티 등의 초대석상에서 올바른 매너를 지키는 것만이 아니라 기차, 지하철, 버스와 같은 공공시설물과 공연장, 전시장 등 공공장소에서 남이 보든 안보든 언제 어디서나 예의바르게 행동하는 것도 중요한 에티켓의 하나라고 하겠다.

## 1. 공공장소에서의 인사

안면이 있는 남녀가 우연히 마주쳤을 때, 여성이 먼저 인사를 하는 것은 오래 전부터의 기본적인 매너이다. 그러나 이것은 영 · 미식의 매너이며 유럽에서는 남성이 먼저 가볍게 인사를 한다. 또 최근 미국에서는 남성이 먼저 여성에게 경의를 표하며 인사를 하도록 되어 있다.

이것은 인사의 순서가 중요한 것이 아니라 지인에 대하여는 상대방을 서로 인정하여 주는 인사 자체가 중요하다는 것을 의미한다.

## 2. 전시장 · 박물관에서의 매너

전시장 · 박물관은 문화적 예술가치가 있는 각종 자료나 일상생활의 편리품을 수집하여 분류, 전시하는 곳이다. 또한 전통문화를 교육하고 홍보하는 곳으로, 그 나라의 특성을 한눈에 볼 수 있다. 오늘날은 전시장이나 박물관은 관광명소로서 중요한 역할을 하며, 음악회, 연극공연, 미술대회 등 다양한 문화행사를 개최하여 건전한 휴식처로서의 기능이 높아지고 있다.

전시장 · 박물관에서 지켜야 될 사항은 다음과 같다.

❶ 매표소에서는 차례대로 한 줄로 서서 표를 산다.
❷ 소지하고 있는 휴대금지 품목(카메라, 우산, 비옷 등)은 지정한 곳에 맡긴다.
❸ 전시품에 손을 대거나 큰 소리로 아는 체 하는 행위는 삼간다.
❹ 안내원의 지시에 따르며 질서를 지키고 조용히 관람, 감상하도록 한다.
❺ 줄을 지어 관람할 때는 한 곳에서 혼자 오래 서서 뒷사람에게 방해를 주지 않아야 한다. 관람하는 코스에 따라 먼저 지나가야 하는 경우 다른 관람자에게 방해가 되지 않도록 조용히 뒤로 지나간다.
❻ 사진 촬영은 허가를 얻어서 하며, 노출이 심한 옷이나 소리가 나는 슬리퍼는 삼간다.

## 3. 공연장에서의 매너

방문한 나라의 문화를 이해하는 데는 그 나라의 문화공연을 접해보는 것이 많은 도움이 된다. 방문한 나라에서의 문화공연 상연 시는 그 나라 국민들에게, 우리나라에서의 공연 시는 우리나라 사람과 다른 관광객들에게 불쾌감을 주지 않고 좋은 공연이 될 수 있도록 매너를 지키도록 한다.

❶ 무대상연이 시작되기 전에 공연장에 도착해서 착석한다.
❷ 극장에서는 큰소리로 떠들거나 야단스럽게 자리를 찾는 등 다른 관객에게 폐를 끼치는 행동은 삼간다.
❸ 막이 오른 후에 도착한 경우에는 다른 관객에게는 물론 출연자에 대하여서도 방해가 되지 않도록 한 곡이 끝난 다음 혹은 그 막이 끝날 때까지 밖에서 기다렸다가 막간(Intermission)을 이용하여 들어가도록 한다.

❹ 남녀동반인 경우 자기 좌석으로 갈 때에는 여성이 앞에 선다. 그러나 극장에서는 대부분 남성이 티켓을 가지고 있는 경우가 많아 남성이 앞장서서 안내인에게 티켓을 보여주고 자리를 안내받기도 한다. 이런 경우에는 해당 좌석의 열(列)까지 남성이 앞장선 후, 그 열이 시작되는 부분에 서서 여성에게 좌석을 알려주며 먼저 앉도록 유도한다. 남성은 여성이 앉고 난 후 앉는다.

❺ 오페라나 영화 등 정숙을 요하는 곳에는 어린아이를 데리고 가지 않는다.

❻ 복장은 원래 연미복에 이브닝 드레스 차림이었으나 오늘날에는 턱시도 혹은 정장(Dark Suit)에 디너 드레스나 칵테일 드레스로 간소화되어 가고 있다. 초연의 오페라나 연극인 경우에는 특등석의 관객은 남성이 턱시도, 여성이 세미 이브닝 드레스나 디너 드레스를 입는 것이 통례이다.

❼ 외투 등은 클락 룸에 보관하도록 한다. 만일 맡기지 않은 경우라면 좌석 뒤쪽에 걸쳐놓도록 한다.

❽ 퇴장 시에는 남성은 여성이 외투 입는 것을 도와준 후 자신의 외투를 입는다. 연극이나 연주가 완전히 끝나지 않은 상태에서 외투를 입는 행위는 절대 삼간다.

❾ 공연 중에는 휴대폰의 전원을 끄고, 안내책자를 뒤적거리거나 옆사람과 잡담하는 것은 삼간다.

❿ 극장에 초대한 경우 손님의 좌석을 지정하는 것은 초대자의 역할이다. 잘 보이는 곳을 중심으로 여성들을 나란히 앉히는 것은 좋지만 부부는 나란히 앉도록 하지 않는다. 좌석 양끝에 여성을 앉히는 것도 삼간다.

⓫ 박수는 쳐야 할 때 함께 하되 지나치게 눈에 띄도록 박수치는 것은 자제한다.

## 4. 노상에서의 매너

❶ 여성과 함께 걸을 때에는 남성이 바깥쪽(차도 쪽)에 선다. 같은 여성들끼리라면연령순으로 연장자가 안쪽에 선다.

❷ 허약한 여성, 나이가 많은 여성인 경우나 사람이 너무 많아 혼잡한 경우 등을 제외하고 남성이 여성의 팔을 잡는다든지 여성이 남성의 팔에 매달리듯 걷는 것은 에티켓에 어긋난다.

❸ 공공장소에서는 되도록 이야기하는 것을 삼가는 듯한 자세를 취하는 것이 에티켓의 기본으로 길거리 특히 혼잡한 노상에 서서 이야기를 하는 것은 되도록 삼간다. 길을 가며 담배를 피운다든지 껌을 씹는 등의 행위도 삼간다.

❹ 길거리에서 큰 소리로 멀리 있는 친구의 이름을 부르지 않는다.

❺ 남성의 경우 셔츠의 윗단추를 풀어헤치고 걷는다거나 넥타이를 다시 풀어서 매는 등의 행위는 삼간다.

❻ 길에서 싸움을 한다거나, 침이나 가래를 함부로 뱉는다거나 혹은 취하여 비틀거리는 것도 교양 없는 행위이다.

❼ 길에서 알지 못하는 사람으로부터 질문이나 도움을 요청받았을 때에는 친절하게 안내를 한다.

❽ 공공장소에서 모르는 사람에게 받은 호의에 대하여는 상황에 맞는 적당한 인사말을 한다.

## 5. 탈것에 대한 매너

### 1) 자동차

여성과 남성이 함께 버스나 자동차에 탈 때는 여성이 먼저 탄다. 차에서 내릴 때는 남성이 먼저 내려서, 여성이 원한다면 손을 내밀어 도와준다.

자동차 내에서의 좌석의 서열은 뒷자리 오른편(운전기사 반대편)이 제1석이며 그 왼쪽 창가가 제2석, 가운데가 제3석이다.

운전석 옆자리에 앉는 것은 피하도록 한다. 그러나 운전기사가 없는 자가운전 자가용이라면 자진하여 운전석 옆자리에 앉는 것이 통례이며 주인이 직접 운전한다면 최연장자가 옆자리에 앉는다.

자동차 내에서의 흡연은 반드시 여성의 양해를 구하는 것이 예의이며 담배연기를 상대방 가까이에 내뿜는 것은 절대금물이다. 또 차내에서는 햇빛이 비친다고 투덜댄다거나 쓰레기 등을 달리는 차창 밖으로 내던지는 행위를 삼가도록 한다.

### 2) 기차

기차는 공공장소이므로 차내에서는 사람이 많이 다니는 출입구나 통로에 기대어 서 있거나, 통로에 짐을 놓는다거나 혼자 자리를 독차지하거나, 큰소리로 웃고 떠드는 등 다른 손님들에게 폐가 되는 행위는 일체 삼가도록 한다.

아무렇지도 않게 휴지나 과일 껍질 등을 바닥에 버린다거나 계속 먹기만 하는 것도 별로 보기가 좋지 않다.

두 사람이 나란히 앉는 좌석에서는 창가 쪽이 상석이고 통로 쪽이 말석이다. 네 사람이 마주 앉는 좌석에서는 기차가 가는 방향의 창가 좌석이 첫째 상석이며 그 앞이 두 번째 상석, 첫째 상석 옆이 세 번째, 그 앞좌석이 말석이 된다.

침대차에서는 아래쪽의 침대가 상석이다. 침대차에서는 특히 다른 사람의 수면에 방해가 되지 않도록 정숙하게 있는 것이 중요하다.

### 3) 선박(유람선)

유람선은 정식 소개 없이도 교제가 가능한 장소이다. 따라서 갑판 위에서 마주 친 사람과 바로 인사를 나눈다거나 식당에서 함께 식사를 하며 의견교환을 하는 일이 매우 자유롭게 이루어진다.

그렇다고 하여 사교상 에티켓을 경시하여서는 안 되는데, 배 위에서는 낮에는 스포티하게 입고 밤의 디너에 참석할 시에는 정장을 하며 남성은 턱시도를 여성은 그에 준하는 드레스를 입는다.

유람선에서는 여행이 거의 끝나갈 때 식당의 웨이터나 선실에 대한 서비스를 하는 하우스키퍼(Housekeeper) 등에게 팁을 준다. 배의 크기나 외관, 서비스 정도에 따라 액수가 달라지지만 보통 운임의 10% 정도를 준다.

### 4) 지하철, 버스 등의 대중교통수단

자리가 정해져 있지 않은 대중교통수단의 이용 시에는 노약자나 여성에게 자리를 양보하는 것이 에티켓이다. 또한 차내에서는 큰소리로 웃고 떠드는 등 사람들의 이목을 끄는 행위는 보기가 좋지 않으므로 삼간다.

대중교통수단 이용 시 버스나 지하철 등이 너무 붐빌 때, 동행한 여성이 있다면 먼저 여성이 편안히 탈 수 있도록 도와준 후에 타는 것이 예의이며, 승차 후에도 여성이 자리를 잡고 난 후에 앉는 것이 예의이다. 내릴 때에는 차례대로 내리되 남성이 먼저 내려서 뒤에 내리는 여성을 도와주도록 한다.

### 5) 비행기

유람선과 마찬가지로 기내 역시 소개 없이 교제가 이루어질 수 있는 장소이다. 비행기는 상급자가 마지막으로 타고 최초로 내리는 것이 올바른 순서이다.

먼저, 기내에 들어가면 지정된 좌석에 앉도록 하는데 좌석을 찾기가 쉽지 않을 때는 승무원에게 탑승권(Boarding Pass)을 보여주고 안내를 받도록 한다. 좌석에 가서는 무거운 휴대품이나 작은 가방 등은 자신의 좌석 아래에 놓고 가벼운 것은 선반에 넣도록 한다. 무거운 것을 선반에 올려놓으면 비행기가 흔들릴 때 떨어질 위험이 있기 때문에 가급적 피한다.

자리에 앉고 나면 먼저 안전벨트를 착용한다. 안전벨트는 이 · 착륙 시에는 반드시 착용하여야 하는데, 금연에 대한 사항과 함께 기내 방송 및 좌석 앞 표시등에 나타난 지시를 따르면 된다.

장시간의 여행을 하는 경우, 기내에서 간편한 옷차림을 하거나 슬리퍼를 신는 것은 무방하다. 그러나 답답하다고 속옷만 걸치거나 양말 등을 벗어버리는 등의 지나친 행위는 삼가도록 하며 발이 피로하면 신발을 벗는 것은 괜찮지만, 벗은 채 기내를 돌아다니거나 신발을 벗은 상태에서 남에게 발이 보이도록 자세를 취하는 것은 매우 좋지 않다.

한편, 국제선에서는 대부분 기내식이 제공되는데 기내에서의 식사는 공간이 좁기 때문에 승객 간의 예의를 지키는 일이 특히 중요하다. 식사 서비스가 시작되면 일단 자기 자리에 앉아 좌석의 등받이를 바로 한 후 식사용 간이 테이블을 펴놓는다.

식사나 음료 서비스를 받을 때는 승무원에게 감사표시를 하여주는 것이 예의이다. 또한, 통로 쪽에 앉은 경우에는 창 측에 앉은 승객의 식사를 건네주는 것이 좋으며 창 측에 앉은 경우라면 옆의 승객이 식사할 동안에는 일어서서 나오는 일이 없도록 주의하며 식사가 끝나면 식사 테이블은 반드시 원위치로 돌려놓는다.

기내의 화장실이나 세면장은 남녀공용이므로 이용하고자 할 때에는 밖에서 '사용중(Occupied)' 혹은 '비어있음(Vacant)' 표시를 확인한다. 화장실에 들어가면 반드시 안에서 걸어 잠그도록 하며 세면대는 가능하면 짧게 사용하고 사용 후에는 타월로 물기를 닦아 깨끗이 사용하는 것이 상식이다. 사용한 타월은 반드시 '쓰레기함(Towel Disposal)' 에 넣도록 한다.

국제선의 경우는 기내에서 면세품을 판매하는데 쇼핑을 원할 경우에는 좌석에 비치되어 있는 면세품 판매안내서를 미리 보고 구입할 물품을 정하여 두었다가 판매왜건(Wagon)이 가까이 왔을 때 구입하면 된다. 자리에서 빨리 일어나서 사겠다고 야단법석을 떨거나 자신들의 이익만 생각해서 모두 다 사 버리면 다른 승객들에게 피해를 주게 된다.

### 6) 엘리베이터

엘리베이터를 타고 내릴 때는 손윗사람(혹은 여성)이 먼저 타고 먼저 내린다. 호텔이나 아파트 등의 엘리베이터에서는 여성이 타고 있는 경우 남자는 모자를 벗는 것이 예의이다. 이것은 엘리베이터를 객실(혹은 자신의 집)의 연장으로 보기 때문이다. 따라서 타고 내릴 때에도 연장자나 여성을 앞세우게 되어 있다. 한편, 사무실이라든가 백화점 등의 공공장소의 엘리베이터 등에서는 굳이 모자를 벗을 필요까지는 없다.

### 7) 계단이나 복도

상급자가 중앙에 오도록 해야 하며 옆에서 나란히 걸을 경우나 안내를 할 경우에는 상급자가 오른쪽에, 수행할 경우에는 앞에 오도록 한다. 계단이나 복도에서 남성이 몸을 옆으로 비켜 여성이 지나가도록 하여 준 경우, 여성은 가벼운 목례로 사의를 표한다. 계단을 올라갈 때는 남성이 여성보다 앞서 가지만 내려갈 때는 반대로 여성이 앞서는 것이 에티켓이다. 그러나 계단이 급하거나 미끄러울 때는 남성이 앞서는 것도 무방하나 여성에게 상황 설명을 해주어야 한다.

다른 사람과의 첫 대면에서 좋은 인상을 남긴다는 것은 중요한 일이다. 첫인상은 그 사람의 표정과 말씨에서 나타나기도 하지만 눈에 보이는 복장에 의해서도 크게 좌우되기도 한다. 옷을 잘 입는다는 것은 때와 장소, 시간에 맞게 단정하고 멋스럽게 입는 것이다.

## 제10절
# 복장 매너

## 1. 남성의 기본 복장

남성 중에는 외모에 신경 쓰는 것이 남자답지 못하거나 털털한 차림새가 좋은 성격을 대변한다고 착각하여 복장에 대해 소홀히 하는 경우가 있다. 옷차림은 그 사람의 성격, 습관, 사회적 위치, 개성, 경제 상황을 대변한다. 그러므로 매일 새로운 사람을 만나며 사회생활을 해 나가는데 중요한 부분을 차지한다.

남성의 예복은 격식에 따라서 또는 낮과 밤을 구별해서 입는 것을 원칙으로 한다. 낮에는 정식 예복으로 모닝 코트, 약식 예복으로 코트를 입고, 밤에는 정식 예복으로 연미복, 약식 예복으로 턱시도를 입는다. 서양에서는 초대장에 그날 파티에서 입을 옷을 적게 되어 있는데 White Tie, Black Tie, Morning Coat의 세 가지가 주로 표시된다. White Tie는 Tail Coat라고도 하여 연미복을 의미하며, Black Tie는 턱시도를 의미한다.

이 예복들은 여러 가지의 격식에 맞춰 제대로 입어야 하므로 이 예복들의 착용 에티켓에 대해 알아보도록 한다.

### 1) 모닝 코트(Morning Coat)

남성의 주간 예복 중 정식 복장으로서, 국가원수나 고위 공직자가 개최하는 공식 행사, 정식 오찬, 준공식 행사 등의 의식 있는 행사 때 착용한다. 하지만 최근 들어 복장이 간소화되어 주로 결혼식이나 장례식에 입는 복장이 되었다.

모닝 코트의 차림새는 모자부터 장신구, 양말까지 엄격한 기준이 있다. 모자의 기준은 실크 해트(Silk Hat)이지만 가운데가 높고 둥근 중산모나 중절모도 무방하다. 상의는 검정색 모직이 기본이며, 조끼는 상의와 같은 색과 재질의 것을 입는다. 검정에 회색줄 무늬가 있고 바지의 단은 접어 올리지 않는다.

### 2) 연미복(Tail Coat-White Tie)

연미복은 200여 년의 오랜 전통을 가진 남자의 야간 예복으로 정식야간연회, 공식만찬회, 무도회, 공식 야간 리셉션, 오페라, 음악회, 야간결혼식 등에 참석 시 입는다.

연미복의 올바른 차림에서 모자부터 살펴보면 모자는 실크 해트 또는 오페라 헤트를 쓰는 것이 좋다. 상의는 검은색 모직에 뒷부분이 길게 내려온 Tail Coat를 입어야 하고 조끼는 싱글 또는 더블을 입는데 보통 싱글이나 검은색 모직 조끼는 주간의 예복용이다. 바지는 검은색 모직을 입고 멜빵을 하는데 멜빵 색은 검정색이 무난하나 하얀색이나 색깔이 있는 것도 무난하다.

셔츠는 백색 면제품, 가슴과 소맷부리가 빳빳한 것, 무늬 없는 것에 칼라는 윙칼라가 좋다. 단추는 백색 조끼의 단추와 커프스버튼, 셔츠의 단추를 세트로 하는 것이 필수이다. 타이는 실크 혹은 골무늬가 있는 면으로 된 흰색 나비 타이가 좋으며 장갑은 흰색 사슴가죽, 흰 양가죽 장갑의 착용이 원칙이지만 야간일 경우에는 착용하지 않아도 무방하다. 구두는 검은색 에나멜 단화에 양말은 검은색 견직물을 신도록 한다. 외투는 검은색의 망토형 외투와 무릎까지 오는 긴 윗옷인 프록 코트형을 기본으로 한 허리의 조임이 없는 벨벳 깃의 체스터필드 싱글 코트가 정식이다. 색상은 짙은 남색이나 회색코트라도 상관없고 일반 검은색 코트를 입어도 무난하다.

### 3) 턱시도(Tuxedo, Smoking Jacket-Black Tie)

야간의 각종 파티, 극장이나 콘서트, 호텔, 클럽, 유람선에서의 만찬 등에 입는 야간용 준 예복이다. 서양에서는 턱시도가 가장 대중화되어 있고 가장 많이 착용하는 복장이다. 외국인과의 잦은 교류 시 항상 준비해 두고 가능한 한 오후 6시 이전에는 입지 않도록 한다.

상의는 검은색이나 짙은 남색 모직의 짧은 코트로, 싱글, 더블의 두 가지가 있다. 조끼는 상의와 같은 재질의 검정 조끼가 정식이며 조끼 대신 검정이나 짙은 남색의 커머밴드(cummerband : 폭이 넓은 장식 허리띠)를 하기도 한다. 바지는 상의와 같은 재질, 같은 색이어야 하며 양쪽 옆에 한 줄을 대는 것이 일반적이다. 바지의 단을 위로 접어 올려서는 안 되며, 반드시 멜빵을 해야 한다.

셔츠는 흰색의 골무늬가 있는 면셔츠나 주름을 넣은 턱시도 전용셔츠를 입는다. 단추는 검은색의 Onyx로 된 단추나 커프스버튼을 하며 타이는 조끼 또는 커머밴드에 어울리는 검정 보우타이를 한다. 커머밴드가 검정이 아닐 경우는 그에 맞는 색을 해도 무방하다. 구두는 검은색 에나멜 단화나 일반 검은색 단화를 신고 양말은 검은색 견직물이나 나일론이 적당하다.

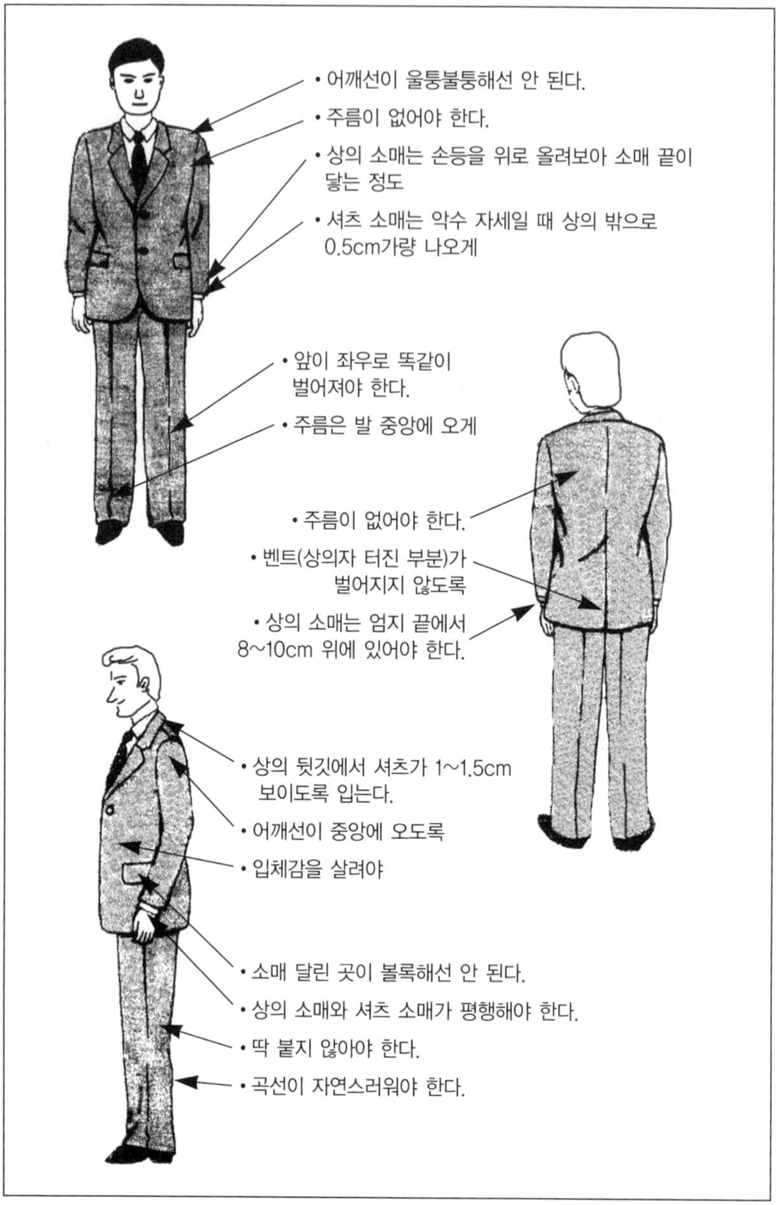
• 어깨선이 울퉁불퉁해선 안 된다.
• 주름이 없어야 한다.
• 상의 소매는 손등을 위로 올려보아 소매 끝이 닿는 정도
• 셔츠 소매는 악수 자세일 때 상의 밖으로 0.5cm가량 나오게
• 앞이 좌우로 똑같이 벌어져야 한다.
• 주름은 발 중앙에 오게
• 주름이 없어야 한다.
• 벤트(상의자 터진 부분)가 벌어지지 않도록
• 상의 소매는 엄지 끝에서 8~10cm 위에 있어야 한다.
• 상의 뒷깃에서 셔츠가 1~1.5cm 보이도록 입는다.
• 어깨선이 중앙에 오도록
• 입체감을 살려야
• 소매 달린 곳이 볼록해선 안 된다.
• 상의 소매와 셔츠 소매가 평행해야 한다.
• 딱 붙지 않아야 한다.
• 곡선이 자연스러워야 한다.

### 4) 사무용 정장(Business Suit)

사교복은 원래 사무용 정장으로 사무실에서만 입는 복장이다. 하지만 오늘날과 같이 바쁜 일상생활 속에서는 모든 격식이 간소화되면서 일상업무는 물론 방문, 만찬, 결혼식 등에서 예복을 입어야 할 경우에도 사교복으로 보통 평상복을 대신하게 되었다. 색상은 검은 계통, 짙은 남색, 짙은 회색 등의 Dark Suit가 좋으며 주의할 점은 검은색 단화를 신는 것이 정식이다.

올바른 착용법은 상의는 뒷깃에서 셔츠가 1~1.5cm 정도 보이도록 하며 길이는 손을 똑바로 내렸을 때 엄지 끝에서 8~10cm 위에 있어야 한다. 악수 자세에서 셔츠 소매가 상의 소매 밖으로 0.5cm 정도 보일 정도가 적당하다.

하의에서 바지 길이는 밑단 앞쪽이 신발에 가볍게 닿고 뒤는 구두 굽에서 약간 위로 올라오는 정도로 양말이 보여서는 안 된다. 또한 바지가 지나치게 붙지 않아야 하며 바짓단의 커프(cuff)가 있어도 무방하다. 바지, 구두, 양말은 같은 색 계열로 통일하는 것이 좋으며 앞주름의 위치는 무릎을 구부릴 때 가운데 오는 것이 좋다. 주름이 허리벨트까지 나 있는 것은 좋지 않으며 엉덩이 정점 근처에서 자연스럽게 사라지게 한다. 주름이 두 줄로 잡히지 않도록 해야 한다.

멜빵과 벨트 중 취향대로 착용하지만 조끼를 입지 않을 경우는 벨트가 좋다. 선택이 가능하면 정장에는 흰색 셔츠가 기본으로 셔츠 안에는 속옷을 입지 않는 것이 원칙이나 입을 경우에는 반드시 흰색의 속옷을 입도록 한다. 셔츠는 수트의 소매 밖으로 약 1.5cm 정도 나오도록 하고 목 뒷부분은 수트 깃

위로 조금 올라오도록 하며 셔츠의 목둘레는 손가락 2개 정도가 들어가면 적당하다.

넥타이는 얼룩이 있거나 더러운 것은 매지 않는다. 넥타이의 길이는 매어진 상태가 벨트에 살짝 닿거나 혹은 약간 길게 하는 것이 보기 좋다. 조끼를 입었을 때에는 조끼 아래쪽으로 넥타이가 보이지 않도록 하며 목부분이 헐렁하지 않도록 잘 당겨서 맨다.

넥타이는 양복과 셔츠의 색상과 조화를 이루는 색상을 선택하도록 하며 매일 바꿔가며 매는 것이 새롭게 보인다. 체크 무늬의 양복에 체크나 줄무늬 타이는 어울리지 않으므로 삼가는 것이 좋으며 진한 계통의 양복에는 밝은 색상의 타이가 잘 어울린다.

벨트는 흑색 또는 갈색으로 양복색과 비슷한 계통의 소재가 좋고 구두는 검정색이나 짙은 갈색이 무난하며 광택이 나게 잘 닦아 신는 것이 예의이다. 흰색 양말과 캐주얼화는 피하도록 한다. 뒷축은 항상 깨끗하게, 구겨 신지 않도록 한다.

액세서리 시계, 반지, 안경, 넥타이핀, 넥타이, 벨트 중에서 3가지 이내로 착용한다. 스리피스(Three Piece)의 양복을 입을 때는 서스팬더(멜빵)를 이용하는 것이 센스이다.

## 2. 여성의 복장

여성에게 있어서 옷차림은 바로 첫인상으로 연결되며 그 여성에 대한 전체적인 평가로 이어지기 때문에 매우 중요하다. 옷을 잘 입는다는 것은 자기에게 어울리는 옷을 고를 수 있는 감각과 그 옷을 세련되게 연출할 수 있는 솜씨가 있어야 한다. 가장 중요한 것은 시간과 장소와 목적에 맞는 적합한 옷을 입어야 한다는 것이다.

## 1) 이브닝 드레스(Evening Dress)

남성의 White Tie에 상응하는 최고의 연회 정장으로 야간의 연회나 파티 때에 착용한다. 옷감은 실크류로 밝고 화려한 색상이 좋다. 소매가 없는 복장 중 가장 화려한 옷으로 가슴과 등을 많이 노출하며, 치맛자락이 땅에 끌릴 정도로 치마길이가 길다.

모자는 쓰지 않으며 장갑은 흰색의 긴 장갑이나 옷과 조화를 이룬 색깔의 긴 장갑이 적당하다. 핸드백은 소형으로 가죽제품이 아닌 것이 좋으며 부채를 지니도록 한다. 구두는 금색, 은색이나 옷과 같은 색의 유사한 디자인의 구두가 좋고 보석과 액세서리는 개인이 소장한 것 중에서 가장 화려하고 값비싼 것을 착용한다.

## 2) 애프터눈 드레스 또는 칵테일 드레스(Afternoon Dress or Cocktail Dress)

남성의 Black Tie에 해당하는 것으로, 연회를 위한 정장으로 어느 정도 격식을 차려야 할 때 입으며, 원피스, 투피스, 앙상블의 형태가 있다.

애프터눈 드레스와 칵테일 드레스는 디자인이 간단하고 너무 야하거나 화려하지 않은 것으로 하며, 우아하고 고상한 느낌을 주는 드레이프나 주름 레이스 등으로 장식한다. 길이가 길지 않으며 쉬폰, 벨벳, 실크 등의 옷감을 사용한다.

모자는 스포티하지 않은 것이 좋고 장갑은 길이가 길지 않은 것으로 착용하며 흰 가죽제품이 좋으며 식사 때는 벗도록 한다. 핸드백은 그다지 크지 않고 빛이 번쩍거리지 않는 가죽제품이 좋으며 구두는 금색, 은색 및 스포티한 것만 제외하고 옷의 색상과 어울리는 것이 좋다.

### 3) 한복(Korean Traditional Dress)

한국여성은 외국인들과의 사교모임에서 격식을 갖추기 위해 굳이 값도 비싸고 잘 어울리지도 않는 서양식 드레스를 입을 필요는 없다. 한복의 당의, 활옷 등은 정식 예복으로 착용한다. 치마와 저고리는 같은 재질의 단색 고름을 단 저고리에 긴 치마를 입는 것이 정식(formal)이다. 한복 착용 시 목걸이는 금물이며 백은 한복의 색상과 어울리는 것이나 구슬백이 무난하지만 고유의 복주머니가 이상적이다. 옷고름에 비취 등을 이용해 만든 노리개나 은장도 등을 착용한다. 신발은 버선에 고무신을 신는 것이 전통적이고 격식에 맞으나 외국에 거주하거나 여행 중에는 스타킹에 구두를 신어도 무방하다.

### 4) 여성 정장

여성용 정장은 투피스와 수트로 나눌 수 있는데 투피스는 상의와 스커트를 같은 천으로 할 수 있고, 조화가 잘 되는 다른 천으로 만들 수도 있다. 투피스는 일정한 스타일이 정해져 있지 않으며 상황에 따라 쉽게 분위기를 연출할 수 있다. 그러므로 일상생활에서 많이 애용되는데 방문복, 외출복, 통학용, 여행복 등으로 이용 범위가 넓다. 수트는 재킷과 스커트를 같은 감으로 만들고 여기에 반드시 블라우스를 안에 입는다. 평상복으로는 물론 애프터눈 드레스, 파티 드레스의 대용으로 입을 수 있다.

보석류는 고급 정장의 경우는 진품으로 장식하며, 상의와 하의가 다를 때는 인조 보석으로 스포티하게 장식한다. 진품과 모조품을 같이 쓰지 않고, 반지는 한 손에 하나, 팔찌는 한 개 정도가 적당하며 시계는 낮에는 시계의 얼굴이 크고 간단한 것이 좋고 밤이나 특별한 모임 시에는 보석 박힌 예물용 시계가 좋다. 목걸이는 겉으로 보이지 않도록 가는 것으로 3mm 이내가 적당하며 귀걸이는 부착형으로 착용하며 핸드백은 깨끗하고 단정하며 장식이 많지 않은 백으로 적당한 크기의 백이 좋다.

여성용 서류가방은 모가 나지 않은 것이 적당하며 크기도 신장을 고려하여 적당한 크기로 선택하고 색상은 검정이나 갈색이 모든 용도로 두루 사용되므로 무난하다.

## ■ 여성이 싫어하는 남성의 실수 21가지

1. 선글래스를 실내에서 쓰고 다니는 남자(진실을 감추는 듯한 느낌을 준다)
2. 정장차림에 하얀양말을 신은 남자(하얀양말은 운동할 때 신는다)
3. 여름철 샌들(sandal)에 검은색 드레스 양말을 신은 남자(샌들은 꼭 맨발로 신는다)
4. 금속장식이 너무 크거나 번쩍거리는 벨트를 착용한 남자(불필요한 장식이 없는 간단한 가죽벨트를 사용한다)
5. 캐주얼이나 스포츠 웨어에 정장구두를 신은 남자(정장차림에는 운동화나 캐주얼 구두는 신지 않는다)
6. 과다한 몸장식을 한 남자(몸 전체에 7가지 이상이 눈에 띠면 안 된다는 것을 기억하자)
7. 여름철 옷감이 얇은 밝은 색상의 바지에 속팬티가 비치거나 자국이 나게 옷을 입은 남자(안감있는 바지를 선택하고, 살색계통의 속옷을 입는다. 비키니(bikini)는 피하고, 박서(권투선수가 입는 팬티)를 사용한다.
8. 자켓 기장을 너무 짧게 입은 남자(뒤 목선에서 발끝까지 잰거리의 2분의 1로 나눈 기장이 가장 이상적이다)
9. 서류가방(brief case)의 품질이 나쁜 것을 들고 다니는 남자(비지니스 맨은 가능한 고급 가죽 서류가방을 준비한다. 한번 장만하면 오래도록 잘 쓸 수 있을 것이다)
10. 사업상 인사를 나눌 때 구겨진 명함을 주는 남자(구겨진 명함은 사업에 도움이 되지 않는다. 명함은 반드시 명함지갑에 넣고 다닌다.)
11. 레인코트(rain coat)나 트랜치 코트(trench coat)의 길이를 짧게 입고 다니는 남자(코트의 길이는 길수록 좋다)
12. 정장에 천이 두꺼운 면이나 울 타이를 사용하는 남자(캐주얼 복장에 어울리는 타이이다)
13. 바지에 멜빵을 하고, 또 벨트를 사용하는 남자(멜빵과 벨트 이 두 가지는 벨트를 흘러 내리지 않게 하는 데 필요한 것이니 꼭 하나만을 사용한다)

14. 더블 양복(double-breasted)을 입고 단추를 채우지 않은 채 당당하게 거리를 활보하는 남자(더블 양복 재킷은 반드시 단추를 채워야 한다)
15. 바지 기장을 너무 짧게 입는 남자(바지 기장은 발등에 닿을 정도가 적당하다. 접단이 달린 바지 기장은 조금 더 길어도 좋다)
16. 처음 만나 악수를 하는데 손을 꽉 잡고 막 흔드는 남자(손을 너무 세거나 약하지 않게 편할 정도로 잡고, 세 번 이상 흔들지 않는다)
17. 어두운 색상의 정장 어깨 위에 하얀 비듬이 수북이 떨어져 있는 남자(불결해 보이지 않게 머리는 항상 자주 감고 단정하게 한다)
18. 휴대폰(cellular phone)으로 레스토랑에서 크게 이야기하는 남자(공공장소에는 휴대폰을 가지고 가지 않는다. 남에게 소음공해로 피해를 주기 때문이다)
19. 장식용 손수건과 타이를 항싱 매치(match)시켜 입는 남자(꼭 매치할 필요는 없다. 무늬든 색상이든 하나만 같은 계열이면 좋다)
20. 구두 뒷굽이 너무 많이 닳았는데, 그냥 신고 다니는 남자(구두 뒷굽이 닳았을 때는 새것으로 갈아 끼운다)
21. 식사 중이나 식사 후 큰 소리로 트림을 하는 남자(식사 도중 트림을 하는 것은 예의에서 크게 벗어나는 일인데, 어쩔 수 없는 상황이었을 경우 입을 다물면 소리가 작게 난다. 그리고 반드시 "실례합니다"라고 예의를 갖추어야 한다)

자료 : 민경례, 멋과 매너, 대왕사, 1997, 206~207쪽

## ■남성이 싫어하는 여성의 실수 21가지

1. 음악회나 영화관에서 껌을 리듬에 맞추어 소리내어 씹는 여자(천박해 보인다)
2. 옷 밖으로 브래지어 끈이 보이는 여자(스트랩 리스 브래지어를 사용한다)
3. 판타롱 스타킹을 신고 의자에 앉을 때나 걸음을 걸을 때마다 스커트 뒤트임 사이로 살이 보이는 여자(팬티 스타킹을 이용한다)
4. 짧은 스커트를 입고 의자에 앉을 때 다리를 벌리고 앉는 여자(다리는 꼬고 앉는다)
5. 상대방의 기호나 취향도 모르면서 커피에 설탕이나 크림을 자기 마음대로 넣어 주는 여자(과잉 서비스다)
6. 머리가 부시시하며 염색하여 새로 나온 부분은 검은 머리, 끝부분은 노란 머리의 여자(자연미가 가장 아름답다)
7. 하얀 치아에 빨간 립스틱을 묻히고 열심히 이야기하는 여자(숙녀의 행동이 아니다)
8. 데이트 장소에서 남자에게 담배불을 붙여 주는 여자(숙녀의 행동이 아니다)
9. 첫번째 데이트에 레스토랑에서 남자 주머니 사정과는 상관없이 제일 비싼 음식을 주문하는 여자(상대방을 배려하여야 한다)
10. 손톱 매니큐어가 벗어져 있는 여자(손톱은 항상 청결하게 관리한다)
11. 스타킹을 신지 않고 짧은 스커트를 입었을 때 다리에 잔털이 길게 자라 있는 여자(잔털은 깨끗이 제거하여야 한다)
12. 길가에서 누구를 기다릴 때 피곤하다고 바닥에 쭈그리고 앉아 있는 여자(화장실에서 큰일 보는 모습이다)
13. 의자에 앉아 있을 때 구두를 벗고 발을 흔드는 여자(구두는 공공장소에서는 벗지 않는다)
14. 스커트 아래로 속치마가 빠져 나와 있는 여자(짧은 속치마를 이용한다)
15. 다리는 짧은데 굽이 높은 구두만 신는다(짧은 다리 더 짧아 보인다)

16. 밝은 색상의 옷차림에 속옷이 비치는 여자(살색계열의 속옷을 입는다)
17. 여름철 슬리브 리스 옷을 입었을 때 겨드랑이 잔털이 보이는 여자(특히 여름철에는 반드시 잔털을 제거한다)
18. 정장차림에 슬리퍼를 신고 다니는 여자(정장차림에는 정장구두를 신는다)
19. 머리에서 냄새나는 여자(머리는 하루 한번씩 샴푸한다)
20. 향수를 너무 뿌리고 다니는 여자(냄새가 너무 강하여 역겹다)
21. 낮 화장을 너무 진하게 하고 다니는 여자(낮화장은 연하고 자연스럽게 하여야 한다)

자료 : 민경례, 멋과 매너, 대왕사, 1997, 158~159쪽

Global Manners & Culture

# 03

# 테이블 매너와 파티 매너

제1절 테이블 매너의 필요성 및 기본

제2절 세련된 파티 매너

열린세상

글로벌 메너와 문화

제3장

# 테이블 매너와 파티 매너

## 제1절
## 테이블 매너의 필요성 및 기본

### 1. 테이블 매너의 필요성

국제화 시대를 살아가는 요즈음 우리는 세계 각국 사람들과의 만남이 빈번해짐에 따라 테이블 매너의 중요성이 날로 높아지고 있다. 원래 테이블 매너란 19세기 영국의 빅토리아 여왕시대에 완성된 것으로 이 시대는 형식과 도덕성이 엄격하였던 시기였다.

그러나 오늘날에 있어서 테이블 매너의 필요성은

첫째, 형식이나 도덕성의 틀을 어느 정도 지키면서 서로가 요리를 맛있고 즐겁게 먹기 위하여 정해진 약속이라 할 수 있다. 즉 자기만족의 권리인 동시에 타인의 권리를 지켜주는 규율인 것이다.

자신만이 즐기기 위해 음식 먹는 소리, 웃음소리, 식기 부딪치는 소리, 분위기에 어울리지 않는 복장, 지나친 향수 등은 타인의 식욕을 떨어뜨리는 동시에 자신의 품위도 떨어뜨리는 행위인 것이다.

둘째, 테이블 매너는 위험방지 및 안전성 유지에 필요한 것이다.

예를 들어 포크, 나이프의 사용 시 야기될 수 있는 부상으로써 나이프를 포크 대신 입에 넣는 행위, 포크나 나이프를 들고 무의식으로 흔들면서 대화하는 행위 등은 나 자신 뿐만 아니라 타인에게도 위험한 행위인 것이다. 따라서 적절하고 장소와 때에 맞는 포크, 나이프 사용, 서비스 제공 시의 순서나 태도 등의 테이블 매너는 요리를 맛있게 즐기고 우리 모두의 안전을 위해서도 절대 필요한 것이다.

## 2. 테이블 매너의 일반

즐거운 식사를 위한 레스토랑 예약은 기본이다. 전망 좋은 창가나 특별한 좌석을 원할 경우 미리 예약하는 것은 필수이며 예약은 주로 전화로 하게 된다.

예약 시는 이름과 시간, 참석자 수, 연락처 등을 알려주어야 하며 특별한 모임(생일, 기념일, 약혼식)일 경우 미리 알려주는 것이 좋은 서비스를 받을 수 있으며 특별한 요리 주문의 경우 레스토랑 측의 준비를 위해 미리 알려주는 것이 좋다.

또한 가격도 미리 알아두는 것이 기본이며, 사정 상 예약상황을 지키지 못하는 일이 발생 시 빨리 연락하여 취소하는 것이 기본이며 늦어질 경우도 가능한 바로 연락하여 저절로 취소되는 일이 없도록 해야 한다.

외국에서는 우리나라의 예약문화에 관하여 질타하는 경우가 있는데 예를 들면 호주 브리스번에 있는 수족관 '시월드'의 단체관광 입장료는 24호주 달러(1만 6000원)이지만, 한국인 학생들에는 34호주 달러를 받고 있다. 시월드 측은 "한국학생들은 예약을 하고도 오지 않는 경

우가 많아 더 받는다"고 말했다. 덴마크 여행사에 따르면 "덴마크인들은 최소 3개월 전에 예약을 하고 대부분 예약을 지킨다"며 한국인의 예약문화에 대해 고쳐야 할 점이 많다고 하였다.

### 1) 도착 및 착석의 매너

레스토랑 입구에 도착하면 지배인 혹은 리셉션니스트(receptionist)가 예약여부 및 인원 수 등을 물은 후 테이블로 안내한다. 만약 이러한 서비스를 무시하고 자기 나름대로 아무 테이블이나 앉는 행위는 곤란하다. 다만 안내하는 테이블이 마음에 들지 않으면 "저쪽 자리는 어떨까요"라고 희망을 표시하는 것은 무방하다.

그리고 정식만찬의 경우에는 서열의 결정이 중요하다.

레스토랑에서는 보편적으로 안내자가 제일 먼저 상석의 의자를 빼주도록 되어 있으므로 상석에 그날의 주빈이 앉도록 한다. 그런데 좌석순위를 결정하는 데는 먼저 손님 중에서 누가 주빈인가를 정해야 한다. 일반적으로 주빈은 고령의 여성이나 처음 초대한 사람으로 정한다. 혹은 사회적 지위가 높은 사람, 유명인사 등을 주빈으로 정하는 경우가 많다. 그리고 호스트의 친구나 친척 등은 말석에 앉는다. 이밖에도 연령, 성별, 지위 등 초대의 목적에 따라 주최자가 손님 좌석의 서열을 정할 때도 있다. 좌석은 남녀가 번갈아서 앉도록 한다. 특별히 중요한 여성손님은 호스트의 오른쪽에 앉도록 하고, 그 다음의 중요한 여성손님은 주빈남성의 왼쪽에 앉힌다. 부부의 경우나 커플일 때는 나란히 앉지 않고 떨어져 앉도록 한다. 또한 가장 중요한 남성손님은 주최자 부인의 오른쪽, 그 다음은 왼쪽 이런 방법으로 좌석을 결정한다.

레스토랑에서 식사 시 좌석에 따라 기분이 좌우된다. 좋은 좌석의 경우는 일반적으로 전망이 좋은 좌석이 최상의 좌석이다. 전망 좋은 창가나 쇼관람의 경우는 무대가 잘 보이는 곳이 좋은 자리라 하겠다. 다음으로는 마음이 편한 곳이 좋다. 통로가 있는 좌석, 사람의 왕래가 잦은 곳, 의자의 등받이가 스치는 곳, 입구에서 가까운 곳, 화장실에서 가까운 곳 등은 좋은 좌석이 아니다.

좌석을 정한 후에는 여성이 먼저 착석한 후 남성이 착석한다. 여럿이 식사를 할 경우에도 고령자, 연령자, 여성들이 앉을 때까지 의자 뒤에서 서서 기다리거나 여성의 착석을 보조해 주는 것이 좋은 에티켓이다.

한편 웨이터나 남성이 의자를 빼주면 여성은 왼쪽부터 의자 앞으로 가 앉는다. 의자에 앉을 때는 허리를 깊숙히 하여 앉고 상체는 꼿꼿이 세운다. 아무 것도 하지 않을 때는 손은 자연스럽게 테이블 위나 무릎 위에 올려놓는다. 그러나 팔꿈치를 테이블 위에 세우거나 턱을 괴는 행위는 삼가야 한다.

### 2) 테이블에서의 자세 및 대화

착석 시 자연스러운 자세와 단정한 동작은 즐거운 식사를 위해서도 필요하다. 부드러운 몸의 움직임과 편안한 몸가짐을 하기 위한 기본 자세는 테이블과 신체와의 거리를 적당하게 하는 것이다. 대체로 주먹 두 개 정도의 거리가 적당한 공간이라 하겠다. 식사가 시작된 후 의자를 바꾼다고 소리를 내거나 옆사람에게 불쾌감을 주어서도 안 된다.

식사 중에 자신의 손이 잘 닿지 않는 곳에 있는 조미료는 웨이터나 옆사람에게 정중히 부탁한다. 자신이 직접 한다고 손을 뻗어 상대방의 식사를 방해하거나 불쾌감을 유발할 수 있기 때문이다.

식사를 하면서 대개 대화를 나누는 경우가 많은데 대화를 위해서는 음식을 조금씩 입에 넣고 주위사람들과 자연스러운 대화를 나눈다. 이때에도 큰 소리로 떠들어서 다른 테이블의 손님에게 불쾌감을 주어서도 곤란하다.

식사 중 먼저 화제를 꺼낼 때나 상대방으로부터 질문을 받았을 때는 손에 들고 있는 스푼이나 나이프 등은 내려놓고 이야기한다. 상대방이 음식을 먹고 있을 때는 말을 걸지 않으며, 입안에 음식이 있을 때 질문을 받으면 일단 음식을 든 후에 "실례합니다"라고 양해를 구한 후 대답한다. 식사 중 대화는 가벼운 화제가 좋으며 되도록 개인적 문제, 종교, 정치, 타인험담, 외설스러운 이야기 등은 피하고 상대방의 관심사나 스포츠, 문화, 예술, 음악, 취미 등의 화제가 무난하다. 특히 여성에게 나이, 결혼여부, 개인적인 사항 등을 심문하듯이 물어보는 것은 대단히 실례로 삼가야 한다.

식사 후 담배를 피우거나 식후주를 마실 때쯤에는 의자를 다소 뒤로 밀거나 다리를 포개는 식의 자유로운 자세를 취할 수 있다. 그러나 흡연의 경우는 반드시 흡연석에서만 가능하며 금연석의 경우는 지정된 흡연장소를 이용해야 한다. 또한 흡연석의 경우에도 상대방에게 양해를 구하고 흡연하는 것이 에티켓이다.

### 3) 레스토랑 이용 시 복장 매너 및 소지품 처리

레스토랑 이용 시 복장에 대한 특별한 규칙은 없다. 그러나 정찬시간(6시 이후)에는 가능하면 정장차림이 좋으며 격식을 요하는 자리에는 자유로운 복장으로 출입하는 것을 되도록 삼가는 것이 좋다. 유럽의 경우에는 복장매너가 엄격한 편으로 남녀 모두 정장복장만이 정찬석상에 허용된다. 남성의 경우 노타이 차림이나 T셔츠 차림 등은 곤란하며 여성의 경우도 지나치게 짧은 미니스커트차림이나 너무 몸에 붙는 노출이 심한 이브닝 드레스는 절대 삼가야 한다. 또한 짙은 화장과 향수 등은 남에게 역시 불쾌감을 유발할 수 있기 때문에 피해야 한다. 짙은 화장보다는 은은한 화장과 향기가 여성의 품격을 더욱 높여 줄 것이다.

한편 여성의 모자사용은 실내에서도 가능하나 야간의 경우에는 액세서리로 보지 않기 때문에 벗는 것이 예의이며 그 대신 머리에 장식을 하는 것이 보통이다. 점심의 경우나 오후의 칵테일 파티에는 모자를 쓰고 있어도 무방하다. 그러나 스포츠 모자나 햇빛 가리개 등은 절대로 안 된다. 그리고 스카프를 머리에 쓰고 실내에 들어가는 것은 큰 실례이다.

그리고 여성의 핸드백이나 소지품은 물론 모자, 코트 등은 모두 보관장소(클락 룸)에 맡기는 것이 원칙이며 식사 시 필요치 않는 것은 가지고 갈 필요가 없다. 그러나 여성의 경우 핸드백은 예외일 수가 있는데 핸드백의 경우는 자신의 등과 의자 사이에 두면 된다. 그러나 공간이 너무 넓어 떨어질 우려가 있을 시는 의자에 걸치도록 한다. 여성용 긴 장갑의 경우 테이블에 앉을 때까지 착용하고 있어도 무방하다. 이것 역시 핸드백에 넣거나 의자 뒤에 놓는 것이 좋다. 여성의 경우 실내온도에 따라 쇼울 같은 것을 걸치고 있어도 무방하다.

### 4) 냅킨과 포크, 나이프 사용 매너

일반적으로 냅킨은 접시 위에 있거나 테이블 좌측에 있다. 좌석에 앉자마자 냅킨을 펴는 것은 곤란하며 모두 착석한 후 분위기를 보아 천천히 무릎 위에 두겹으로 펼친다. 항공기나 기차 등 흔들리는 곳에서는 단추 구멍에 끼우기도 한다. 냅킨은 음식을 흘리더라도 옷을 더럽게 하지 않게 하기 위한 것으로 가볍게 입을 닦는 경우나 핑거보울(Finger bowl) 사용 후 물기를 닦을 때 사용한다. 여성이 입을 닦을 경우 립스틱이 묻어나도록 세게 닦으면 예의에 어긋나는 행위로 삼가야 한다. 물을 엎지른 경우도 냅킨으로 닦는 것 역시 곤란하다. 이때는 웨이터에게 부탁하여 처리토록 하는 것이 좋다.

정식 디너파티의 경우에는 식사 코스에 들어가기 전에 주빈이나 주최 측의 인사말이나 건배 제의를 할 때는 냅킨은 그대로 두고 행사가 끝나고 식사에 들어 갈 때 무릎 위에 놓는다. 식사 코스에 들어가지 않았는데 냅킨이 무릎에 놓여 있으면 보기에도 좋지 않다.

**[나이프와 포크의 사용방법]**

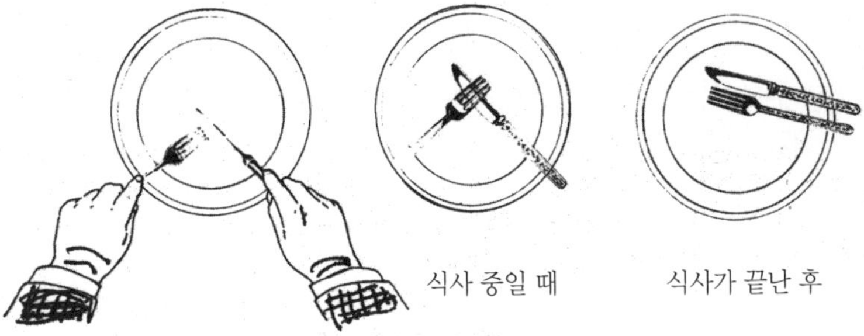


식사를 마친 후에 일어설 때는 냅킨은 접어서 테이블 위에 놓는다. 의자 위에 던져 놓는 것은 금지 사항이다.

포크와 나이프의 사용매너를 보면 나이프와 포크는 중앙의 접시를 중심으로 각각 오른쪽과 왼쪽에 놓이게 된다. 세팅이 된 상태 그대로 오른손에 나이프, 왼손에 포크를 사용한다. 양식의 경우에는 코스에 따라 각각 나이프와 포크를 사용한다. 보통 3개 정도가 있는데 바깥쪽에 있는 것부터 안쪽으로 차례대로 사용한다. 식사 중 포크에 음식을 올려놓은 채 이야기하는 것은 좋지 않다. 포크 끝에 달라붙은 요리를 나이프 끝으로 긁어내리거나 빵으로 닦아 먹는 행위도 삼가야 한다.

나이프와 포크를 동시에 사용하여 고기를 자를 때에는 끝이 서로 직각이 되게 하며 팔꿈치를 옆으로 벌리지 말고 팔목 부위만 움직여 자른다. 나이프는 사용 후 칼날이 안쪽을 향하도록 놓는다.

식사 중의 포크와 나이프는 접시 양끝에 걸쳐놓거나 접시 위에 서로 교차하여 놓는다. 식사를 마친 후에는 접시 중앙의 윗부분에 나란히 놓는다. 나이프, 포크, 스푼을 사용했을 때는 바깥쪽부터 나이프, 포크, 스푼의 순서로 가지런히 모아 놓는다.

### 5) 메뉴 보기와 요리 선택

식탁에 앉으면 웨이터가 메뉴를 가져오는데 메뉴를 볼 때 제대로 보지 않고 주문하는 경우가 있는데, 메뉴는 매일 바뀌는 특별 메뉴도 있으므로 끝까지 천천히 살펴보는 것이 좋다.

메뉴를 본 후에 주문방법은 먼저 메인 코스를 정한다. 자기 기호에 맞는 생선과 고기 또는 둘 중 하나를 정한 뒤 그에 맞는 소스를 고른다. 육류를 주문할 때에는 굽는 정도를 정한다. 메인 메뉴가 정해지면 거기에 맞추어 전채요리나 수프를 정한다. 디저트는 식사가 끝난 후 주문한다.

요리를 주문할 때는 메뉴를 천천히 보고 잘 모르는 요리에 대해서는 종업원에게 질문한다. 다른 손님이 들고 있는 음식을 손가락으로 가리키며 주문하는 것은 실례이다. 초대받은 손님으로서 요리를 주문할 경우는 가격이 제일 비싼 요리와 싼 요리는 제외하고 자신이 좋아하는 것을 선택한다. 종업원을 부를 때는 손을 높이 들지 말고 가볍게 살짝 들어 시선을 맞추도록 한다. 만약 기다려도 오지 않을 경우 "웨이터" 혹은 "웨이트리스" 하고 부른다. 그리고 메뉴를 주문할 때 여성과 초대손님이 먼저 주문하며 남성을 동반한 여성은 직접 종업원에게 주문하는 것이 아니라 동행한 남성에게 요청하고 그 남성이 대신 종업원에게 주문하도록 한다.

일반적으로 레스토랑 메뉴에는 크게 따블 도트(정식메뉴)와 알 라 카르트(일품요리)가 있으며, 그 외에도 그날의 메뉴(Daily menu)라 하여 특별히 요리한 특별요리(Special menu)가 있다.

#### (1) **따블 도트**(Table d' hote)

요리 코스와 가격이 일괄적으로 정해진 것으로 보통 풀코스라고 하기도 한다. 코스에 따라 다양한 맛을 즐길 수 있다. 순서를 보면 식전주 – 전채요리 – 수프 – 생선요리 – 육류요리 – 샐러드 – 디저트 – 음료의 순이다.

#### (2) **알 라 카르트**(A' la carte)

풀코스 메뉴 중 원하는 것을 선택하는 것으로 대개 전채요리 또는 수프 - 생선 또는 육류 - 샐러드 - 디저트 - 커피 또는 홍차의 순서로 주문한다. 양이 많을 경우에는 생선이나 육류요리 중 한 가지만 선택한다. 혹은 수프 - 육류 - 음료처럼 간단하게 주문할 수도 있다. 만약 부부동반인 경우에는 다양하게 먹고 싶은 것이 있으면 한가지씩 주문하여 나누어 먹어도 무방하다. 이 경우에는 웨이터에게 부탁하여 나누어 달라고 하는 것도 무방하다.

#### (3) **특별요리**(Special menu)

레스토랑에서 추천할 만한 요리나 그날 특별히 구매한 재료를 사용하거나 기존의 재료를 활용하여 특별히 만든 요리로써 가격도 경제적이고 특별한 맛을 느낄 수 있어 선택할 만도 하다.

### 6) 식사 후의 자리 정리 및 계산

식사를 바쳤다고 바로 일어나는 것은 곤란하며 일단은 모임을 주관한 사람이 끝내기를 기다린다. 만일 일찍 가야 할 사유가 있을 경우에는 적당한 이유를 대고 양해를 구한 다음 먼저 일어선다. 다른 사람이 점잖게 모임을 끝내고자 보내는 신호에도 적절히 신경을 쓴다.

계산은 식사를 완전히 끝낸 후 앉은 좌석에서 한다. 웨이터에게 신호를 보내 계산서를 가져오게 하여 확인 후 지급한다. 계산 후 15~20% 정도의 팁을 주는 것이 상례이나 장소와 경우에 따라서 다르며 일대일 프렌치 서비스를 제공하거나 최고급 서비스를 제공하는 레스토랑에서는 30%까지 팁을 주기도 한다.

냅킨을 펴면

• 접히는 쪽이 자기 안으로

식사 종료 후

• 식사 종료 후 냅킨을 테이블 왼쪽 위에 접어 올려 놓는다.

냅킨 매너

• 냅킨 가운데를 사용하지 않도록 한다.(귀퉁이 부분 사용)

식사 중 잠시 자리를 뜰 때

• 의자 등받이나 팔걸이 위에 놓거나, 테이블에 걸쳐도 무방하다.

## 3. 요리 코스에 따른 매너

### 1) 식전주의 종류

식전주는 식욕 촉진을 위해 마시는 술이다. 그러므로 타액이나 위액의 분비를 활발하게 만드는 자극적인 것이 좋다. 대표적인 것이 스페인산 백포도주인 셰리(Sherry)주다. 셰리주는 맛이 담백하고 다소 곰팡이 냄새가 나는 듯하다. 셰리주에는 크림셰리(Cream Sherry)와 드라이 셰리(Dry sherry)가 있는데 크림 셰리는 여성에게 드라이 셰리는 남성에게 잘 어울린다.

정식 만찬에는 셰리주와 함께 백포도주에 여러 약초를 가미한 베르무트(Vermouth)가 나온다. 프랑스산 베르무트는 담백(Dry)한 반면 이탈리아산은 약간 단(Sweet)맛이다. 그 밖의 식전용 칵테일로는 남성의 경우 마티니, 여성의 경우 맨해튼이 무난하다. 마가리타(Margarita), 캄파리(Campari), 듀보네(Dubonet), 샴페인(Champagne) 등도 쓰인다. 간혹 위스키가 나오기도 하는데 물이나 소다수로 희석하여 약하게 해서 한두 잔 정도 마시는 것이 좋다.

셰리주

마티니

맨해튼

마가리타

술을 마시지 못하는 사람일 경우 다른 이들이 식전주를 마시는 동안 진저엘(Ginger-Ale)이나 주스를 마신다. 그러나 콜라나 사이다 같은 단맛이 나는 음료는 좋지 않다. 차가운 술일 때는 글라스의 목부분을 잡는 것이 원칙, 글라스를 감싸듯 잡으면 체온으로 인해 술의 온도가 변할 수 있고 그 빛깔도 즐길 수 없다. 마실 때 시간을 너무 끌지 말되 칵테일을 장식한 올리브, 체리, 레몬 등은 먹어도 된다.

### 2) 전채요리의 구성

프랑스어로는 '오르 되브르(hors-d' oeuvres)', 영어로는 '애피타이저(appetizer)' 북유럽에서는 '스모가스보드(Smorgasbord)', 러시아에서는 자쿠스키(Zakouski), 중국은 '렁분(冷盆)'이라 부른다. 이것은 식욕을 돋우

**[양식 풀코스 세팅]**

❶ 쇼 플레이트
❷ 냅킨
❸ 에피타이저 나이프
❹ 수프 스푼
❺ 생선 나이프
❻ 스테이크 나이프
❼ 에피타이저 포크
❽ 생선 포크
❾ 샐러드 포크
❿ 스테이크 포크
⓫ 디저트 스푼
⓬ 디저트 포크
⓭ 버터 나이프
⓮ 빵 플레이트
⓯ 버터 볼
⓰ 물 잔
⓱ 화이트 와인 잔
⓲ 레드 와인 잔
⓳ 샴페인 잔
⓴ 소금과 후추

기 위해 식사 전에 가볍게 먹는 음식인데 식전주를 위한 안주로 쓰이기도 한다. 너무 많이 먹으면 다음에 나올 메인 메뉴가 맛이 없어지는 만큼 적당히 먹거나 아예 주문하지 않아도 된다.

요리는 나오는 대로 바로 먹기 시작한다. 서양요리는 뜨거운 것이든 찬 것이든 가장 먹기 좋은 온도일 때 상석에서부터 제공되기 때문이다. 그러나 4~5명이 함께 식사하는 경우에는 요리가 전부 나오기까지 오래 걸리지 않으므로 조금 기다리도록 한다. 특히 손윗사람의 초대를 받은 자리라면 웃어른이 포크와 나이프를 잡은 후에 먹기 시작하는 것이 예의다. 식사 시작 시간이 달랐더라도 끝내는 시간은 비슷하게 맞추도록 한다.

전채요리는 크게 찬 음식과 더운 음식으로 나뉜다. 일반적으로 차가운 전채 다음에는 진한 맛의 요리를, 따뜻한 전채 뒤에는 가벼운 요리를 고른다.

**■양식 풀코스 메뉴 순서**

1) 전채(Hor d' oeuvre : 오르 되브르) 2) 스프(Soup)
3) 생선요리(Fish) 4) 셔벳(Sherbet)
5) 주요리(Entree 혹은 Main Dish) 6) 샐러드(Salad)
7) 디저트(Dessert) 8) 커피(Coffee)

■5코스 메뉴 : 전채 → 스프 → 주요리 → 후식 → 음료
■7코스 메뉴 : 전채 → 스프 → 생선 → 주요리 → 샐러드 → 후식 → 음료
■8코스 메뉴 : 전채 → 스프 → 생선 → 셔벳 → 주요리 → 샐러드 → 후식 → 음료

### (1) 차가운 전채요리

**❶ 캐비어**(Caviar)

철갑상어 알을 소금에 절여 차게 한 것으로 러시아산이 유명하나 최상급품은 회색빛에 가까운 이란산이다. 벨루가(Beluga), 오세트라(Ossetra), 세부루가(Sevruga)의 등급이 있는데 벨루가가 1등급이다. 함께 제공되는 멜바토스나 한입 크기의 블리니에 스푼에 캐비어를 얹고 레몬즙을 뿌린 후 손으로 먹는다. 함께 나오는 삶은 달걀이나 파슬리, 양파 다진 것 등을 얹어 먹어도 좋다.

**❷ 푸아 그라**(Foie gras)

특별한 방법으로 기른 거위의 간요리로 버터에 찐 것이나 익히지 않은 것이 나온다. 브리오슈 또는 살짝 구운 토스트가 제공된다. 익히지 않은 것이 나올 때는 빵에 얹어 먹는다. 짙은 핑크색이 최상품이다.

**❸ 생굴**(Oyster)

대개 껍데기 그대로 나오며 왼손으로 껍데기를 잡고 포크 날로 관자부분을 떼내 먹는다. 레몬을 뿌려 먹으면 더 맛있다. 알맹이를 빼낸 뒤 껍데기에 남아 있는 국물은 들고 마셔도 된다. 생굴이 맛이 있는 계절은 10월 중순~3월 중순 경이다.

❹ **카나페**(Canape)

크래커나 패스트리, 토스트 위에 치즈, 연어, 캐비어 등을 얹어 한입에 먹기 좋게 만든 프랑스식 오픈 샌드위치이며 손으로 취향대로 선택하여 먹는다.

### (2) 따뜻한 전채요리

❶ **에스카르고**(Escargot)

식용 달팽이 요리이며 소스는 빵에 찍어 먹기도 한다.

❷ **라비올리**(Ravioli)

이탈리아식 만두 요리다.

에스카르고

라비올라

**Hors-d' oeuvre의 특징**

❶ 분량이 작아야 한다.

❷ 맛이 좋고 주요리와 균형이 잡히도록 고려한다.

❸ 침의 분비를 촉진시켜 소화를 돕도록 짠맛과 신맛이 곁들여져야 한다.

❹ 계절감이 있고 지방의 특색을 곁들이면 더욱 좋다.

### 3) 수프와 빵을 먹는 매너

#### (1) 수프

흔히 감자, 옥수수 등이 들어간 진하고 걸쭉한 수프를 '포타주(Potage)' 정확히 말해 '포타주 리에'라 하며 담백한 요리에 잘 어울린다. '콘소메(Consomme)'는 맑은 수프로 'Potage Clair'라 한다. 맛이 진한 메인 요리를 먹기 전 가볍게 맛을 본다. 정식 풀코스 요리에 적합하다.

**❶ 수프는 마시는 것이 아니라 먹는 것이다.**

수프는 마시는 것이 아니라 먹는 것이며 소리가 나지 않도록 주의한다. 스푼으로 뜬 수프를 한번에 먹지 않고 조금씩 나눠 먹는 것도 좋지 않다. 수프용 스푼은 펜을 쥐듯 중간에서 약간 위쪽 부분을 가볍게 잡는다. 미국식은 자기 앞에서 바깥쪽으로 떠먹는 것이며, 유럽식은 반대로 스푼을 바깥쪽에서 앞쪽으로 움직인다.

스푼으로 뜬 것은 한입에 다 먹고, 스푼에서 국물이 떨어져도 테이블보가 더러워지지 않도록 접시 가장자리를 벗어나지 않은 곳에서 멈춘다. 수프가 너무 뜨거우면 스푼으로 천천히 저어 식힌 다음 먹는다.

**[수프를 먹을 때]**

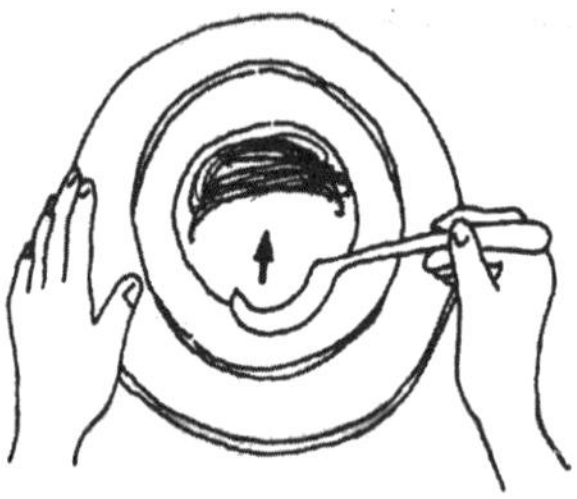

자기 앞쪽에서 저쪽으로

너무 높이 들지 않도록 한다.

**❷ 손잡이 있는 수프 컵의 경우는 손으로 들고 먹어도 된다.**

수프가 얼마 남지 않았더라도 바닥 긁는 소리를 내선 안 된다. 접시를 왼손으로 잡고 앞쪽으로 조금 기울여 떠 먹는다. 손잡이가 달려 있는 컵인 경우에는 손으로 들고 먹어도 된다. 스푼이 있을 때는 맛이나 뜨거운 정도를 스푼으로 알아본 후 스푼을 밑 접시에 내려 놓은 뒤 먹는다. 스푼은 수프를 다 먹기 전에는 받침접시 위에 두고, 다 먹은 후에는 손잡이를 오른쪽으로 해 수프 접시 위에 둔다.

### (2) 빵을 먹는 매너

**❶ 빵은 수프를 먹은 후 먹는다.**

빵은 처음부터 테이블 위에 놓여 있는 경우도 있지만 대개 수프를 먹은 직후 나온다. 요리와 함께 먹기 시작해서 디저트를 먹기 전에 끝내는 것이 관례이다. 빵을 먹으면 요리의 맛이 남아 있는 혀가 깨끗해져 미각이 살아나기 때문이다. 하지만 처음부터 제공되는 경우에는 조금씩 먹어도 된다.

빵은 왼쪽 접시에 놓여 있는 것이 자기 것으로 빵 접시는 있던 자리에 그대로 두고 가운데로 옮겨 놓지 않는다. 손으로 가져와서 잘라 먹되 여성에게 먼저 권하는 것이 예의다. 빵 부스러기가 떨어지기 쉬우므로 되도록 빵접시 위에서 처리한다. 만약 부스러기가 다소 떨어졌더라도 손으로 털거나 할 필요는 없다.

**❷ 빵을 나이프로 자르는 것은 안 된다.**

딱딱한 프렌치 빵은 가운데 부분을 눌러 4등분한 뒤 한입 크기만큼 손으로 잘라 먹는다. 다만 버터나 잼이 발라져 있는 토스트는 나이프를 이용해 자른다. 아울러 토스트, 크루아상, 브리오슈는 아침식사용 빵이므로 만찬회 석상에서 요구해서는 안 된다.

빵을 우유, 커피에 적셔 먹어서는 안 된다. 그러나 고깃국물이나 소스에 적셔 포크로 먹는 것은 괜찮다. 2인용 버터가 나왔을 때에는 그 중에 절반을 버터나이프로 잘라 빵접시 한 켠에 옮겨 놓은 뒤에 먹는다.

### 4) 생선요리의 종류와 먹는 법

#### (1) 생선류 먹는 법

**❶ 생선요리는 뒤집지 않는다.**

생선요리의 대표는 광어 뫼니에르(버터구이 조리)다. 뫼니에르(Meuniere)란 생선요리에 계란과 밀가루를 묻혀 프라이 팬에서 익히는 것을 말한다. 통째로 요리하는 경우와 머리, 꼬리 부분을 떼어낸 뒤 조리하는 방식이 있다. 통째로 조리한 광어 뫼니에르를 먹으려면 우선 포크로 머리부분을 고정시키고 나이프를 이용하여 머리와 몸통을 분리한다. 꼬리 부분과 지느러미를 발라낸 후 잘라낸 머리, 꼬리, 지느러미를 접시 위쪽에 한데 모아 놓는다. 등뼈를 따라 왼쪽에서 오른쪽으로 나이프를 수평 이동해 위쪽 살과 뼈를 발라낸 뒤에 살만 앞쪽으로 모아 왼쪽부터 조금씩 잘라먹는다.

위쪽 살을 다 먹은 다음에는 생선을 뒤집지 말고 그 상태에서 다시 나이프를 뼈와 아랫쪽 살 사이에 넣어 뼈를 바른다. 왜냐하면 뒤집다 소스가 튀어 옷을 버릴 수 있으며 옆사람에게 불안감을 주기 때문이다. 가시를 먹은 경우에는 왼손으로 입을 가리고 오른손으로 빼내거나 포크로 받아내어 접시 구석에 놓는다. 연어는 토막으로 나오므로 껍데기를 포크에 말아 떼어낸 뒤에 먹는다. 생선요리는 살이 무르므로 나이프 없이 포크만 사용해도 된다.

**❷ 생선 뫼니에르에 놓여 있는 레몬은 나이프를 이용하여 즙을 낸다.**

생선 뫼니에르 접시에는 얇게 자른 레몬이 놓여 있다. 뫼니에르가 나오면 먼저 레몬의 한쪽 끝을 포크로 고정시키고 나이프로 가볍게 눌러 즙을 낸다. 즙을 짠 레몬은 접시 한쪽에 놓는다. 뫼니에르 외에 생선프라이나 석쇠구이에 곁들여지는 반달형 레몬은 오른손 엄지, 중지, 집게 손가락으로 즙을 내어서 생선 위에 뿌린다.

생선요리는 살이 연하므로 나이프와 포크가 함께 있더라도 포크만을 사용해도 관계없다.

특히 생선그라탕은 대개 포크를 사용하여 먹는다. 생선그라탕이란 생선이나 새우 등을 크림소스와 함께 그라탕 접시에 넣어 오븐에서 구워낸 요리를 말한다.

**[생선요리를 먹을 때]**

왼쪽부터 잘라서 소스를 충분히 섞어서 먹는다.

**[생선요리를 다 먹으면]**

뼈가 있는 생선인 경우 생선의 뼈는 잘 발라서 보기 좋게 접시 위쪽으로 정리해 둔다.

### (2) 새우요리 먹는 매너

**❶ 새우는 껍질을 떼어내고 먹는다.**

새우요리가 나오면 포크로 머리부분을 고정시킨 뒤 나이프를 살과 껍데기

사이에 넣어 벗겨내듯 꼬리 쪽으로 움직인다. 이렇게 양쪽으로 반복하면 껍데기가 쉽게 벗겨진다. 다음 왼손 포크로 꼬리부분을 들어올리고 오른손의 나이프로 껍데기 부분을 누른다. 다시 포크로 살부분만 당기면 속살이 쉽게 빠져 나온다. 껍데기는 한곳에 두고 살 부분은 왼쪽부터 잘라가며 마요네즈나 크림소스에 찍어 먹는다.

핑거 볼이 있을 땐 그냥 손으로 발라먹은 뒤 물로 씻으면 된다. 통째로 먹는 왕새우의 경우는 미리 껍질이 발려져서 나오므로 한번 정도 잘라먹으면 된다.

### (3) 식용 달팽이 · 대합 먹는법

에스카르고(Escargot)는 식용 달팽이 요리로서 생선요리에 들어간다. 에스카르고는 버터, 마늘, 향료 등을 넣어 오븐에 구운 직후 나온다. 왼손의 에스카르고용 홀더로 껍데기를 고정시킨 후 오른손의 전용 포크로 집어내 먹는다. 껍데기를 들고 국물을 마실 때에는 뜨거워서 입을 댈 염려가 있으니 주의한다. 버터소스와 빵이 나오면 빵과 에스카르고를 소스에 찍어 먹는다. 에스카르고를 전채로 먹을 수도 있는데 이때는 생선요리를 생략하고 바로 고기요리로 들어가면 된다.

대합을 먹을 때는 손으로 껍질을 잡고 포크로 관자 부분을 떠서 살을 떼어내며 먹는다. 관자가 잘 떨어지지 않을 때는 살 부분만 먹는다.

#### (4) 바닷가재 먹는 법

정식 풀코스에서는 껍데기가 발라져 나오는 경우가 많으므로 특별히 먹는 법에 신경쓰지 않아도 좋다. 주문할 때 어떤 형태로 나오는지 물어봐서 통째 나온다면 껍데기를 벗겨달라고 요구한다. 여의치 않을 때는 집게발을 손으로 잡고 전용 가위로 가볍게 자른 후 전용 포크로 살을 꺼내 나이프와 포크로 잘라먹는다.

### 5) 육류요리의 종류와 먹는 법

#### (1) 육류요리 종류

프랑스어로 필레(Filet)란 안심을 뜻한다. 안심은 소 등뼈 안쪽으로 콩팥부터 허리부분에 이르는 가느다란 양쪽 부위를 말한다. 지방이 거의 없고 부드러워 쇠고기 중 최상급에 속한다. 그 중에서도 최고급 스테이크는 앞쪽 넓은 부분의 안심을 이용한 샤토브리앙이다.

찹(Chop)은 갈비뼈에 붙은 돼지 · 양 · 송아지 고기를 뜻한다.

스테이크를 주문할 때에는 개인적 기호에 따라 굽는 정도를 선택한다. 살짝 구울수록 육즙이 많아 고기의 참맛을 즐길 수 있다.

❶ **레어**(rare 약간 구운 것)

표면만 살짝 구워 중간은 붉은색 날고기 상태 그대로임

❷ **미디엄 레어**(midium rare 좀 더 구운 것)

중심부에 분홍색과 붉은 색이 섞여 있는 상태

❸ **미디엄**(midium 중간 정도 구운 것)

중심부가 모두 분홍색

**❹ 미디엄 웰던**(midium well-done 약간 바싹 구운 것)

한국인이 좋아하는 상태로 옅은 갈색을 띈다.

**❺ 웰던**(well-done 완전히 구운 것)

표면은 물론 중심부까지 충분히 구워져 갈색을 띤 상태

- 고기요리
  - 비프스테이크
    - 필레(소안심)
      - 샤토 브리앙
      - 토르네도
      - 필레 미뇽
    - 써로인(소등심)
  - 송아지
    - 빌(송아지 고기 요리)
    - 빌 커틀릿(송아지 커틀릿)
    - 에스칼로프(송아지 커틀릿)
  - 양고기
    - 머튼(양고기)
    - 램(새끼 양고기)
    - 새들(양고기 등심)
  - 포크 찹
    - 포크 찹(돼지고기)
    - 포크 커틀릿(돼지고기 커틀릿)

### (2) 육류요리 먹는 법

**❶ 스테이크**

고기 왼쪽을 포크로 고정시키고 나이프로 먹기 좋을 만큼씩 잘라가며 먹는다. 접시 바깥쪽에서 안쪽으로 세로방향에 맞춰 자른다. 너무 크다 싶을 때는 다시 비스듬히 잘라가며 먹는다. 육류용 나이프는 앞부분이 톱니로 되어 있다. 무조건 힘을 주는 것보다 앞쪽으로 당기듯 부드럽게 움직여야 잘 썰어진다.

### ❷ 양고기

뼈 끝 부분에 종이가 감겨 있으면 그것을 왼손으로 잡고 오른손으로 살코기를 발라낸다. 처음부터 뼈를 모두 발라내도 되고 격식을 차리지 않는 자리에선 중심부분을 잘라내 포크로 살코기만 뜯어먹어도 된다. 그러나 손에 들고 먹는 것은 삼간다. 꼬치에 꿴 양고기는 포크로 고기를 고정한 뒤 꼬치를 빼고 나이프와 포크를 이용, 잘라먹는다.

### ❸ 닭고기

격식을 갖춘 만찬에서는 어떤 부분도 손가락으로 집어서는 안 된다. 그러나 격식이 필요 없는 자리일 때는 은박지로 싼 다리 부분을 포크와 나이프를 이용해 적당한 크기로 자른 뒤 손으로 들고 뜯어먹어도 괜찮다.

### ❹ 요리는 소스가 나온 후 먹는다.

서양요리 중에서 프랑스요리는 소스의 맛에 매우 신경을 쓴다. 소스는 소금, 후추와 마찬가지로 어디까지나 요리의 맛을 좋게 하기 위한 것으로 요리의 재료, 조리법과 조화를 이루지 않으면 안 된다. 레스토랑의 메뉴에는 대개 요리이름에 소스가 함께 쓰여져 있게 마련이다. 소스를 뿌리는 요리를 주문한 경우는 요리가 나왔다고 해서 바로 먹어서는 안 된다. 곧바로 소스가 따라 나오므로 다소 기다렸다가 소스와 함께 먹기 시작한다.

메뉴에 소스에 대한 것이 쓰여있지 않은 경우라면 대체적으로 물기가 없는 요리인 튀김이나 구이 등에는 소스가 따라 나오고 물기가 포함되어 있는

■ 소고기 부위별 명칭

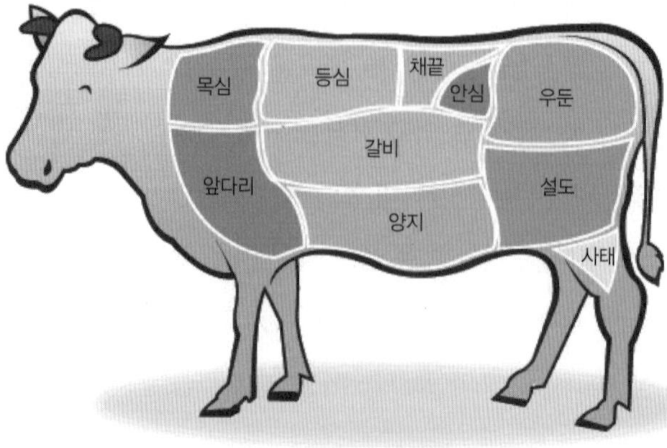


■ 소고기 안심의 부위별 명칭

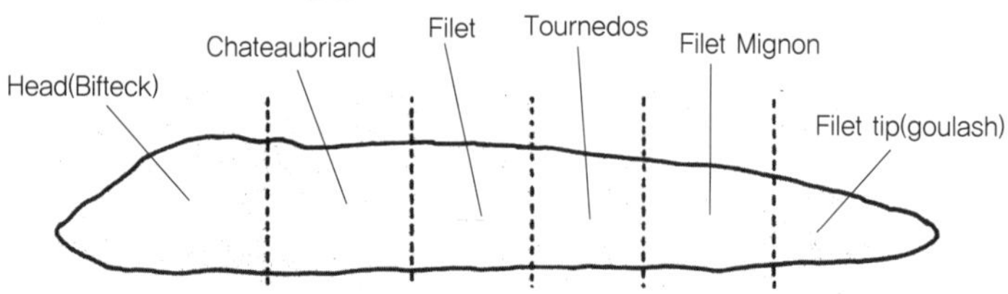


요리인 삶은 것이나 조린 것에는 없다고 생각하면 된다. 어쨌든 요리가 나온 뒤 조금 기다려 보아도 소스가 나오지 않으면 먹기 시작한다.

### ❺ 묽은 소스는 요리에 직접 뿌리고 진한 소스는 접시 한쪽에 덜어 놓는다.

요리가 나온 후 소스가 나오면 무엇이든 요리에 바로 뿌리지 말고 진한 소스는 접시 한쪽에 덜어 놓아 조금씩 찍어 먹도록 한다. 대개 고기요리에는 묽은 소스가 나오므로 그대로 요리 위에 뿌리면 되지만 생선요리에는 마요네즈 소스, 타르타르 소스 등 진한 소스가 나오므로 접시 한쪽에 덜어놓고 요리에 적당히 묻혀가며 먹으면 된다. 진한 소스를 요리 위에 그대로 얹으면 소스의 맛이 너무 강해 요리 본래의 맛을 잃게 할 수 있기 때문이다.

또한 쇠고기를 제외한 미식가들이 즐겨먹는 고기요리에는 나름대로의 독특한 향과 맛이 있게 마련인데 이러한 고기의 맛을 한층 더 해주는 전통적인 소스로는 오리고기에 오렌지소스, 돼지고기에 애플소스, 양고기에 민트젤리(Mint-Jelly) 등이 있다.

**[소스치는 매너]**

소스가 포트에 넣어져 있을 때는 소스 포트를 왼쪽 손으로 쥐고 친다.

## 6) 야채 · 샐러드 · 치즈를 먹는 매너

### (1) 야채 먹는 법

손으로 집어 먹어도 되는 음식을 핑거 푸드(Finger Food)라 한다. 옥수수가 대표적인 것으로 편의를 위해 심에 은제 막대기를 끼워 내놓는다. 막대기를 양손으로 잡고 4분의 1에서 2분의 1 정도까지 버터를 바른 뒤 소금과 후추를 뿌려가며 베어 먹는다. 막대기가 꽂혀 있지 않을 때는 양손으로 잡고 먹어도 무방하다. 샐러드로 나오는 아티초크도 손으로 먹는다. 바깥쪽에 붙어있는 잎사귀를 뜯어내 껍데기 안쪽에 소스를 묻힌 다음 껍데기를 벗겨가며 먹는다. 살짝 데친 새우나 베이컨 크리스피(베이컨을 튀긴 것) 역시 손으로 먹는다.

메인 요리에는 각종 가니쉬(Garnish)가 곁들여진다. 그 중 완두콩은 포크로 먹기가 상당히 어렵다. 빵으로 눌러가며 떠

먹거나 포크로 가볍게 눌러 납작하게 만든 다음 먹는다. 자주 나오는 구운 감자는 식기 전 버터를 골고루 발라 넣으면 훨씬 맛있게 먹을 수 있으며 감자 껍데기도 남기지 말고 다 먹는다. 가니쉬는 요리와 번갈아가며 먹으며 생야채도 단순 장식이 아니라 먹을 수 있는 것이므로 굳이 남길 필요가 없다.

### (2) 샐러드와 드레싱

샐러드는 고기요리를 먹을 때 없어서는 안 되는 야채다. 영 · 미인들은 샐러드를 고기요리와 같이 먹거나 그 전에 먹는 반면, 프랑스 사람들은 고기요리가 끝난 다음 먹는다.

샐러드에 사용하는 소스를 특별히 드레싱이라고 한다. 드레싱에는 초(醋)를 이용해 만든 프렌치 드레싱과 진한 맛을 내는 사우전드 드레싱이 있다. 프렌치 드레싱은 주로 생야채나 생선, 과일, 치즈에 뿌리며 사우전드 드레싱은 많은 양의 샐러드를 일품요리로 먹을 때 사용한다. 샐러드 위에 직접 뿌리지 말고 접시 한 쪽에 놓아 조금씩 찍어 먹는다.

### (3) 프랑스 요리에서의 치즈를 먹는 법

프랑스에서는 디너 때 샐러드와 디저트 사이에 치즈를 먹는다. 전용 나이프와 포크가 따라나오지만 샐러드처럼 포크로 먹어도 무방하다. 치즈에는 적포도주와 딱딱한 프렌치 빵이 잘 어울린다.

## 7) 다양한 디저트

### (1) 과자류

디저트용 과자를 프랑스어로는 앙트르메(Entremets), 영어로는 스위트(Sweet)라고 한다. 디저트 중에서 무스나 푸딩은 스푼으로 떠먹으며 파이와 소프트 케이크는 포크나 스푼 중 하나를 쓴다. 슈크림은 손으로 집어먹어도 된다.

### (2) 과일류

대부분의 메뉴에는 과일이 기재되어 있지 않으므로 웨이터에게 따로 주문한다.

수분이 많은 과일은 스푼으로 떠먹으며 참외, 멜론은 왼손으로 껍데기 부분을 누르고 스푼으로 오른쪽부터 떠먹는다. 먹기 좋게 칼질해서 나온 경우에는 포크만 이용해도 된다. 수박과 파파야는 포크 끝으로 씨를 살짝 빼내거나, 입 속에서 발라 낸 뒤 포크에 뱉어 접시 위에 놓는다. 그레이프 프루츠는 톱니 모양 스푼으로 한 칸씩 파먹는다. 딸기는 스푼으로 한 알씩 떠먹거나 꼭지가 붙어 있을 땐 손으로 집어먹는다. 콤포트(씨 뺀 자두를 설탕과 와인으로 절인 것)가 시럽과 함께 나오면 먼저 포크로 콤포트를 먹고 스푼으로 시럽을 떠먹는다.

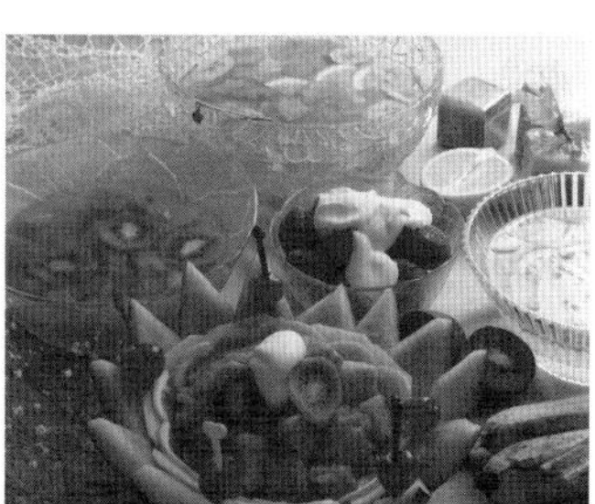

수분이 적은 과일은 나이프와 포크로 이용하며 사과와 배는 칼로 잘라 씨를 발라내고 손으로 집어먹는다. 즙이 많으면 칼로 잘라 포크로 먹는다. 복숭아는 먹기 직전에 껍데기를 벗긴다. 씨를 발라낼 수 없으면 나이프로 토막을 낸다. 바나나는 나이프와 포크로 껍데기를 모두 벗긴 뒤 조각조각 썰어 포크로 먹는다.

오렌지는 껍데기를 벗겨 여덟 토막 낸 뒤 칼끝으로 씨를 빼고 손가락으로 집어먹는다. 포도는 한 알씩 따서 먹고 껍데기와 씨는 손으로 받아 접시 가장자리에 둔다. 씨없는 포도는 통째로 먹는다.

### (3) 커피와 홍차

식후 커피는 진한 것을 조금 마시는 것이 좋다. 처음에는 찻잔 손잡이를 왼쪽에, 스푼은 앞쪽에 놓고 기호에 따라 설탕과 밀크를 놓은 후 스푼을 찻잔 뒤쪽에 놓고 손잡이를 오른쪽으로 돌려 잡는다. 커피 잔 손잡이는 엄지와 인지로 가볍게 쥐고 손가락을 방아쇠 당기듯 손잡이에 끼워 넣어서는 안 된다. 식탁에서 받침 접시를 들어올리는 것도 예의에 어긋난다.

홍차에는 설탕을 넣은 뒤 레몬조각이나 따뜻한 밀크를 넣어 마신다. 홍차는 조금 진하고 뜨거워야 제 맛이 난다. 홍차 또는 녹차의 티백은 물이 흐르지 않게 스푼으로 짜낸 후 뒤쪽에 가로로 놓는다.

## 4. 식사 시 테이블 매너 요령

### 1) 식사 중 자리를 뜰 때

일단 자리에 앉은 다음에는 자주 들락거리지 않는 게 원칙이며 부득이 자리를 뜰 때는 잠깐 실례하겠다는 인사를 잊지 않는다. 냅킨은 적당히 접어놓고 가거나 테이블 위에 얹어둔다. 번거로움을 피하려면 식사 전에 화장실에 다녀오는 것이 좋다.

### 2) 아는 사람과 마주쳤을 때

식사 중 아는 사람과 만나면 가벼운 인사를 주고받는다. 길게 이야기를 주고받는 건 동석한 사람에 대한 예의가 아니다. 특별한 경우가 아니라면 굳이 서로를 소개할 필요도 없다. 악수를 할 필요가 있을 때는 자리에서 일어선다. 여성을 소개받을 때도 마찬가지다.

### 3) 실수를 했을 때

식사 중 물을 엎지르거나 식기를 떨어뜨리는 등 실수를 했을 때는 직접 처리하지 말고 종업원을 불러 도움을 청한다. 가능한 한 다른 사람들이 눈치채지 않도록 하는 것이 좋다. 동석한 사람들도 모르는 척 해 주는 것이 예의다. 변상이 필요한 경우에는 책임을 회피하지 말고 즉시 처리한다.

젤리나 소스를 옷에 떨어뜨린 정도의 일이라면 버터나이프나 포크로 긁어낸 뒤 냅킨 끝에 컵의 물을 적셔 가볍게 닦아낸다. 비명을 지르거나 이런저런 변명을 늘어놓을 필요는 없다. 뒷처리를 끝낸 다음에는 자꾸 들여다보거나 속상하다는 표정을 짓지 않고 여유를 갖는 것이 좋다.

### 4) 조미료를 사용할 때

음식에 소금이나 후추 따위를 무턱대고 뿌리는 것은 요리한 사람에 대한 에티켓이 아니다. 특히 가정집에 초대받았을 땐 되도록 나온 그대로의 음식을 맛있게 먹어준다. 조미료가 필요한데 손이 잘 닿지 않는 곳에 있으면 직접 팔을 뻗지 말고 옆 사람에게 부탁하여 도움을 받는다.

### 5) 생선가시나 뼈가 목에 걸렸을 경우

물을 마시거나 냅킨으로 가리고 기침을 해서 빼낸다. 여의치 않으면 손가락으로 꺼내 접시 한켠에 놓는다. 옆 사람의 눈에 띄지 않게 조심해야 한다. 만일 잘 되지 않으면 양해를 구한 뒤 자리를 나와 뒷처리를 한다.

### 6) 기침 · 재채기 · 하품이 나올 경우

기침이나 재채기가 나올 때는 손수건으로 입과 코를 가린다. 손수건이 없으면 급한 대로 냅킨이나 손을 사용한다. 기침이 계속 나오면 실례한다는 말로 양해를 구하고 자리를 뜬다. 코를 풀고 싶을 때도 테이블에서 잠시 뜨는 것이 좋다. 가볍게 코를 닦을 땐 손수건이나 휴지를 사용한다. 냅킨을 써서는 안 되며 또한 땀을 닦을 때도 마찬가지다. 저도 모르게 큰 트림이 나와 옆 사람이 당황한 듯하면 낮은 목소리로 사과한다. 특히 식사 중이거나 식사 직후에 트림을 하는 것은 불쾌감을 줄 수 있으니 조심하여야 한다.

### 7) 음료나 음식을 사양할 때

술, 주스 등을 마시고 싶지 않을 때는 "저는 됐습니다. 감사합니다"라고 인사를 덧붙인다. 음식을 남기는 것은 좋은 매너가 아니다. 먹지 못할 음료나 음식은 아예 주문하지 말거나 미리 거절한다. 가정집에 초대받은 경우에는 알레르기 등 그 음식을 먹을 수 없는 이유를 안주인에게 설명하고 양해를 구한다.

### 8) 뜨거운 음식을 먹었을 때

음식이 너무 뜨거우면 즉시 물이나 찬 음료를 마신다. 마실 것이 가까이 없을 때는 종이 냅킨에 뱉어 그릇 한쪽에 놓아둔다.

### 9) 이물질을 먹었을 때

음식에 돌, 머리카락 등이 들어 있을 땐 웨이터를 불러 잘못을 지적하고 음식의 교체를 요구할 수도 있다. 가정집에 초대받은 상황이라면 남의 눈에 띄지 않게 재빨리 제거한 후 식사를 계속한다. 이미 입안에 들어간 상태라도 되도록 조용히 뱉어 처리한다.

### 10) 음식이 이 사이에 끼었을 때

손님과 마주앉은 상태에서는 이쑤시개를 사용하지 말고 식사를 마친 후 화장실에서 처리한다. 웨이터에게 이쑤시개를 달라고 요청하는 것도 우스꽝스럽다. 서구식 레스토랑 중에는 아예 이쑤시개를 준비해 놓지 않는 곳도 많다.

파티에는 만찬, 오찬, 조찬, 뷔페, 칵테일파티 등이 있다. 다분히 서구적인 형태의 사교행사지만 요즘은 국내에서도 자주 접할 수 있게 됐다.

파티의 성격에 따라 지켜야 할 에티켓을 소개한다.

## 제2절
## 세련된 파티 매너

### 1. 만찬회(Dinner)

만찬회는 파티 중 가장 비중이 있고 중요한 사교행사다. 공식 만찬과 비공식 만찬이 있는데, 비공식 만찬에는 평상복을 입고 참석해도 무방하다. 공식 만찬에는 연미복이나 턱시도를 입어야 하지만 요즘은 다크 슈트(진한 색상의 슈트)로 대신하는 경우가 많다.

공식 만찬 참석은 대개 초대장을 통해 이루어진다. 초대장이 오면 가능한 한 빨리 회답을 한다. 부부가 초대를 받았는데 그 중 한 사람이 갈 수 없는 상황이라면 함께 불참하는 것이 예의다. 초대한 쪽에서 재차 한 명이라도 참석해달라고 요청해 오면 비로소 초대에 응한다. 일단 참석을 통보한 다음에는 번복하지 않는다.

도착 시간은 초청장에 지정된 것보다 5~7분 전이 이상적이다. 초청시간에 맞춰 음식을 준비하기 때문에 너무 일찍 가거나 늦게 가는 것 모두 실례가 된다.

대규모가 아니라면 식사 전 서로에 대한 소개를 끝낸다. 보통 3시간 가량 계속된다.

### 2. 오찬과 조찬(Luncheon & Breakfast)

#### 1) 오찬

오찬 장소에는 정해진 시간보다 15분 정도 일찍 도착하는 것이 좋다. 저녁 때와는 달리 시간 여유가 없으므로 음식도 정확한 시간에 나온다. 늦게 도착했을 때는 그때 제공되는 음식부터 먹는다.

오찬에는 보통 수프가 나오지 않고 술은 와인 정도가 적당하다. 1~2시간 동안 진행되며 약식 오찬일 때는 주빈이 작별인사를 하기 전에 떠나도 상관없다.

### 2) 조찬

우리나라의 조찬 모임은 대개 호텔 레스토랑에서 이루어진다.

외국에서는 오찬, 만찬과 마찬가지로 집으로 초대하는 것이 상례다. 영국에서는 아침 8시경부터, 미국은 7시 30분, 프랑스는 8시 전후에 시작한다. 우리나라의 조찬 시간은 대개 7시~7시 30분이다.

메뉴는 프랑스식인 경우 빵과 카페오레(우유를 섞은 커피), 미국식은 주스 · 시리얼 · 계란 · 토스트 · 햄 · 베이컨 정도다. 영국식은 종류가 더 다양하며 계절과일, 홍차, 커피, 베이컨, 계란, 생선요리, 양고기 버터구이, 햄, 토스트와 잼, 오트밀이나 콘플레이크 등이 제공된다.

## 3. 뷔페(Buffet)

뷔페는 바이킹의 식사방법에서 유래한 것이다. 8~10세기 바이킹들은 며칠씩 배를 타고 나가 해적질을 한 뒤 커다란 널빤지에 훔쳐온 술과 음식을 올려놓고 자축연을 열었다고 한다. 그래서 일본에서는 아직도 뷔페식당을 바이킹식당이라 부른다. 테이블에 앉아서 식사하는 싯팅 뷔페, 선채로 먹는 스탠딩 뷔페, 음료와 안주 위주로 차려지는 칵테일 뷔페가 있다.

### 1) 뷔페요리 먹는 법

(1) 뷔페 테이블 위에 있는 접시를 들고 취향대로 요리를 담은 후 포크와 냅킨을 가지고 테이블로 간다.

(2) 빵은 빵접시에 덜어 함께 가져간다. 여의치 않을 때는 요리를 일단 내려놓고 빵을 가지러 다시 간다. 옆자리에 여성이 있으면 좀 여유 있게 가져와 권하는 것이 남성의 매너다.

(3) 일반적인 코스요리처럼 전채, 수프, 생선, 육류, 디저트 순으로 먹는다. 음식을  덜 때는 빈 접시 놓인 곳에서 시작해 시계 방향으로 나아간다.

(4) 한 접시에 모든 코스의 요리를 담지 말고 전채, 메인요리, 디저트 등으로 구별해 3~4회에 걸쳐 가져온다.

(5) 요리를 덜어와서는 항상 같은 테이블에 앉지 말고 위치를 바꿔가며 여러 사람과 대화를 나눈다. 만약 좌석이 지정된 경우에는 마음대로 자리를 바꾸지 않는다.

## 4. 다과회(Tea Party)

다과회는 가벼운 마음으로 손님을 초대할 때 제격이다. 요즘은 일반 가정에서도 집들이나 동창 모임, 이웃과의 친교를 위해 종종 다과회를 열곤 한다. 준비가 간단한 만큼 비공식적인 손님초대에 활용해 볼 만하다.

다과회는 보통 거실에서 제공되며 거실 탁자에 테이블보를 깔고 양쪽 끝에 큰 쟁반을 놓는다. 한쪽에는 끓인 물이 든 주전자, 차봉지, 크림, 설탕, 레몬 등을 놓고 다른 한쪽에는 커피 도구를 늘어놓는다. 테이블 위에 찻잔과 다과류를 적당히 배열한다. 작은 접시, 냅킨, 포크 등은 사람 수에 맞춰 가장자리에 단정히 늘어놓는다. 테이블이 좁으면 보조탁자를 마련해 다과류를 올려놓아도 된다. 다과회에 내는 음식은 쿠키, 케이크 등 맛이 달콤한 것이 대부분이다. 단 음식을 싫어하는 사람을 위해 샌드위치류를 준비하면 센스가 돋보인다.

## 5. 가든 파티(Garden Party)

가든파티는 정원에서 여는 비교적 규모가 큰 연회다. 공식 파티일 때는 모닝코트와 실크모자를 갖추는 것이 원칙이나, 약식일 땐 깔끔한 슈트 차림에 흰 장갑을 낀 정도면 무난하다. 외투는 클로크 룸(보관실)에 맡기되 모자는 쓰고 있어도 좋다.

주최자를 찾아 인사한 후 뷔페 테이블로 옮겨 식사를 한다. 파티가 끝나 돌아갈 때는 바쁜 호스트나 호스티스를 굳이 찾아 인사할 필요가 없다.

## 6. 칵테일 파티(Cocktail Party)

칵테일에 카나페 정도의 핑거푸드를 곁들인 사교 행사이다. 카나페란 작게 자른 토스트 위에 푸아그라(거위간), 캐비어, 훈제연어, 치즈, 햄 등을 예쁘게 장식한 일종의 전채 요리다. 요즘은 칵테일 파티와 뷔페를 겸한 칵테일 뷔페도 자주 열린다.

칵테일 파티는 만찬과 달리 많은 사람을 초대하게 되어 있으므로 돌아가는 시간은 언제라도 상관없다. 그러나 정해진 시간 전에 미리 도착하는 것은 삼간다. 가능하다면 자리를 바꿔가며 여러 사람과 환담하는 것이 손님의 예의이며 친한 사람들끼리만 모여 있는 것은 보기 좋지 않다.

칵테일 파티는 요리가 아닌 술이 중심이 되는 행사다. 음식이 푸짐하다고 해도 저녁식사 대신으로 생각해 너무 많이 먹어서는 안 된다. 과음도 금물이며 여러 사람과의 즐거운 대화에 초점을 맞춘다.

## 7. 리셉션(Reception)

리셉션이란 원래 공직자나 외교관이 공식적으로 베푸는 칵테일 파티를 뜻하는 말이었다. 오늘날엔 특정한 사람이나 중요 행사를 축하 · 기념하기 위해 열리는 공식 모임의 총칭이 되었다.

리셉션에는 주빈이 있게 마련이다. 주빈과 파티를 주최한 사람은 연회장 입구에 한줄로 늘어서서 손님을 맞는데, 이를 리셉션 라인 또는 리시빙 라인이라 한다. 리시빙 라인 앞쪽에는 안내인이 있어 손님을 호스트에게 안내하게 되어 있으니 손님은 안내인에게 자신의 직책과 이름을 분명히 알려주어야 한다.

# 04

# 각국의 요리와 식사 에티켓

열린세상

# 글로벌 메너와 문화

제4장

# 각국의 요리와 식사 에티켓

## 제1절 중국요리의 종류 및 이용 매너

### 1. 중국요리의 종류

광대한 땅과 다양한 민족을 포괄하고 있는 중국, 식재료와 요리 종류도 헤아릴 수 없이 많다.

중국요리는 크게 베이징요리, 쓰촨요리, 광둥요리, 난징요리로 나뉜다.

#### 1) 베이징요리(北京料理)

베이징요리는 그 지역의 한랭한 기후 탓에 맛이 진하고 칼로리가 높은 것이 특징이다. 튀김, 볶음요리가 주를 이룬다. 화북평야에서 생산되는 풍부한 농산물을 재료로 면, 만두, 병(餠) 종류도 발달했다. 대표적인 요리에는 베이징오리, 양통구이, 물만두 등이 있다.

## 2) 난징요리(南京料理)

중국 중부지방을 대표하는 난징요리는 풍부한 해산물을 바탕으로 한다. 담백하고 품위가 있다. 간장과 설탕을 많이 사용하는 편이다. 상하이게장, 오향우육, 꽃빵, 뷔귀계, 홍소육 등이 유명하다.

3) 광둥요리(廣東料理)

광둥요리는 중국 남부지방 요리의 총칭이다. 서양인들의 왕래가 잦아 유럽 식문화와 혼합된 국제적 감각의 요리가 발달했다.

어패류와 아열대성 야채가 중심 재료지만 뱀에서 개까지 모든 재료를 사용한다. 대표적인 요리로 구운 음차와 죽, 광동식 탕수육, 생선찜, 상어지느러미찜, 볶음밥 등이 있다.

4) 쓰촨요리(四川料理)

쓰촨지방에는 한서 차가 심한 악천우를 이겨내기 위해 향신료를 사용한 요리가 많다. 톡 쏘는 맛과 향이 요리의 기본이다. 마파두부, 짜사이, 새우칠리소스, 새우누룽지튀김 등이 유명하다.

## 2. 이용 에티켓

대형 중식당에는 회전탁자가 놓여 있다.

웨이터가 요리가 담긴 큰 접시를 회전판 위에 얹어 놓으면 호스트는 공동젓가락으로 자기 몫을 덜어낸 뒤 다른 사람 앞으로 접시가 가도록 돌려 놓는다.

- 새로 나온 음식은 덜고 난 후 회전 테이블을 약간 돌려 옆사람 앞으로 접시가 가도록 해준다.
- 회전테이블은 시계 방향으로 돌리는 것이 원칙이다.
- 먹고 싶은 음식을 멀리서 집어오지 않도록 회전 테이블을 돌려 앞으로 오게 한다.

회전탁자는 시계방향으로 돌리는 것이 원칙이다. 자기 앞에 접시가 오면 앞접시에 적당량을 덜어 놓는다. 한 번씩 덜어낸 다음에도 남아 있는 요리는 몇 번이고 가져와 먹어도 예의에 어긋나지 않는다.

뼈가 붙은 닭고기 요리는 손에 들고 먹어도 상관없다. 뼈는 따로 마련된 그릇에 담는다. 탕요리는 렝게(손잡이가 짧은, 자기로 된 수저)로 떠서 담고, 흘리지 않도록 그릇을 들고 먹는다. 젓가락을 사용하지 않을 때는 접시 끝에 걸쳐놓고 식사가 끝난 다음에 젓가락 받침에 놓는다. 뜨거운 요리는 식기 전에 먹는 것이 예의다.

## 3. 중국요리 주문 요령

중식당은 6~8명이 함께 가는 것이 좋다. 중국요리는 대부분 양이 정해져 있어 여러 가지 요리를 맛보려면 여러 사람이 나누어 먹는 것이 경제적이기 때문이다. 식당을 택할 때는 어떤 지역 요리를 취급하는 곳인지 미리 알아보고 간다. 대부분의 중식당은 광둥요리를 기본으로 쓰촨, 베이징요리를 가미해 서비스하고 있다.

중국요리는 1인분이 아니라 양에 따라 대(7~8인분), 중(5~6인분), 소(2~4인분)로 나뉘어 있다. 사람 수에 따라 적절한 양을 선택하되 4명이 넘을 때는 요리 중에 수프류를 넣는다. 재료와 조리법, 소스 등이 겹치지 않도록 주문하되, 세트메뉴를 선택하면 비용을 줄일 수 있다. 술과 차의 종류를 확실히 알고 주문하면 좋다.

## 4. 중국의 술

### 1) 백주

증류주로써 대표적인 것이 알코올 도수 53°인 마오타이주다. 고량을 누룩으로 발효시켜 10개월 동안 9회에 걸쳐 증류시킨 뒤 독에 넣어 밀봉한 채 3년 동안 숙성시켜 만든다. 중국 정부의 공식 만찬에 빠짐없이 등장하는 술이다.

### 2) 황주

양조주로 소흥주와 노주가 대표적이다. 소흥주는 쌀을 원료로 만든 술로 데워서 마시는데 독특한 향이 미각을 더욱 자극한다.

### 3) 약미주

오가피주, 죽엽청주, 장미주, 녹용주 등이 유명하다. 이 중 가장 유명한 술은 죽엽청주. 1400여 년 전부터 중국인들이 즐겨 마셔온 술이다. 고량을 주원료로 녹두, 대나무잎 등 10여 가지 천연약재를 가미해 만든다. 혈액순환에 도움이 된다고 알려져 있다.

### 4) 술 마실 때의 주의사항

중국에서는 술에 약한 사람이라도 같이 마시는 것이 에티켓이다. 중국식 건배는 단번에 들이마셔 잔의 밑을 상대방에게 보여주는 것이다. 특히 연회석상에서는 알코올 도수 높은 마오타이주로 계속 건배를 한다. 술을 마실 수 없는 상황이라도 입술을 약간 적시는 정도의 성의는 보여야 한다.

### 5) 중국의 차

중국은 차의 나라라 해도 과언이 아니다. 차는 찻잎의 발효 정도에 따라 몇 가지로 나눌 수 있는데 녹차는 불발효, 우롱차는 반발효, 홍차는 완전발효차다. 한 가지 음식이 끝날 때마다 차를 마셔 입 안에 남아 있는 이전 요리의 맛과 향을 제거하는 것이 중국요리를 맛있게 먹는 방법이다. 차를 마실 때는 오른손으로 찻잔을 감싸쥐고 왼손으로는 차의 밑부분을 받쳐든다. 맛과 향을 음미하며 조용히 마신다.

## 5. 코스에 따른 대표 요리

### 1) 전채

차가운 것으로 해파리 냉채와 피단(오리알 요리), 뜨거운 것으로는 새우볶음 등이 있다. 대개 몇 종류를 모듬식으로 내는 것이 일반적이다. 전채의 경우 소스가 같을 때는 한 접시에 덜어도 무방하다. 일단 덜어놓은 음식은 남기지 않는 것이 예의다.

## 2) 주채

### (1) 상어지느러미 찜

말린 상어지느러미를 형태가 흐트러지지 않도록 오랜 시간 푹 삶아 지느러미가 국수처럼 되어 있는 것이다. 젓가락으로 적당량을 덜어 왼손에 든 렝게에 얹어 수프처럼 먹는다. 천연발효한 과일식초를 조금 뿌려 먹으면 더욱 맛있다. 건더기를 다 먹은 후에는 접시를 기울여 국물을 떠 먹는다. 중국빵으로 남은 수프를 찍어 먹어도 좋다.

### (2) 전복 오이스터소스

푹 삶은 전복을 굴소스에 찍어 먹게 되어 있다. 전복이 클 때는 나이프로 얇게 잘라 먹는다.

### (3) 큰 새우 칠리소스

튀긴 왕새우를 생강, 파, 고추와 함께 볶아 맛을 낸 뒤 전분가루를 넣어 걸쭉하게 만든 요리이다. 껍데기째 튀긴 것과 껍데기를 벗겨내고 튀긴 것이 있다. 껍데기째 만든 새우요리는 일단 입 속에 넣어 소스를 맛본 후 껍데기를 발라 젓가락으로 빼낸다.

왕새우를 통째로 요리한 경우에는 젓가락으로 새우를 누르고 머리를 떼낸 뒤 새우살을 먹고 이어 몸통 부분의 껍데기를 벗겨 먹는다. 손가락을 써도 상관없다.

#### (4) 상하이게찜

소흥주의 안주로 유명하다. 찐 게를 간장 소스에 찍어 먹는다. 등부분에 붙어 있는 게살부터 떼내 소스를 뿌려 먹고, 이어 몸통을 반으로 잘라 살을 발라가며 먹는다.

#### (5) 흰살 생선찜

도미, 조기 등 흰살생선을 통째로 혹은 적당히 잘라 소금과 술을 뿌려 찐 요리다. 국물 맛이 진해 생선과 함께 먹으면 더욱 맛있다. 젓가락으로 살에 소스를 묻혀가며 먹는다.

#### (6) 베이징오리

껍데기에 춘장이나 매실장을 발라 구운 오리고기를 밀로 만든 얇은 피에 싸 먹는다. 앞접시에 피를 놓고 그 위에 껍데기 밑으로 가게 오리고기를 얹은 뒤, 소스를 바르고 취향에 따라 오이나 파를 얹는다. 피의 앞쪽을 접고, 좌우 중 한 쪽을 안으로 접은 다음 앞에서부터 돌돌 만다. 접지 않은 쪽부터 먹기 시작하면 소스를 흘리지 않을 수 있다.

### 3) 디저트

튀긴과자, 찐과자, 구운과자, 깨찹쌀떡, 호추튀김, 사과탕, 바나나탕 등이 나온다.

## ※ 중국요리의 기본 조리법

중국요리 만드는 방법은 대략 11가지 정도이다. 각각의 조리법의 중국어 표기를 살펴보면 다음과 같다.

- 煎 : Sautening. 팬에 기름을 넣어 지져내는 방법
- 燉 : Steaming. 쪄내는 법
- 炸 : Deep frying. 기름에 튀기는 법
- 炒 : Stirfrying. 볶는 법
- 炯 : Stewing. 오래 끓여 조리하는 법
- 燉 : Simmering. 주재료에 액체를 부어 천천히 쪄내는 법
- 滷 : Spice stewing. 여러 가지 향신료를 넣어서 삶는 법
- 烤 : Roasting. 직접 굽는 법
- 燻 : Smoking. 훈제하는 법
- 溜 : Stirring. 튀김을 한 다음 다시 한번 국물을 많이 하여 볶는 법
- 白杓 : Scalding. 맑은 물에 살짝 넣었다 꺼내는 것(살짝 데치는 것)

중식당에서 메뉴를 내놓으면 한자로만 되어 있어 무조건 모른다고 여겨 무엇을 고를까 고민하는 사람이 많다. 중국요리의 메뉴의 구성에는 다소 예외는 있지만 기본 법칙이 정해져 있다. 그 구성은 ① 조리법 ② 주재료의 이름 ③ 재료를 자르는 법으로 되어 있는 것이다.

메뉴는 이상의 순서에 따라 한자로 편성되므로 메뉴 속에 그 요리에 대한 정보가 포함되어 있다. 메뉴명은 4문자가 대부분이며 3문자로 있고 5문자(광동 요리)인 경우도 있다.

| 〈예〉 | 淸炒 | 蝦 | 片 |
|---|---|---|---|
| | 조리법 | 주재료 | 자르는법 |

새우의 편을 떠서 볶은 엷은 맛의 새우요리

**■중식 주문 시 요령**

① 술과 차의 종류를 확실히 알고 주문하면 좋다.

② 세트메뉴가 있는 식당인 경우에는 요리를 일일이 주문하는 것보다 세트메뉴를 주문하면 훨씬 경제적이다.

③ 4명 이상인 경우에는 요리 중에 수프류를 넣는다.

④ 재료와 조리법, 소스 등이 중복되지 않도록 주문한다.

⑤ 해물, 상어지느러미, 제비집 등은 일단 가격이 비싸다는 것을 알아 둔다.

⑥ 처음 이용 시에는 웨이터에게 자신의 취향을 알려주고 도움을 받는 것이 좋다.

호텔 신라 서비스 교육 센터, 현대인을 위한 국제 매너, 김영사, 361쪽 참조

잠깐 상식

**■중국의 식습관**

중국음식은 실용적인 중국철학사상이 내포되어 있다. 대표적으로 물만두를 보면 껍질은 얇고 속이 꽉찬 것을 최고로 여기듯이 외적인 미를 강조하는 일본보다 실용적인 것을 중요시한다.

중국인들은 대개 뜨거운 음식을 좋아하고 먹을 수 없는 것도 인공적으로 익혀서 먹는다. 식사할 때는 한 개의 둥근 식탁에서 큰 접시에 나오는 뜨거운 음식을 나눠먹으며, 요리가 하나씩 나올 때 즐거운 담소를 나누며 장시간에 걸쳐 오래 식사를 즐기는 것을 원칙으로 한다.

식사 초대를 받았을 때도 가능한 시끄럽게 오랜 시간동안 이야기를 나누는 것이 초대한 주인에 대한 예의로 여긴다.

잠깐 상식

**■중국 식사매너**

☞ 식사를 주문 시 음식의 가짓수는 인원수만큼 내거나 한 가지 정도 더 많은 것이 좋으며, 가능한 짝수로 주문한다.

☞ 음식 주문은 진한 맛에서 담백한 맛, 진한 색에서 연한 색, 바다산물에서 육지산물 순으로 제공한다.

☞ 요리 방법의 중복은 피하고 볶음, 튀김, 찜 등으로 다양하게 준비한다.

☞ 좌석은 주빈이 가장 안쪽 상좌에 앉고 주빈의 양쪽으로 가까운 친지나 친구를 앉게 한다.

☞ 음식이 나오면 주빈 앞에 놓아 먼저 먹게 배려하고 술을 주문 시 주빈에게 물어 정한다.

☞ 중국요리를 먹을 때 스푼은 탕을 먹을 때만 사용하고, 밥이나 국수를 포함하여 다른 음식은 젓가락으로 먹는다.

☞ 밥이나 탕요리는 그릇을 손에 들고 입 가까이에 두고 먹는다.

☞ 먹고 난 스푼은 남에게 보이지 않도록 뒤집어 두는 것이 예의이다.

☞ 수저로 빈 밥그릇을 두드리거나 밥 위에 젓가락을 꽂아 두지 않는다(전자는 걸인을 뜻하며, 후자는 제사밥을 의미한다).

☞ 술잔을 사이에 두고 젓가락을 하나씩 따로 두지 않으며 젓가락의 길이가 다른 것은 사용하지 않는다.

## 제2절
# 일본요리의 종류 및 이용 매너

일본요리는 시각적인 면을 매우 중시한다. 요리 자체뿐 아니라 기물, 담아내는 법에 상당한 정성을 기울인다.

## 1. 일본요리의 종류

일본요리는 크게 세 가지로 나뉜다. 무사 집안에서 생긴 혼젠(本膳)요리, 다도에서 유래한 가이세키(懷石)요리, 사찰에서 주로 발달한 쇼징(精進)요리 등이다.

### 1) 혼젠요리

혼젠요리는 본격적인 접대요리다. 국물 2가지에 요리 5가지를 내는 2즙5채(二汁五菜) 상차림이 일반적이다. 가이세키요리는 원래 차를 더욱 맛있게 마시기 위한 가벼운 식사였다.

요즘은 국물에 회나 초회, 조림, 구이를 한 상으로 한 1즙3채(一汁三菜)에 핫슨(그날의 메인 요리)을 추가한 상차림으로 확대되었다. 쇼징요리는 식물성 식품을 재료로 만든 요리다.

오늘날 요정이나 연회석상에 주로 나오는 요리는 가이세키(會席)요리라고 한다. 에도 막부 시대의 요정에서 생긴 것이다. 식단에 따라 다양한 요리를 차례대로 내온다.

■ 가이세키(會席) 요리와 순서(일본요리의 풀코스)

| ① | ② | ③ | ④ | ⑤ | ⑥ | ⑦ | ⑧ | ⑨ | ⑩ |
|---|---|---|---|---|---|---|---|---|---|
| 前菜 → | 吸物 → | 刺身 → | 烹物 → | 焼き物 → | 揚げ物 → | 酎の物 → | ご飯物 汁物 香の物 → | 果物 → | 茶 |

| | |
|---|---|
| ① 전채 | ⑥ 튀김(아게모노) |
| ② 마실 것(스이모노) | ⑦ 안주류(주우노모노) |
| ③ 생선회(사시미) | ⑧ 밥(고항), 국물(시루모노), 향물(고우노모노:단무지 등) |
| ④ 삶은 요리(니모노) | ⑨ 과실(구다모노) |
| ⑤ 구운 요리(야끼모노) | ⑩ 차(차) |

■ 일본 상차림 구도

| 燒き物膳 | 本膳 | 引落 |
|---|---|---|
| ⑦ 燒き物<br>(야키모노) | ④ 坪(쓰보) ⑥ 膾(나마스)<br>⑤ 香き物(고우노모노)<br>③ 飯(메시) ② 汁(시루) | ① 猪口 ② 汁<br>(조코) (시루) |

① 조코(작은 사기 잔, 술잔)
② 맑은 국물
③ 밥
④ 끓이거나 졸인 요리
⑤ 단무지, 오이절임 등
⑥ 회, 생선회
⑦ 구운 고기

자료 : 이형철, 글로벌에티켓 글로벌 매너, 2000. 5. 277쪽

## 2. 일식당 이용 에티켓

### 1) 젓가락 사용

바른 젓가락 사용이 무엇보다 중요하다. 종이에 싸여 있는 젓가락은 오른손으로 빼내 젓가락 받침 위에 걸쳐 놓는다. 받침이 없을 때는 젓가락을 넣었던 종이를 접어 대용한다. 받침이 있는 경우 종이껍데기는 소반 왼쪽 옆에 놓아둔다.

젓가락을 내려 놓을 때는 옆으로 가지런히 젓가락 받침에 걸쳐 놓는다.

**삼가야 할 젓가락 사용법**

(1) 국물을 흘리면서 입으로 가져가는 것

(2) 젓가락을 빠는 것

(3) 젓가락을 이쑤시개 대신 사용하는 것

(4) 그릇을 입에 대고 젓가락으로 요리를 집어넣는 것

(5) 그릇 안의 내용물을 휘젓다가 원하는 요리를 가져가는 것

(6) 젓가락으로 요리를 찔러 먹는 것

(7) 어떤 요리를 먹을까 젓가락으로 이 그릇 저 그릇을 왔다갔다하며 망설이는 것

(8) 그릇을 젓가락으로 움직이는 것

(9) 젓가락끼리 요리를 옮기는 것

(10) 젓가락에 붙은 밥알 등을 입으로 떼어 내는 것

(11) 그릇 위에 젓가락을 올려 놓는 것

## 2) 기물 취급과 식사 요령

(1) 그릇을 들 때나 받을 때에는 반드시 양손을 사용한다.

(2) 공기는 엄지를 제외한 나머지 손가락 4개를 나란히 붙여 그 가운데 올려 놓은 뒤, 엄지손가락으로 그릇 가장자리를 지탱하는 모양으로 든다.

(3) 식기 뚜껑은 왼손으로 식기 밑부분을 가볍게 누른 상태에서 오른손으로 연다. 김이 사방으로 흩어지지 않도록 앞쪽을 향해 열어야 한다.

(4) 음식을 다 먹은 후에는 뚜껑을 다시 닫아 둔다.

(5) 밥은 공기를 입 가까이 가져가 젓가락으로 먹는다. 국그릇은 입에 대고 마시나, 안의 건더기는 그릇을 입 가까이 대고 젓가락으로 집어 먹는다.

(6) 양손에 그릇을 들고 있는 것은 예의에 어긋난다.

(7) 그릇을 상 위에서 밀거나 당기면 안 된다. 반드시 들어서 옮겨야 한다.

(8) 음식을 받으면 일단 상 위에 올려 놓았다가 들고 먹는다.

(9) 그릇은 젓가락을 젓가락 받침에 놓고 난 다음 들어올린다.

## 3. 코스에 따른 대표 요리

### 1) 술

연회는 일본주 건배로 시작한다. 잔을 눈높이까지 들어 올려 '건배' 라는 구호를 복창한 후 마신다. 술을 마실 수 없는 사람도 건배를 하며 잔에 입을 대는 시늉을 한다.

건배가 끝나기 전에는 음식에 손을 대지 않는다.

술을 따를 때는 상대방의 오른쪽으로 가서 오른손으로 병 밑을 가볍게 받치듯이 하고 잔의 80% 정도를 채운다.

### 2) 전채

바다, 산, 강에서 나는 제철 식재를 이용한 3가지 요리가 나온다. 보통 해산물부터 먹기 시작한다.

### 3) 맑은 국

본 요리가 나오기 전 제공되는 국물류다. 건더기는 젓가락으로 먹고 국물은 양손으로 들어 마신다. 이때에는 젓가락으로 건더기를 눌러서 흘러나오지 않게 한다.

### 4) 국

국그릇이 나오면 뚜껑을 열어 소반 바깥쪽에 젖혀 놓은 뒤 두세번 훌훌 마시면서 맛을 본다. 내용물은 젓가락으로 덜어 먹는다. 다 먹은 후에는 뚜껑을 닫아 놓는다.

### 5) 생선회

생선회 위에 와사비를 얹고 말 듯이 해서 간장을 찍어 먹는 것이 정석이다.

### 6) 생선구이

소금을 뿌려 구운 시오야키(삼치 · 연어 · 도미), 간장을 발라 구운 데리야키(은대구), 된장에 절였다가 구운 미소츠케야키(병어 · 삼치) 등이 있다. 용기를 이용해 굽은 간접구이(새우 · 은어)도 있다.

여름에는 은어 소금구이, 겨울에는 병어 된장구이가 일미다. 은어는 미리 뼈를 발라놓고 나서 먹는다. 우선 등과 배의 지느러미를 손으로 떼내고 젓가락으로 꼬리를 구부린다. 이어 몸통의 중간 정도를 젓가락으로 자른 후 왼손으로 머리 부분을 잡고 생선 뼈를 빼낸다. 발라진 살을 먹은 후 나머지 반토막도 같은 방법으로 처리한다.

### 7) 튀김

튀김용 소스에 무즙을 넣어 찍어 먹는다. 여름에는 튀김 대신 찜이 나오기도 한다.

### 8) 조림

봄에는 죽순과 머위, 여름에는 토란과 문어새끼, 겨울에는 무청과 말린 새우가 나온다.

### 9) 초회

전복초회가 대표적이다. 작은 주발을 두 손으로 들어 올렸다. 가슴 높이에서 왼손으로 들고 오른손으로 젓가락을 이용해 먹는다.

### 10) 밥과 절임류

가이세키 요리에서는 요리가 끝난 후 밥과 미소시루(된장국), 절임류가 함께 나온다. 이때 미소시루에 밥을 말아 먹어서는 안 된다.

| 코스명 | 사용되는 용어(일어) |
|---|---|
| 전채 | 前菜(젠사이) |
| 국물류(맑은 국) | 吸物(스이모노) |
| 생선회 | お造り(오츠크리, 사시미) |
| 조림류 | 烹物(니모노) |
| 구이류 | 燒物(야키모노) |
| 초회 | 酌物(스노모노) |
| 국류(된장국) | 味噲椀(미소완, 미소시루) |
| 밥 | 食事(쇼쿠지) |
| 절임류(야채절임) | 香の物(고노모노) |
| 과일 디저트류 | 果物(구다모노) |

잠깐 상식

**■ 일본의 식습관**

일본 사람들은 음식을 잔뜩 차려 놓고 여러 사람이 같이 먹는 것이 아니라, 각자 자기 앞에 놓여 있는 개인상 위에 음식을 먹는다. 이것을 '메이메이젠' 이라 하며, 음식을 개인전용 식기에 미리 나눠서 먹는다는 뜻이다. 일단 식사를 하면 남기지 말고 모두 먹어야 한다.

일본 샤브샤브요리는 고기나 생선을 먹을 분량만 젓가락으로 집어 살짝 익혀 먹기를 반복한다. 전통요리인 가이세키요리는 적은 양의 여러 종류의 음식을 하나씩 제공하는 코스요리이다. 눈으로 보는 시각적 요소를 아주 중요시하며 마치 한 폭의 동양화를 보는 듯한 장식과 식재료의 배색을 볼 수 있다.

충분히 먹어야 미덕인 중국과 한국과 다르게 조금씩 아름답게 조화를 이루며 먹는 것이 특징이다. "먼저 눈으로 먹고 입으로 먹으려 마지막으로 마음으로 먹는다"는 말처럼 한국식의 푸짐함이나 정감은 부족하겠지만 정결과 조화를 강조하는 미의식을 느낄 수 있다.

잠깐 상식

### ■ 일본의 식사매너

☞ 식사 전후에 반드시 인사를 한다.
☞ 밥그릇, 국그릇, 조림그릇 순서대로 뚜껑을 열어 상의 왼쪽에 둔다.
☞ 숟가락을 사용하지 않고 젓가락만 사용하여 먹는다.
☞ 국을 먹을 때는 건더기를 젓가락으로 누르면서 마신다.
☞ 공용음식은 전용 젓가락으로 덜어서 다 먹는다.
☞ 밥을 더 먹고 싶을 때는 밥공기를 다 비우지 않는다.
☞ 젓가락은 자기 어깨와 평행되게 가로로 놓는다.
☞ 술을 마실 때 빈잔이 되기 전에 상대방에게 술을 따라주며 잔이 비게 하지 않는다.

잠깐 상식

### ■ 젓가락을 통해 알아보는 한국, 중국, 일본 문화

한국의 젓가락은 중국에서 기원했으며 한국 일상식에서는 국물요리를 즐겨먹고 찌개를 여러 명이 함께 먹었기에 반드시 숟가락과 젓가락을 병용한다. 한국에서는 밥그릇을 손에 들고 먹지 않고 상에 두고 먹는데, 밥그릇이 사기나 금속이 많기에 뜨거워서 손에 들고 먹을 수 없기 때문이다. 한국의 음주문화 중에서도 술잔을 돌림으로 서로가 일체가 될 수 있다는 한국인 정서를 엿볼 수 있다.

중국은 대가족 제도에서 둥그런 식탁에 차려진 음식을 집어 먹기 위해 긴 젓가락이 발달했으며, 큰 접시에 담긴 음식을 자기 젓가락으로 덜어 먹어도 무방하다. 일본처럼 식기에 대한 개인 소유라는 의미가 없으며 가족공동체를 중심으로 평등과 공유하는 의미로 이해된다.

일본인들은 생선을 많이 먹기에 가시를 발라내기 편하도록 젓가락 끝이 뾰족하고 작게 만들어졌다. 중국인들과 달리 일본인들은 함께 식사를 할 때 큰 접시에 담긴 음식을 자기 젓가락으로 덜어 먹는 것을 큰 실례로 생각한다. 일본요리에서는 '도리바시'라는 젓가락을 이용해 큰 접시의 음식을 개별 접시로 덜어오며, 이것이 없을 때는 자기가 먹던 쪽의 젓가락의 반대쪽을 이용하여 덜어 먹는다.

# 05

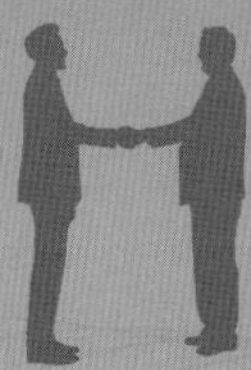

# 술과 음주 매너

제1절 신이 빚은 술, 와인

제2절 알코올성 음료(주류)의 종류

제3절 건배 매너

제4절 알코올성 음료(주류) 마시는 방법

제5절 커피를 제대로 알고 마시기

열린세상

# 글로벌 메너와 문화

제5장

# 술과 음주 매너

## 제1절
## 신이 빚은 술, 와인(Wine)

### 1. 와인의 역사

와인은 세계 문명의 한 부분이며, 인류의 역사와 함께 생존해왔다. 언제부터 인류가 와인을 마시게 되었는지 확실한 연대는 알 수 없지만, 신.구약 성서에 보면 노아(Noah)가 포도를 재배하고 와인을 만든 최초의 사람으로 언급이 되어있는 것을 볼 수 있다. 고고학자들의 주장에 따르면 약 1만 년 전부터 만들어졌다고 하며, 기원전 6000년경에는 메소포타미아와 아시아에서 포도를 재배한 흔적이 있으며, 기원전 1700년경에는 바빌로니아의 함무라비 법전에 포도를 만드는 규정이 성문화되어 있다.

중세기에 들어오면서 와인은 그리스도교와 함께 유럽으로 전파되었고, 그 이후 로마의 식민지 점령에 따라 유럽 여러 나라의 주요 산업이 되었다. 이 유럽지역에서는 현재까지도 전통적인 와인양조 방법은 지속되어 전해지고 있다.

미국, 호주, 칠레, 남아프리카공화국, 아르헨티나 등 신대륙지역에서는 천혜의 기후조건과 풍부한 자금력, 우수한 기술, 대량 생산을 통하여 유럽의 구대륙지역 와인에 버금가는 우수한 와인을 생산함으로 경쟁력을 더 높이고 있다.

## 2. 와인(Wine)이란?

와인이란 신선한 포도의 과즙을 발효, 숙성시켜 만든 양조주(Fermented)이다. 이때 발효는 포도의 껍질에 기생하는 이스트(yeast, 효모)에 의해 포도의 당이 알코올과 이산화탄소로 분해되는 화학적 작용이다. 영어로 와인(Wine), 독어로 바인(Wein), 불어로 뱅(Vin), 이탈리아어로 비노(Vino)라 한다. 유럽인들은 '와인 없는 식탁은 태양 없는 세상과 같다' 는 말을 자주한다. 그만큼 와인을 소중히 여긴다는 뜻이다.

유럽지역에서는 물(drinking water)에 석회질이 많이 포함되어 있어 맑은 물(fresh water)을 구하기 힘들고 비싸므로 유럽인들은 식사 중에 물대신 와인을 마신다고 해도 과언이 아니다. 또한 프랑스사람들이 노천카페에서 여유롭게 대화를 나누고 와인을 음미하면서 항상 건강하고 슬림한 체형을 유지하는 것도 와인의 신비로운 작용이 아닌가 생각된다.

## 3. 레드 와인과 화이트 와인의 차이

와인의 맛을 결정하는 것은 포도이며 와인의 양조는 양조장(winery)에서 이루어진다. 같은 밭에서 난 포도라도 기후조건, 토양상태에 따라 와인의 품질에 차이가 있다. 와인을 선택할 때는 와인의 산지, 토양 등에 따라 품질에 많은 차이가 있으며, 양조시기(vintage)가 오래된 모든 와인이 비싸고 좋은 품질을 가지고 있는 것만은 아니다.

레드 와인과 화이트 와인의 양조 과정은 동일하다. 단지 포도송이를 어떻게 처리하는가에 따라 차이가 있다. 레드 와인은 포도의 껍질, 과즙, 씨들을 함께 으깨어(crushing, 분쇄 혹은 파쇄) 묽은 포도액을 만들어 이를 발효시키는 것이고, 반면 화이트 와인은 포도 알갱이를 으깨는 대신 압착(pressing)을 통해 껍질을 제거하고 과즙으로 발효, 알코올을 추출한다.

## 4. 와인을 음미하는 방법

와인의 테이스팅 방법으로는 와인의 색(appearance), 향(bouquet), 맛(taste), 맛(finish), 균형(balance)을 본다. 와인을 제대로 즐기기 위해서는 시각, 후각과 미각을 차례로 느껴 보는 것이 바람직하다. 눈으로는 와인의 특성과 건강상태를 확인하고 품질을 파악하며, 코로는 향기를 느끼며, 입으로는 맛을 느끼는 것이다.

먼저 깨끗하게 닦은 와인 잔에 와인을 3분의 1 정도만 따른다. 나머지 3분의 2의 공간은 술잔을 기울여 색상을 관찰하고, 잔을 흔들어 향을 맡아보기 위해 필요한 여유이다. 와인잔은 잔 받침 부분 또는 다리를 잡는 것이 좋다. 우선 잔을 더럽힐 염려가 적고 손의 체온으로 인해 와인의 온도가 변화되는 것을 막기 위해서이다.

■ **시각적 관찰** : 와인의 특성과 건강상태, 나이 그리고 품질 관찰

### 와인의 색깔

- Young red wine : 제비꽃이나 체리색, 보라색.
- Aged wine : 암홍색, 벽돌색, 갈색, 호박색(황갈색)으로 변함.
- Rich color wine : 대개 짜임새(full-bodied)가 있으며 탄닌이 풍부하고 향이 진한 숙성용 와인.

### 와인의 투명도

와인잔 뒤에 흰 종이나 식탁보에 촛불을 놓고 잔을 비춰본다. 와인이 뿌옇거나 탁하면 좋은 와인이 아니다. 눈높이 정도로 들고 밝은 불빛 쪽을 본다.

### 와인의 선명도

와인은 맑고 깨끗하며 불순물이 없어야 한다. 잔을 천천히 돌려서 잔가에 와인이 젖게 한 후 잠시 기다려보면 와인이 잔을 타고 「눈물」처럼 흐르는 것을 볼 수 있는데, 이것은 와인의 점도와 알코올 농도를 알 수 있다.

### 샴페인

거품의 모양과 기포의 굵기 등을 관찰한다. 기포가 미세할수록, 잔 바닥의 중심에서 곧게 끊임없이 솟아 올라올수록 좋은 샴페인이다.

■ **후각적 관찰**

먼저 잔을 흔들기 전에 코로 가져가 천천히 깊이 숨을 들이쉬며 풍기는 향기를 맡는다. 처음 개봉하였을 때 나는 향기(아로마 : aroma)와 잔을 흔들어 나는 향기(부케 : bouquet)를 구분하여 맡는다. 이때 향기의 종류와 품질이 중요하며 또한

이 향기가 얼마나 오래 지속하느냐 즉 강도와 지속력은 기품 있는 와인의 절대적 특징이다. 각 포도 품종에 따라서 특유의 향기가 있는데 예를 들면, 피노 누아르는 산딸기향, 갸메는 바나나향, 게뷔르츠트라미너는 리치향, 리슬링은 장미향, 까베르네 쏘비뇽은 피망이나 후추, 블랙커런트향, 메를로는 자두향 등이 있다.

### ■ 미각적 관찰

와인을 한 모금 입안에 넣고 조심스레 씹어 본다. 와인의 맛과 향취 그리고 구조와 질감을 파악할 수 있다. 알코올과 글리세롤 잔여 당분에 의해 단맛, 쓴맛과 떫은맛의 탄닌성분을 느낀다. 와인이 얼마나 잘 균형과 조화를 이루었느냐는 알코올, 산도, 농도, 탄닌의 4개 요소가 조화와 균형을 이룬 와인이 좋은 와인이다. 또한 와인을 삼키고 난 후 그 여운이 얼마나 오래 지속(long lasting finish)하는가도 중요하다.

### ■ 라벨 읽는 법

와인의 라벨에는 그 와인을 보증하는 모든 내용이 기록되어 있어 와인을 취급할 때 반드시 라벨이 보이도록 해야 한다.

와인의 라벨은 생산국가 및 생산지, 생산방법 등급에 따라 내용이 조금씩 다르다. 다음은 프랑스 보르도 지방 마고 마을에서 생산된 AOC 와인의 라벨이다.

❶ 로고
❷ 빈티지(수확연도)
❸ 상표(브랜드) : 포도원의 명칭이나 회사 소유자, 생산자 이름
❹ 등급
❺ 알코올 함유량
❻ 용량
❼ 병입지 : 생산지역의 포도원에서 병입

## 5. 요리에 어울리는 와인

요리마다 어울리는 와인이 따로 있다. 보통 육류에는 레드 와인을, 생선에는 화이트 와인을 곁들이는 것으로 되어 있지만 꼭 그렇지만은 않다. 종류가 다양한 만큼 색상만으로 와인을 고를 수는 없는 일이다.

일반적으로 전채나 카나페, 수프에는 식욕을 촉진시키는 드라이 화이트 와인이나 셰리주가 좋다. 생선, 조개류, 닭고기 등에는 세련된 풍미의 허브 드라이 화이트 와인이 어울린다. 소고기 · 돼지고기에는 부드러운 보르도산 레드 와인이, 산양 · 오리 · 꿩고기에는 부르고뉴산 레드 와인이 제격이다. 화이트 와인을 가미한 요리나 소스에는 화이트 와인을, 레드 와인을 가미한 요리에는 레드 와인을 선택하는 것이 무난하다. 이탈리아 요리에는 이탈리아 와인, 스위스 요리에는 스위스 와인을 곁들인다.

# 6. 와인 제대로 다루는 법

## 1) 와인의 보관 방법

와인은 햇빛(전등 포함), 고온(섭씨 18도 이상), 온도변화, 건조, 냄새, 진동의 6가지를 싫어한다. 많은 사람들이 와인을 구입한 뒤 냉장고에 보관하는 경우가 많은데 냉장고는 온도변화가 심할 뿐만 아니라 열고 닫을 때마다 병이 흔들리기 때문에 와인보관에 적당하지 않다. 일정 온도 유지와 함께 적정 습도 유지가 요구되는데 굳이 서늘하게 보관하고 싶다면 섭씨 5도를 유지하는 김치냉장고도 고려할 수 있다. 하지만 와인은 냄새에 민감하기 때문에 자칫 잘못하면 본래의 향을 잃어버릴 수 있다.

안정된 장소나 통풍이 좋은 서늘한 곳으로 햇빛이 들어오지 않는 뒷베란다 다용도실에 코르크가 약간 적셔질 정도로 눕혀 놓는 게 가장 좋다. 와인을 구입한 뒤 곧바로 눕혀 놓지 말고, 와인은 진동에 민감한 만큼 2시간 정도 세워 놓아 안정상태로 만든 뒤 수평으로 눕혀 보관해야 한다.

**■ 와인보관에 대한 7가지 규칙**

1. 적절한 온도
2. 일정한 온도
3. 와인은 습기를 좋아한다.
4. 와인은 어두운 것을 좋아한다.
5. 와인은 깨끗한 공기를 좋아한다.
6. 와인은 조용한 곳을 좋아한다.
7. 와인은 단열을 좋아한다.

출처 : LA Revue du Vin de France, 보르도 와인 아카데미 2005

### 2) 마시기 좋은 온도

레드 와인은 17~20도의 실온에서, 화이트 와인은 10~12도로 차게 해 마시는 것이 상식이다. 샴페인 등 스파클링 와인은 4~7도가 적당하다. 차게 마신다고 해서 글라스에 얼음을 넣는 것은 금물이다. 좋은 와인일수록 앙금이 있게 마련이다. 와인을 따를 때는 이 앙금이 일어나지 않도록 병을 조심스레 다루어야 한다.

### 3) 종류에 따른 글라스

와인은 튤립 모양에 다리가 긴 전용 글라스를 사용한다. 위로 갈수록 통이 좁아지는 것은 와인 향기를 오래 유지하기 위해서이다. 다리 부분이 긴 것은 손의 온도 때문에 와인이 따뜻해지는 것을 방지하기 위해서이다. 와인글라스는 투명한 것이 대부분이지만 와인의 색조를 강조하기 위해 색깔 있는 글라스에 따라 마시기도 한다.

### 4) 바른 시음법

손님을 초대한 사람이 와인을 시음하는 것은 테이블 매너의 상식이다. 예전에는 와인에 독이 들었는지 여부를 판별하기 위한 것이었지만 요즘은 일종의 의식이 되었다. 와인 시음은 남성이 하는 것으로 되어 있다. 주최자가 여성인 경우에는 동석한 남성 손님에게 시음을 의뢰한다.

먼저 글라스에 와인을 4분의 1 정도 따른다. 잔의 다리 부분을 잡고 불빛이 있는 쪽으로 약간 기울여 색깔을 확인한다. 다음에는 향기를 맡아본다. 와인의 종류에 따라서 부패된 와인에서는 썩은 코르크 마개 냄새나 식초 냄새가 나기도 한다. 끝으로 와인을 조금 입에 머금고 혀끝으로 굴리듯 하며 천천히 맛을 본다. 단맛, 쓴맛, 신맛, 떫은맛 중 하나가 유난히 강하다면 질이 떨어지는 와인이다.

시음이 끝나 OK사인이 나면 웨이터는 상석의 여자 손님부터 시계방향으로 여성에게만 먼저 와인을 따라 준다. 이어서 상석의 남자 손님에게서 시작해 같은 순서로 남성들의 잔을 채운다.

## 7. 와인에 대한 상식

와인을 글라스에 따를 때 가득 따르지 않고 잔의 60~70% 정도 채운다. 그래야만 잔 위의 빈 공간에서 와인의 향이 감돌게 하고 공기와 와인 간의 결합을 효과적으로 하게 된다.

와인은 요리와 함께 즐기는 술이다. 자칫하면 글라스에 요리 찌꺼기가 남을 수 있으므로 와인을 마시기 전에는 냅킨으로 입을 눌러 닦는다. 입안에 음식이 들어 있을 때도 와인을 마셔서는 안 된다.

와인을 따라줄 때는 잔을 테이블 위에 놓은 채 받고 글라스를 기울이는 것도 예의에 어긋난다. 호스트나 웨이터가 와인을 권할 때 더 이상 마시고 싶지 않으면 글라스 가장자리에 손을 가볍게 얹는다. 그러나 건배를 위한 샴페인은 마시지 않더라도 조금 따라놓는 것이 예의다.

귀한 손님을 초대한 식탁에는 와인이 놓인다 하여 '테이블 와인' 이다. 레스토랑에서의 와인은 잔술과 병술로 접대한다. 귀한 손님을 초대할 때는 병술로 테이블 와인이 격을 높이는 것이 된다.

레스토랑에서 고급와인을 주문할 경우 요리 총액의 25% 정도가 알맞다. 와인을 선택할 때는 가까운 연도에서 오래된 와인으로, 화이트 와인에서 레드 와인의 순서로 주문하는 것이 좋다. 좋은 것을 나중에 주문하는 것이 상식이다.

- 포도주를 잔에 따를 때는 앙금이 일지 않게 한다.
- 포도주는 종류에 따라 사용하는 잔이 다르다.
- 포도주를 마시기 전에 냅킨으로 입을 닦는다.
- 와인을 따를 때는 잔을 들어 올리지 않는다.
- 와인을 서빙할 때는 화이트 와인을 레드 와인보다 먼저, 드라이 와인을 스위트 와인보다 먼저, 라이트 와인을 헤비 와인보다 먼저, 영 와인을 숙성이 오래된 와인보다 먼저 서빙한다.
- 와인은 품종만 알아도 와인의 절반은 알고 있는 것이다. 와인은 품종에 따라서 맛과 향이 결정된다. 레드 와인 중 '메를로' 품종은 부드러우면서 떫은 맛이 덜해 와인을 처음 접하는 사람이나 여성들에게 인기다. 레드 와인의 대명사인 '카베르네 쇼비뇽'은 떫은 맛이 나면서 맛이 깊고 무거운 느낌이다. '피노 누와'는 맛이 담백하면서도 가벼운 맛이 느껴진다. 화이트 와인의 대표 품종은 '샤르도네'로 청량감과 달콤함이 느껴지며 약간 신맛이 난다.
- 우리나라 사람들이 와인에 대해 가진 잘못된 편견은 고기 먹을 때는 레드 와인을 마셔야 되고, 생선 먹을 때 화이트 와인을 마셔야 된다는 것이다. 고기와 레드 와인이, 생선과 화이트 와인이 어울리는 것은 사실이다. 레드 와인의 탄닌 성분(떫은 맛)을 고기가 중화시키고, 화이트 와인의 신맛이 생선의 비린맛과 소화를 돕는다. 하지만 고기요리에는 레드 와인을, 생선요

리에는 화이트 와인을 꼭 고집할 필요가 없다. 육질이 고기와 비슷한 참치의 경우 가벼운 레드 와인도 무난하며 닭고기와 같은 화이트 미트의 경우에는 화이트 와인도 곧잘 어울린다.

- 와인을 고를 때 수확연도(빈티지)가 오래될수록 좋은 줄 안다. 하지만 와인은 위스키처럼 보관기간이 길수록 양질의 상품이 나오는 게 아니고, 기후적인 영향을많이 받기 때문에 빈티지가 오래된 와인이 반드시 좋은 것만은 아니다. 기후변화가 거의 없는 호주산의 경우에는 빈티지와 상관없이 대부분 품질이 균일한 편이다.
- 건강 때문에 꼭 고급 와인을 마셔야 하는가? 전문가들은 건강을 생각해 레드 와인을 마신다면 하루에 300㎖가 적당하다고 한다. 분명한 사실은 와인의 가격이 비싸다고 건강에 더 유익하지는 않다는 것이다. 저가의 레드 와인을 마셔도 상관없다. 저가와 고가의 차이는 향과 맛의 차이일 뿐 와인이 갖고 있는 기능은 거의 똑같다.
- 와인을 고를 때 가장 고려해야 할 사항은 와인을 언제 마실 것인지를 결정해야 한다. 식사 전에 마실 와인이라면 단맛이 가미되지 않은 드라이한 와인이어야 하며 식후에 식사를 마무리할 때 마실 와인이라면 스위트 와인이 적당하다. 식사 중간에 마실 와인이라면 요리의 특성이나 재료에 따라 화이트, 레드를 고르는 게 좋다.

■술을 덜 마시는 방법과 빠른 해소법

1. 술 마신 후 잠자리에 들기 전에 한 컵의 물을 마셔 둔다.
2. 과일을 먹어둔다. 쥐를 사용한 동물실험에 의하면 과일에 함유된 과당은 통상의 1.5배 속도로 혈액 중의 알코올을 대사해 간다는 실험결과가 밝혀졌다. 과일은 숙취가 빨리 해소되며 숙취의 체내 저혈당을 정상의 혈당으로 끌어 올려 소위 「나른함」을 해소하고 신체의 활력을 회복시켜 준다. 변통에도 좋으니까 체내의 유독물질을 조금이라도 배설함으로써, 간장의 부담을 경감시킬 수 있다. 숙취의 해소는 물론이지만, 술을 마시기 전에 과일을 먹거나 간단한 식사 정도는 과음을 예방하며 주스나 우유 등도 효과를 볼 수 있다.
3. 남과 얘기하면서 술을 마시면 적량을 초과하는 정도가 드물며 그렇게 하다보면 자연 천천히 마시게 되므로 간장이 시간을 걸쳐 알코올을 분해할 것이므로 간장의 대사기능도 활발하게 된다.

## ■알코올성 음료의 종류

- 양조주
  - 와인
    - 색깔별 분류
      - 레드 와인
      - 화이트 와인
      - 로제 와인
      - 옐로 와인
    - 제법상 분류
      - 스틸 테이블 와인
      - 스파클링 와인
      - 포티파이드 와인
  - 맥주
    - 드라이 맥주
    - 라이트 맥주
    - 병맥주
    - 생맥주
- 증류주
  - 위스키
    - 산지별 분류
      - 스카치 위스키(스코틀랜드)
      - 버번 테네시 위스키(미국)
      - 아이리시 위스키(아일랜드)
      - 캐네디언 위스키(캐나다)
    - 제법상 분류
      - 몰트 위스키
      - 그레인 위스키
      - 브렌디드 위스키
  - 럼
    - 라이트 럼(흰색)
    - 헤비 럼(진한 갈색)
  - 보드카
    - 러시아산
    - 핀란드산
    - 폴란드산
    - 스웨덴산
    - 미국산
  - 데킬라
    - 화이트 데킬라
    - 브라운 데킬라
  - 진
    - 홀랜드 진(네덜란드)
    - 런던 드라이 진(영국)
  - 브랜디
    - 포도
      - 코냑
      - 알마냑
    - 사과
      - 알마냑
- 혼성주
  - 리큐어
    - 리큐어
    - 샤르트뢰즈
    - 쿠앵트로
    - 드람부이
    - 퀴멜

[양주분류표]

| 주류 구분 | 명칭 | 주요 내용 |
|---|---|---|
| 1. 위스키(Whisky)<br>• 고대 그리크어<br>• Usque-baugh(생명의 물)에서 어원을 가짐<br>• 저장보관 연수는 5년, 10년, 30년 술이 있다. | 1) 아이리시 위스키 (Irish Whisky)<br>2) 스카치 위스키 (Scotch Whisky)<br>3) 캐나디안 위스키 (Canadian Whisky)<br>• Canadian Club<br>• Seagram's V.O.<br>4) 아메리칸 위스키 (American Whisky)<br>5) 버본 위스키 (Bourbon Whisky)<br>6) 라이 위스키 (Rye Whisky) | ■아이리시 위스키는 -ey로 표기, 영국 아일랜드 특산<br>■영국 스코틀랜드 특산 위스키.<br>■스카치 위스키가 보리를 주원료로 하는 대신 Rye를 주원료로 사용<br>■미국산 위스키의 총칭이 아니라 하나의 타입의 뜻<br>■미국 캔터키주 버번주에서 시작, 현재도 캔터키주 특산, 옥수수 51% 이상 주원료로 사용.<br>■라이 56% 이상의 주원료, 미국 주산지 |
| 2. 브랜디(Brandy)<br>• 네덜란드 Brandy Wikin-Bymt(불에 태운 술)이 어원<br>• 포도주를 증류한 술이다. 포도 이외의 과물을 주원료로 한 것도 이 명칭을 사용한다. | 1) 아르마냑 (Armagnac)<br>2) 코냑(Cognac)<br>3) 나폴레옹 코냑 | ■프랑스의 피레네 산맥 근처 아르마냐크 지방산의 브랜디<br>■파리 남쪽 샤란트 지방의 코냑 지방에서 생산된 브랜디. 이 지방 이외의 브랜디는 코냑이라 하지 않는다.<br>■50년 이상 저장된 브랜디를 코냑으로 붙인 명칭. 예외적으로 상표에 붙인 한낱 문구일 수도 있음 |
| 3. 진(Gin)<br>• Juniper의 프랑스명. 지니에브르(Genievre)의 영어 약칭이 어원<br>• 칵테일의 기주 | 1) 알렉산더 칵테일<br>2) 브르몽 칵테일<br>3) 진 피즈<br>4) 마티니 칵테일(드라이)<br>5) 파라다이스<br>6) 핑크 레이디 | ■진을 기주로 한 대표적 칵테일 4종<br>■단맛의 여성용<br>■부인용 칵테일로 유명 |
| 4. 럼(Rum, Rhum)<br>• 당밀이 함유된 화학주. 자메이카, 쿠바, 푸에르토리코가 주산지<br>• 럼주는 Light(淡)와 Heavy(濃)의 두 종류가 있다. | 1) 바카디 럼주(濃)<br>2) 럼 네그리타<br>3) 카리오카 럼<br>4) 타이거 럼 | ■쿠바, 멕시코산<br>■서인도 제도산<br>■푸에르토리코산<br>■서인도 제도산 |
| 5. 보드카(Vodka) | 1) 스크루 드라이버<br>2) 블러디 메리<br>3) 모스코 뮬<br>4) 러시안 칵테일 | ■보드카에 오렌지 주스를 탄 칵테일용 드링크<br>■Zubronka는 폴란드산 보드카다. |

| 주류 구분 | 명칭 | 주요 내용 |
|---|---|---|
| 6. 스피리츠(Spirits)<br>• 화주, 강한 술이라는 의미<br>• 지구상의 술을 총칭할 때 "Wines and Spirits"라고 한다. | 1) 아크아빗(45도) (Aquavit)<br>2) 아미아 피콘(27도) (Amer Picon)<br>3) 칼바도스(43도) (Calvados)<br>4) 캄파리(25도) (Campari)<br>5) 테킬라(43도) (Tequila) | ■스트레이트는 식전주, 칵테일은 식후주다. 맥주와 같이 마신다.<br>■프랑스산의 식욕증진 술.<br>■발포 사과주를 증류한 것. 애플 칵테일이 있다.<br>■이탈리아의 국민주, 식전주, 캄파리 온 더락스, 캄파리 소다가 있다.<br>■멕시코 특산주로써 메스카르라고도 한다. |
| 7. 비터(Bitters) | 1) 안고스트라 비터 (Angostura Bitter)<br>2) 오렌지 비터 (Orange Bitter) | ■맨해튼 칵테일에 들어간다.<br>■오렌지 맛의 비터, 드라이 마티니 칵테일에 사용 |
| 8. 리큐르(Liqueur) | 1) 아이리시 미스트 (Irish Mist)<br>2) 아드보카트(Advocat)<br>3) 스로진(Sloe Gin)<br>4) 애프리코트 브랜디 (Apricot Brandy)<br>5) 아니세트(Anisette)<br>6) 압생트(페르노) (Absinthe, Pernod)<br>7) 오렌지 진 (Orange Gin)<br>(이 외 수종이 있다) | ■아일렌드산<br>■네덜란드의 난주(卵酒)는 유명<br>■진의 일종은 아니다. 리큐르 중에서도 감미가 적은 것<br>■부인에 맞는 식후주<br>■지중해 지방 특산<br>■피로회복의 활력소로 인기<br>■진의 일종이 아니라 리큐르다. |
| 9. 포도주(Wine)<br>• '와인이 없는 식탁은 태양이 없는 1일' 이라 할 만큼 절대 음료다.<br>• 포도주는 기원전 4천년의 역사가 있다. | 1) 보르도(Bordeaux)<br>2) 부르고뉴(Bourgogne)<br>3) 아린(Rhein, Rhine)<br>4) 모젤(Misel)<br>5) 샴페인(Chanpagne)<br>6) 키안티(Chianti)<br>7) 쉐리 (Sherry, Sherry Flip)<br>8) 포트(Port)<br>9) 듀보네(Dubonnet)<br>10) 베르무트 버머스 (Vermouth)<br>11) 프랜치 베르무트<br>12) 이탈리아 베르무트 | ■프랑스의 최고급 포도주 생산지가 보르도 지방. 이곳 포도주의 총칭<br>■프랑스의 부르고뉴 지방산. 보르도와 쌍벽을 이룬다.<br>■독일의 유명한 포도주<br>■230년 전 프랑스 상파뉴 지방에서 만들어졌다. 이곳 제품에만 샴페인을 붙인다.<br>■이탈리아 특산<br>■스페인산 백포도주의 일종. 식전주. 부인용 칵테일<br>■포르투갈의 특산. 스페인의 셰리와 같이 유명<br>■프랑스산의 세계적으로 유명한 식전주<br>■대표적 식전주<br>■신맛의 프랑스산<br>■단맛의 이탈리아산 |

| 주류 구분 | 명칭 | 주요 내용 |
|---|---|---|
| 10. 맥주(Beer) | 1) 라거(Lager)<br>2) 드래프트(Draft)<br>3) 스타우트(Staut)<br>• 기네스(Guinness)<br>• 하프 & 하프 (Half & Half)<br>• 섄디 가프 (Shandy Gaff) | ■ 보통 일반 담색 맥주(4~5도, 병맥주)<br>■ 스타우트 맥주로는 기네스 맥주가 대표적임<br>■ 스타우트와 맥주의 혼성<br>■ 스타우트와 진저엘의 혼성<br>■ 살균처리하지 않고 2차 발효한 용기에서 바로 마심<br>■ 고온에서 발효시킨 도수가 강한 (6~8도) 흑맥주 |

## 제2절
## 알코올성 음료(주류)의 종류

### 1. 브랜디(Brandy)와 코냑(Cognac)

브랜디란 과실의 발효액을 증류시켜 만든 것으로 주로 포도가 주원료이며 포도 이외의 과일을 사용한 경우에는 브랜디 앞에 과일 이름을 붙인다. 예를 들면 체리 브랜디, 피치 브랜디, 애플 브랜디 등이다. 우리에게는 브랜디라는 이름보다 꼬냑이라는 이름이 더 잘 알려져 있는데 이에 대해 서양인들도 혼동하기 때문에 "All brand is not cognac, but all cognac is brand"라는 말이 있듯이 꼬냑은 프랑스 꼬냑지방에서 생산되는 브랜디만을 나타내는 것이다. 브랜디는 대표적인 식후주로 알코올 도수가 40~43도에 이르는 독주다.

브랜디란 네덜란드어로 '열을 가한 와인' 이란 뜻의 'Brande Wijn' 로 보통 8병 정도의 와인을 증류하면 1병의 브랜디를 얻을 수 있다고 한다. 증류된 하얀색 브랜디는 오크통 속에서 숙성되는 동안 짙은 갈색으로 변한다. 오크통의 향과 색이 브랜디에 스며들기 때문이다.

포도를 증류한 것인 만큼 와인 생산지라면 어디서나 생산이 가능하다. 그 중에서도 프랑스의 코냑지방, 알마냑지방 브랜디가 유명하다. 이 둘은 각각 코냑, 알마냑이라는 독립된 이름으로 불린다.

코냑으로 유명한 회사는 레미마틴, 헤네시, 쿠르부아지에, 카뮈, 마르텔 등이 있다. 이 중에서도 쿠르부아지에와 레미마틴의 '나폴레옹' 코냑을 최고로 친다.

코냑은 숙성 기간에 따라 등급이 정해져 있다. 따라서 코냑을 주문할 때는 상표뿐만 아니라 등급도 함께 말해야 한다. 등급에 따른 숙성 연도는 회사마다 다소 차이가 있다.

### 1) 코냑의 등급

| | |
|---|---|
| ★ | 3~4년 |
| ★★ | 5~6년 |
| ★★★ | 7~10년 |
| V.S.O.(Very Superior Old) | 15년 |
| V.S.O.P.(Very Superior Old Pale) | 25년 |
| Napoleon | 30년 |
| X.O.(Extra Old) | 45년 |
| X(Extra) | 70년 이상 |

### 2) 코냑 마시는 법

코냑 글라스는 향을 오래 보존하고 극대화하기 위해 입구가 좁은 항아리 모양을 하고 있다. 크기는 9온스, 32온스, 자이언트 글래스 등 다양한 편이다. 코냑은 일반적으로 따뜻하게 해서 마신다. 글라스째 살짝 알코올 램프(브랜드 워머)에 데우기도 한다. 향을 더욱 진하게 느끼기 위해서다. 마실 때는 글라스를 흔들어 코냑이 안에서 파도치게 한 후, 둘째와 셋째 손가락 사이에 글라스 다리를 끼우듯 들어 천천히 아주 조금씩 마신다. 손바닥으로 글라스 윗부분을 감싸는 것은 코냑을 데우기 위해서다.

## 2. 여성의 술, 리큐어(Liqueur)

리큐어란 주정에 독특한 향기와 색깔 그리고 단맛을 가미하여 제조한 혼성주를 말한다. 리큐어는 여성들이 식후주로 즐겨 찾는 술이다. 당도가 있고 색깔이 아름다우며, 27~80도의 폭넓은 주정에 종류도 다양하다. 원래 이탈리아의 약용주였으나 16세기 피렌체 메디치 가의 딸 카트린 드 메디치가 앙리 2세와 결혼하면서 프랑스에 전해졌다고 한다.

### 1) 베네딕틴(Benedictine : DOM)

프랑스의 북부 노르망디 인근의 베네딕트파 수도원에서 개발한 술이다. 27가지 재료를 넣는다고 하는데 비법은 아직 공개되지 않고 있다. 식후 칵테일의 하나인 B&B는 이 베네딕틴과 브랜디를 혼합한 것이다. DOM은 "최대, 최고의 신에게(Deo Optimo Maximo : To God Most Good, Most Great)"라는 뜻이다.

### 2) 샤르트뢰즈(Chartreuse)

라 그랑드 샤르트뢰즈라는 수도원에서 만든 것이다. 리큐어의 여왕으로 불린다. 130여 종의 약초를 넣어 만든다고 하며 주정 43도의 노란색, 55도의 그린색 샤르트뢰즈가 있다.

### 3) 아나나스(Ananas)

주정에다 파인애플, 설탕 등을 사용해서 만든 파인애플 향이 강한 리큐어이다.

### 4) 캄파리(Campari)

각종 식물의 뿌리, 씨, 허브, 껍질 등 70여 가지의 재료로 만든 것으로 제조기간은 45일이 걸린다. 캄파리는 빨간색의 페루 캐너리섬에서 수입한 색소를 첨가한 것으로 세계 170여 개국에서 애용되고 있다.

### 5) 갈리아노(Galliano)

갈리아노라는 이름은 이디오피아 전쟁에서 활약한 쥬세페 갈리아노 장군의 이름에서 따온 것으로 이탈리아 투스카나 지방의 리구리아 해안도시 리보르노에서 나오는 최고의 리큐어다. 황금색으로 상쾌한 향이 특징이며 약간의 박하향을 가지고 있다.

**[꼬냑 마시는 법]**

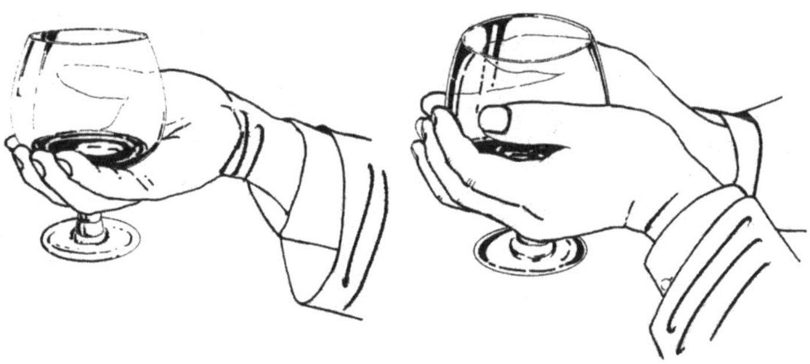

## 3. 생명의 물, 위스키(Whisky)

위스키의 어원은 켈트어의 '우스게바하'에서 비롯되었다. 이 말은 라틴어의 "Aqua Vitae"와 같이 "생명의 물"이라는 의미이다. 생명의 물이라는 어원에서 알 수 있듯이 참나무통 속에서 오랜 기간의 숙성을 거쳐 태어나는 위스키는 호박색의 우아한 색채로 원숙하고 향취가 부드러우며 그윽한 맛을 지니고 있어서 술 중에서 최상이라 할 수 있다.

위스키는 보리, 옥수수, 호밀, 귀리 등 곡물을 주원료로 만드는 증류주의 일종이다. 12세기 말 영국의 헨리 2세가 아일랜드를 정복했을 당시, 현지 주민들이 마시던 증류주를 영국으로 들여왔다는 기록이 있다.

위스키는 산지에 따라 스카치(스코틀랜드), 버번 · 테네시(미국), 아이리쉬(아일랜드), 캐나디언(캐나다) 등으로 나뉜다. 제조법에 따라서도 분류가 다양한데 맥아만을 원료로 한 것을 몰트 위스키, 옥수수만 사용한 것을 그레인 위스키, 몰트와 그레이를 혼합한 것을 블렌디드 위스키라고 부른다. 이 중에서 블렌디드 위스키를 만들어내는 블렌딩 기술은 위스키의 맛과 향을 결정하는 생명이다.

위스키는 스트레이크로 마시는 것이 일반적이다. 얼음에 희석해 마시는 것은 향기를 오래 즐기기 위해서다. 이때에는 잔을 미리 차갑게 해 놓은 뒤 위스키를 붓는다. 도수가 높고 품질 좋은 위스키를 마실 때는 되도록 안주를 먹지 말아야 술의 참맛을 느낄 수 있다.

## 4. 서민을 위한 명주, 진(Gin)

진은 17세기 중엽 네덜란드 의학박사 실비우스가 개발한 술이다. 처음에는 호밀로 만든 증류주에 이뇨 효과가 있는 주니퍼 베리를 넣어 주니에브르라 불렀는데, 해열제 · 건위제의 용도로 주로 약국에서 팔았다고 한다. 그 독특한 맛 때문에 병이 나은 사람들도 계속 주니에브르를 찾게 되었고, 18세기 말 영국으로 전해지면서 '런던 드라이 진' 이라는 새로운 이름을 얻게 되었다.

진은 다른 술과 달리 증류가 아닌 정류(精溜)라는 말을 쓰며 신선한 향과 음주 시 청량감이 있고 다른 술, 주스와 조화를 이루는 특징이 있다.

진은 로열 포버티(Royal Poverty), 즉 "왕이 부럽지 않은 가난"이라는 별명을 갖고 있다. 무색 투명하고 개성적인 향미를 지닌 품위있는 술이면서도 누구나 저렴한 가격에 즐길 수 있는 서민의 명주이기 때문이다. 진은 미국에 보급되면서 칵테일의 대표적인 기본주로 새로운 명성을 얻게 되었다. 그래서 "네덜란드인이 진을 만들고, 영국에서 세련됐으며, 미국인이 영광을 부여했다"는 말도 있다.

## 5. 러시아 슬라브 민족의 술, 보드카(Vodka)

보드카는 무색, 무미, 무취의 백색 주정이다. 러시아의 주정도는 40%, 폴란드는 55%이며 향료를 첨가하는 대신 활성탄으로 여과하여 냄새를 없애는 특징이 있다. 12세기 키예프공작이 만든 것이 14세기경 러시아 전역으로 퍼져나갔다. 보드카라는 이름을 얻게 된 것은 16세기 무렵이다. 척박한 러시아 땅에서 불처럼 뜨거운 보드카는 서민들의 몸과 마음을 녹이는 '생명의 술' 이 되었다.

보드카의 주원료는 감자, 호밀, 옥수수다. 핀란드, 폴란드, 스웨덴, 미국산 보드카도 있다. 가장 유명한 것은 러시아산인 산뜻한 맛이 나는 모스코브스카야, 부드럽고 미세한 풍미를 가진 스톨리치나야, 식탁용으로 사용되는 스톨로바야 등 3가지 브랜드다.

## 6. 사막의 술, 테킬라(Tequila)

사막의 술 테킬라는 야생적이고 강렬한 멕시코의 특산주로 선인장의 일종인 용설란을 발효시켜 만든 술이다. 16세기 멕시코를 정복한 스페인인들이 이 용설란을 증류해 메즈칼이라는 술을 만들었는데, 그 중 특히 테킬라지방에서 생산된 것을 '테킬라'라고 부르게 되었다. 1968년 멕시코 올림픽 이후 세계적인 술로 인정받았다.

테킬라는 마시는 방법이 특이하다. 레몬을 반으로 잘라 왼손으로 잡고 엄지와 검지의 손등 중간에 소금을 올려놓는다. 혀에 레몬즙과 소금을 묻힌 다음 오른손으로 잔을 들어 테킬라를 마신다.

## 7. 카리브해의 낭만, 럼(Rum)

럼의 고향은 카리브 서인도제도이다.

럼은 '시끄럽다' '흥분하다'라는 뜻의 럼블리언(Rumbullion)에서 생겨났다는 설과 라틴어의 사탕수수란 뜻의 'Saccharum'에서 럼이라는 말이 생

졌다는 설이 있으며 사탕수수의 당밀을 발효, 증류해서 만든다. 카리브해 서인도제도의 자메이카, 푸에르토리코 등지에서 주로 생산된다. '해적의 술' 이란 별명을 갖고 있다. 진한 갈색의 헤비 럼은 맛과 향이 중후하다. 흰색의 라이트 럼은 칵테일에 기본주로 자주 쓰인다.

## 8. 세계인의 술, 맥주(Beer)

맥주는 오랜 역사를 지닌 술이다. 기원전 40000년경, 이집트인과 바빌로니아인들이 제사용 술로 맥주를 사용했다는 기록이 남아 있을 정도다. 736년, 게르만인과 싸우다 포로가 된 프랑스 병사가 독일 남부지방에 호프(뽕나무과 덩굴성 식물의 꽃, 맥주의 원료) 재배법을 전하면서 지금과 같은 형태로 발전하게 됐다고 한다. 제조법에 따라 드라이 비어, 라이트 비어, 라거 비어(병맥주), 드레프트 비어(생맥주)로 나뉜다.

맥주의 온도는 여름철에는 4~8도, 겨울에는 8~12도가 적당하다. 거품과 함께 단숨에 마시는 것이 맥주의 참맛을 만끽할 수 있는 방법이다.

## 9. 한국의 고유 술, 청주

우리의 고유술로 쌀을 쪄서 누룩과 물을 넣어 며칠 동안 두면 술, 효모가 발효한다. 이것을 독에 넣고 다시 세 번에 걸쳐 찐 쌀과 누룩과 물을 가하고 잘 섞어서 저장해 두면 알코올로 변하는데 이것이 탁주이다. 이것을 걸러서 맑은 술만을 70도로 15분 가량 가열 살균한 것이 청주이다. 약 15~20%의 알코올을 포함하고 있으며 독특한 맛을 나게 하는 성분이 들어 있다. 마산, 군산, 논산의 청주가 유명하다. 일본주인 마사무네는 청주와 비슷하다.

## 10. 천변만화의 조화, 칵테일(Cocktail)

술은 한 가지를 그대로 마시는 '스트레이트 드링크(Straigt Drink)' 와 섞어 마시는 '믹스드 드링크(Mixed Drink)' 로 구별된다. 칵테일은 믹스드 드링크의 대표격이다. 술에 술을 섞거나, 술에 청량음료 · 과즙음료, 기타 재료를 혼합해서 만든다.

혼합된 음료의 기원은 아주 오래 전으로 거슬러 올라간다. 기원전 이집트에서는 맥주에 꿀을 섞어서 마셨고, 로마에서는 와인을 생수에 섞어 마셨다. 1650년대 인도에 주재하던 영국인은 펀치(Punch)를 고안했는데, 펀치는 인도어로 '다섯' 을 의미하는 말이다. 술과 설탕, 라임(과일), 스파이스(주스), 물 등을 섞어 만든 것이 펀치다.

### 1) 칵테일의 분류

#### (1) 용량에 따른 분류

❶ 롱 드링크(Long Drink) : 8 Oz 이상인 칵테일

❷ 쇼트 드링크(Short Drink) : 6 Oz 미만인 칵테일

#### (2) 맛에 따른 분류

❶ 스위트(Sweet) 칵테일 : 단맛이 강하다.

❷ 사우어(Sour) 칵테일 : 신맛이 강하다

❸ 드라이(Dry) 칵테일 : 담백한 맛

### (3) 용도에 따른 분류

❶ 아페리티프(Aperitif) : 식욕 증진을 위한 식전 칵테일

❷ 비포 디너 칵테일(Before Dinner Cocktail) : 정찬 전에 약간의 시간이 있을 때 마시는 드라이한 맛의 칵테일

❸ 애프터 디너 칵테일(After Dinner Cocktail) : 단맛을 지닌 식후주

### (4) 형태에 따른 분류

❶ 하이볼(High Ball) : 증류주를 기본으로 하이볼 글라스에 얼음을 넣고 청량음료를 섞은 것(스카치 소다, 버번 콕)

❷ 피즈(Fizz) : 진, 리큐르를 기본으로 설탕, 라임(또는 레몬) 주스, 소다수를 섞고 과일로 장식한 것(진 피즈, 슬로진 피즈, 키카오 피즈)

❸ 사우어(Sour) : 증류주에 레몬 주스를 많이 넣어 시큼한 맛이 나게 한 칵테일(위스키 사우어, 진 사우어)

❹ 프라뻬(Frappe) : 프랑스어로 '잘 냉각된' 이란 뜻. 칵테일 글라스에 가루얼음을 가득 채우고 술을 붓고 스트로를 꽂는다.

❺ 에그녹(Egg Nog) : 미국 남부지방의 전설에서 비롯된 크리스마스용 칵테일. 계란과 우유를 사용한다.

❻ 플로트(Float) : 혼합하는 재료의 비중 차이를 이용해 글라스 안에서 서로 섞이지 않게 만든 것.

❼ 타디(Taddy) : 뜨거운(혹은 차가운) 물에 설탕과 술을 넣은 것.

❽ 생거리(Sangaree) : 와인 또는 증류주에 설탕, 레몬주스를 넣고 물로 채운다.

❾ 트로피칼 칵테일(Tropical Cocktail) : 과일주스, 시럽 등을 이용해서 달고 시원하고 과일로 장식한 양이 많은 칵테일.

## ■여성을 위한 칵테일 소개

### ANGEL'S KISS 엔젤스 키스

카카오 리큐어에 생크림을 한점 띄운 부드러운 칵테일. 체리로 장시간 것 또한 천사의 키스라는 이름에 어울린다. 여성을 위한 칵테일이다.

- 카카오 리큐어 3/4
- 생크림 1/4
- 레드 체리 1개
- 리큐어 글라스, 칵테일 핀

① 잔에 카카오를 따르고 생크림을 위에 살며시 띄운다.
② 체리를 칵테일 핀으로 꿰어서 잔에 걸친다.

### FLORIDA 플로리다

술에 약한 여성에게 권하는 알코올이 들지 않은 칵테일, 금주법 시대에 유행했던 것으로서 진을 첨가한 조리법도 있으나 요즘에는 진이 들은 것을 좋아하는 여성이 많아지고 있다.

- 오렌지 주스 2/3
- 레몬 주스 1/3
- 설탕 1tsp
- 아로마틱 비터즈 2대시
- 셰이커, 칵테일 글라스

① 셰이커에 얼음과 재료를 넣고 저어서 잔에 따른다.

### FRENCH 75 프렌치 75

제1차대전 당시 파리의 앙리 바에서 탄생하였다. 이름에서 풍기는 이미지와는 다른, 실은 구경 75mm의 대포를 가리킨다.

- 드라이진 45㎖
- 레몬 주스 20㎖
- 설탕 1tsp
- 스파클링 와인 적량
- 셰이커, 콜린스 글라스

① 와인 이외의 재료를 흔들어서 잔에 따라 얼음을 넣고 냉각한 와인으로 채워서 가볍게 젓는다.

### HONI HONI 허니 허니

버번에 세 종류의 주스를 첨가한 트로피컬 칵테일.

- 버번 위스키 45㎖
- 파인이플 주스 30㎖
- 오렌지 주스 15㎖
- 레몬 주스 1tsp
- 셰이커, 대형 글라스, 스트로

① 셰이커에 얼음과 재료를 넣고 흔들어서 으깬 얼음을 채운 잔에 따라서 과일과 박하 잎으로 장식하고 스트로를 꽂는다.

### STRAWBERRY DAIQUIRI 스트로베리 다이키리

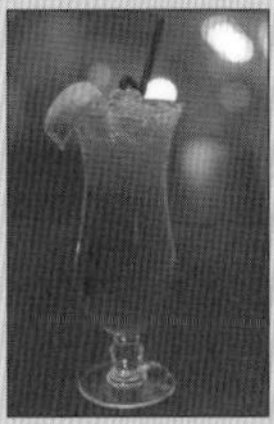

프로즌 다이키리의 변형으로 한층 더 아름답고 더구나 맛도 뛰어난 칵테일이다.

- 화인트 럼 30㎖
- 화이트 큐라소 1tsp
- 레몬 주스 1tsp
- 딸기 2개
- 으깬 아이스 1컵
- 믹서, 와인 글라스, 스트로

① 재료를 믹서에 갈아서 옮긴다.

② 딸기(재료 외)와 스트로를 첨가한다.

### GULFSTREAM 걸프스트림

최근 인기가 높아가고 있는 복숭아 리큐어를 사용한 것. 걸프스트림은 멕시코만류로 남해의 아름다운 색깔을 이미지한 칵테일이다.

- 복숭아 리큐어(크렘 드 피세) 2/10
- 보드카 2/10
- 블루 큐라소 1/10
- 그레이프프루트 주스 4/10
- 파인애플 주스 1/10
- 셰이커, 칵테일 글라스

① 셰이커에 얼음과 재료를 넣고 흔들어서 잔에 따른다.

■글라스의 용도별 명칭

① Collins
② Shot
③ Highball
④ Old-Fashioned
⑤ Beer Mug
⑥ Beer Pilsner
⑦ Irish Coffee Cup
⑧ Pousse Cafe
⑨ Parfait
⑩ Red Wine
⑪ White Wine
⑫ Sherry
⑬ Champagne Flute
⑭ Brandy Snifter
⑮ Cocktail
⑯ Cordial or Pony
⑰ Whiskey Sour

## 제3절
# 건배 매너

건배는 다른 나라 사람들에 비하여 미국인들이 격식을 더 차린다. 유럽 여러 나라에서는 영국이 가장 격식을 갖춘다. 영국 내에서의 공식적인 파티에서는 먼저 영국 여왕에게 건배를 하는 것이 보통이다.

중국은 가령 12코스의 요리가 나오는 정식의 자리라면 코스 요리 중간 정도(6코스 정도)에서 상어지느러미(shark's fin) 수프가 제공되는데 이때를 맞추어 건배를 하는 것이 보통이다. 그러나 정식이 아닌 술자리에서는 식사 중 자주 건배를 해야 하므로 건배할 때 쓰는 축하말로는 예를 들면 '건강을 위하여', '발전을 위하여' 또는 '오늘의 자리를 마련한 ○○○를 위하여' 식으로 많은 축하말을 해야 하기 때문에 사전에 축하말을 만들어 둘 필요가 있다.

다음은 정식의 자리에서 건배할 때의 매너다.

- 호스트가 먼저 건배를 제의한다.
- 호스트가 일어나서 건배를 좌중의 세일 높은 대표에게 향해서 제의한다.
- 제의자는 축하 대상 손님에 눈을 맞춘다.
- 건배 시간은 짧게 하며 건배사도 짧게 말하고 진지하게 한다.
- 어떤 경우도 조크를 하거나 유머러스하게 해서는 안 된다.

술좌석에서 '건배'로 쓰이는 말은 다음과 같은 것들이 있다.

- 미국인 등 일반적인 건배 cheers! 또는 buttoms up!
- 중국인 간빼이!(乾杯)
- 일본인 간빠이!(乾杯)
- 러시아인 나 드로 비아
- 인도인 무바릿크

■ 스페인 · 남미계 Salud!

■ 프랑스인 A votre sante!

■ 독일인 Prosit!

■ 이탈리아인 Salute!

■ 덴마크인 Skal!

■ 핀란드인 Terre!

■ 터키인 Sereginize!

■ 그리스인 Is Ygian!

■ 네덜란드 Proost

■ 하와이 Okole Maluma

건배할 때 잔은 눈 높이로 한다.

**■ 동서양의 음주 문화**

**• 한국**

수작문화이며 술잔을 주고 받으며 마신다. 어른께 술을 권한다.

**• 일본**

자작문화이며 술을 받을 때 항상 머리 숙여 받고 상대방에게 술을 따를 때는 잔을 다 비울 때 까지 기다리지 말고 첨잔한다.

**• 중국**

첨잔문화이며 더 마실 의사가 없으면 술을 가득 채운 상태에서 대화만 한다. 만약 주인이 첨잔하지 않으면 그만 마시자는 의미로 해석한다.

**• 서양**

대작문화이며 서로 잔을 맞대고 마시는 문화이다. 서로 술잔을 받을 때 잔에 손을 대지 않는다.

## 제4절
# 알코올성 음료 마시는 방법

## 1. 맥주(Beer)

### 1) 영양성분

탄수화물, 단백질, 무기질, 다량의 비타민 B군 등 영양소 등이 다량 함유되어 있다.

### 2) 효능

하루 한두 잔 정도의 맥주는 신진대사를 촉진시켜 혈액순환을 돕고 소화작용과 이뇨작용에 도움을 주며, 피부미용에 좋고 대장의 운동을 도와서 변비에도 효과가 있다.

### 3) 마시는 방법

한잔에 거품을 20% 정도를 내어 거품과 함께 마신다. 그리고 한잔을 2~3번 정도 나누어 목을  타고 넘어가도록 쭈욱 마셔 상쾌감을 느낄 수 있어야 한다.

### 4) 맥주의 서브 온도

병맥주 : 여름 5~7℃, 겨울 10~12℃

생맥주 : 3~4℃

### 5) 맥주와 어울리는 안주

기름기가 적고 담백한 팝콘, 소시지, 햄, 육포, 과일 등이 좋다.

### 6) 주의

한잔의 맥주를 마셔도 얼굴이 붉어지고 가슴이 답답한 증상이 있는 사람은 알코올 분해효소가 부족하여 생기는 증상이므로 무리하게 억지로 마시지 않는 것이 좋다. 맥주는 저알코올이지만 많이 마시면 좋지 않다.

## 2. 위스키(Whisky)

### 1) 스트레이트(Straight)로 마시는 법

순수 위스키만으로 다른 종류의 술이나 음료를 첨가하지 않고 그냥 마시는 것을 말하며, 1oz(30ml) 글라스에 부어 체이스(Cheser, 석수 혹은 탄산음료)로 입안을 산뜻하게 한 후 한 모금씩 음미하는 것이다.

### 2) 온더 락스(On the Rocks)로 마시는 법

온더 락 글라스에 얼음을 채우고 얼음 위에 위스키 1oz를 부어 얼음이 반 이상 녹기  전까지 한모금씩 몇 번을 나누어 마시는 것이다.

### 3) 위스키 하이 볼(High Ball)로 마시는 법

하이 볼 글라스에 얼음을 채우고 위스키 1oz와 탄산음료를 채워 마시는  것으로 얼음이 반 이상 녹기 전까지 한 모금씩 몇 번을 나누어 마시는 것이다.

## 3. 포도주(Wine)

### 1) 마시는 법

와인 글라스에 5~6할 정도를 부어 마시는 것이 매너이며, 얼음을 넣어 마시면 안 된다.

### 2) 와인을 마실 때 적정 온도 및 용도

**(1) 백포도주**(White Wine) **: 7~10℃**

식전용(Aperitif)으로 조금 차게 해서 마시는 것이 적당하다.

**(2) 적포도주**(Red Wine) **: 17~20℃**

식후용(Dessert)으로 실온 온도로 마시는 것이 적당하다.

**(3) 샴페인**(Champagne) **: 3~4℃**

축하용으로 어울린다.

## 4. 브랜디(Brandy)

브랜디 글라스(Goblet)에 1oz(30ml) 정도를 부어 손으로 감싸듯이 잔을 잡고 한모금씩  스트레이트로 음미한다.

브랜디는 따뜻하게 마시는 것이 좋고, 얼음을 넣어서(On thc Rocks) 마시는 것은 브랜디의 맛과 향을 음미하는데 도움이 되지 않는다.

## 5. 칵테일(Cocktail)

1) **취향에 맞는 칵테일을 알고서 마시는 것이 좋다**   독한 정도(알코올 도수), 맛과 향, 색채, 감미 정도 등
2) **마시는 법**   얼음이 들어있지 않은 적은 양(4oz 이하)의 칵테일은 한 번에 마시지 말고 몇 번을 나누어 한 모금씩 음미한다.
3) **소요시간**   칵테일 한잔을 마시는데 약 20분 정도 소요

## 제5절
# 커피를 제대로 알고 마시기

## 1. 커피(Coffee)의 역사

전 세계인의 애호 음료인 커피의 역사는 기원전 6세기경 이디오피아 고원의 나무열매를 산양이 먹고 도취되어 다니는 것을 바그다드의 의사가 발견하여 약용으로 사용을 하였다. 특히 11세기경 회교국을 중심으로 술이 금지되고 있는 회교도들에게 흥분제 역할을 하는 음료로 널리 퍼졌으며, 17세기 초 무역의 중심지인 지중해의 베니스항에 유입됨으로 그 이후 전 세계적으로 급속히 전파가 되었다.

1637년 프랑스에서 대량의 커피가 들어와서 일반 서민들이 마시게 되었다. 18세기에 마시는 커피는 오늘날의 에스프레소였다. 19세기 초에는 끓여서 마시던 커피가 여과시켜 마시는 현재의 방법으로 발달되었다.

## 2. 커피의 종류

비알코올성 음료이며 기호 음료인 커피는 카페인, 탄닌, 지방, 광물질, 엑기스로 구성되어 있다. 커피의 종류는 아라비카산, 로브스타, 리베리카의 3대 원종으로 분류된다. 현재 아라비카에서 분류된 마일드(Mild)와 브라질(Brazil), 로브스타(Robusta)가 세계 3대 원종이다.

### 아라비카종

이디오피아 고원지대가 원산지이며 인도, 동남아시아, 중남미 등에 광범위하게 재배되고, 품질이 우수하고 세계 커피 산출량의 90%를 차지한다. 커

피의 세계 산출량에서 1위(50%)를 차지하고 있는 브라질산은 그 맛이 부드럽고 신맛이 강하다. 마일드는 이디오피아 고산지대가 원산지이며, 맛과 향이 뛰어나고 누구나가 애호하는 모카 커피를 비롯해 멕시코 등 중남미지역에서 산출된다.

#### 로브스타

아프리카 콩고 지방이 원산지로, 아이보리 코스트, 동부 인도양, 인도네시아(자바)에서 재배된다. 품질이 좋고 카페인 성분이 많아 최우수 상품으로 인정받기도 한다.

#### 리베리카종

아프리카 남서해안의 리베리아가 원산지이며, 알갱이가 작고 풍미가 부족하여 많이 재배되지 않는다.

## 3. 커피에 대한 이해

커피 제조공정에 따라서 1) 배전두 커피, 2) 레귤러 커피, 3) 인스턴트 커피로 나뉜다.

좋은 커피를 만들기 위해서는 1) 알맞게 빻은 신선한 커피를 사용하고, 2) 적당한 기법을 사용하여 커피와 물을 배합해야 하며, 3) 신선한 물을 사용해야 하며, 4) 커피 만드는 모든 기구는 청결하게 사용해야 한다.

커피 선택 시 3가지 중요한 점은 1) 질, 2) 신선도, 3) 사용하는 기구에 알맞게 갈아진 것이어야 한다.

커피는 가격이 고가이면 커피 질이 더 좋은 것이 일반적이다. 커피를 보관

할 때는 시원하고 건조한 곳에서 보관하거나, 진공상태 포장을 하거나, 공기를 차단시킬 수 있는 밀폐된 유리병에 담아 보관한다.

## 4. 커피와 차에 대한 매너

커피를 따를 때는 커피 컵의 8부 정도가 적당하며, 커피 컵은 항상 따뜻한 온도가 느껴져야 한다. 커피의 서비스 온도는 70도 정도가 적당하며, 입술에서 따끈함을 느낄 수 있어야 한다. 커피 컵이 비어져 있을 때는 좀 더 마실지 고객의 의향을 물어본다.

커피를 마시는 매너는 커피잔의 손잡이에 엄지와 인지로 가볍게 쥐며, 손가락을 방아쇠 당기듯이 손잡이에 끼워서는 안 된다. 또한 커피가 뜨겁다고 불거나 흔들며 마시는 것은 안 된다. 커피를 마실 때 공손성을 보인다고 왼손으로 잔 밑을 받쳐 마시는 것은 좋지 못하다. 서양에서는 동양과 달리 이런 매너를 보이지 않는다.

커피를 마시는 습관은 나라마다 다른데, 미국인들은 커피를 아주 묽게 하여 물을 마시는 것처럼 많이 해서 마신다. 아메리컨 커피는 보통보다 엷은 상태를 말하며 밑바닥이 어렴풋이 보이는 상태이다. 반면 유럽인들은 커피 농도가 짙으며 상대적으로 양이 적은 에스프레소를 즐겨 마신다. 우리나라 사람들은 미국과 유럽의 중간형을 선호한다.

커피 마시는 다양한 방법을 보면 에스프레소는 보통 커피잔의 반 정도 되는 드미-따스(demi-tasse)에 마시는 매우 진한 커피, 비엔나 커피는 생크림을 띄운 것, 아이리쉬 커피는 뜨거운 커피에 위스키를 타고 향미를 내고 생크림을 띄운 것, 카푸치노는 우유거품과 계피향을 낸 이탈리아 커피이고, 터키 커피는 시럽으로 단맛을 낸 짙은 분말 커피이다. 까페오레는 프랑스식 모닝 커피로 커피에 밀크를 넣은 것, 알렉산더는 아이스 커피에 브랜디와 카카오를 섞은 남성적인 커피, 까페 로얄은 큰 각설탕에 코냑을 붓고 불을 붙인 다음 커피를 흘려내려 마신다.

차에는 탄닌 성분이 풍부한데 5분 정도 우려내면 잎의 탄닌 성분 1/3이 용해되어 가장 적당한 맛의 차가 된다. 장시간 끓이면 차의 맛이 나빠진다. 아이스티를 만들 때에는 더블 농도의 차를 준비해 서브한다. 아이스 티의 결막은 차의 맛과 질에 있어 아무 영향을 주지 못한다. 준비된 뜨거운 차는 실내 온도 정도로 유지되어야 하고 냉장고에 보관하면 안 된다.

차 파티의 유래를 보면 예전 영국에서는 차를 왼손에 잡고 비스켓을 오른손에 잡고 마시면서 대화를 나누었다. 이러한 관행이 계속되어 현재의 차 파티 매너로 정착이 되었다. 티스푼은 컵의 앞쪽에 두고 서브하며, 손님은 티스푼을 사용한 후에 컵의 뒤쪽에 두는 것이 예의이다.

커피나 차를 마실 때 설탕이나 크림을 상석이나 상대방에게 먼저 권하는 것이 예의이며, 설탕이나 크림을 넣은 후 스푼으로 소리나게 많이 젓는 것은 실례이다.

각설탕은 손으로 집어 넣어도 모방하며, 자신의 티스푼으로 설탕통에서 설탕을 뜨는 것은 실례이다. 이때는 설탕통에 함께 놓여 있는 설탕전용 스푼을 이용한다.

홍차를 서브할 때는 항상 뜨거운 물을 별도로 준비해 서브한다.

한국 사람들 중에 상대방의 의사를 물어보지 않고 커피나 차에 설탕이나 크림을 타 주는 경우가 있는데 이것은 큰 실례이다.

## ■중국차의 종류

오룡차(烏龍茶)는 불발효차와 완전발효차 사이의 반 발효차이다. 대만 동정산(東頂産)이 최특품이며 차의 색깔은 등황색(橙黃色)으로 향기가 매우 높으며, 5~6 차례 정도 물을 부어 마실 수 있다.

보이차(普耳茶)는 약간의 발효차에 속하는데 기본적인 제다과정은 잎을 시들게 하여 볕을 쬐어 말리거나 불을 쬐어 말리는 것이다. 백철금련보이차와 설남보이차가 유명하다. 전자는 아주 단아하며 찻물이 맑고 담담하여 그 맛이 깔끔하며, 후자는 색깔은 커피색을 띠며 중국음식을 먹을 때 마시면 기름기 제거 효과가 있다. 음주 후 해장, 속이 거북할 때도 중국인들이 즐겨 마신다.

모리화차(某莉花茶)는 중국 항주산이 최특품이고 북경인들이 즐겨 마신다. 자스민 꽃향 때문에 여성들이 좋아하며 기름기 제거효과 때문에 식사 시 많이 마시며 또한 고기, 마늘냄새를 없애는 작용을 한다.

녹차(綠茶)는 중국에서 생산량이 가장 많은 차 중의 하나로써 불발효차이며, 전국 18개 차 생산지역 모두 녹차를 생산하고 있다. 전통녹차인 미차(眉茶)와 주차(株茶)는 그 향기가 높으면서도 맛이 순수하여 각국인들이 애용하는 차이며 그 중에서 세작(어린 잎)은 고급으로 간주한다. 중국 항주산이 최고급이며 식전, 식후 및 손님이 오실 경우 상용으로 마신다.

쭈완차(摶茶)는 신선한 음식이 없는 몽고나 티벳 사람들에게 필수품이며 러시아인들은 홍쭈완차를 즐긴다. 중앙아시아 사람들은 쭈완차에 소금, 버터를 넣고 약한 불에 끓인 후 버터를 녹여서 마신다.

황차(黃茶)는 노란 찻물에 노란 잎이 이 차의 특징이다. 차를 만드는 과정 중 비비기 전에 한군데 두텁게 쌓아 놓아서 노랗게 물든 결과이다.

홍차(紅茶)는 대표적인 완전 발효차로서 기본적인 제다과정은 시들려 비비고 발효시켜서 말리는 것이다. 찻물도 빨갛고 잎도 빨간 홍차의 주요 품질적 특징은 폴리페놀이 발효를 거친 후에 폴리옥시데이즈(홍차색소)로 바뀐다.

흑차는(黑茶) 찻잎이 비교적 크고 센 잎으로, 발효시간이 비교적 길어서 잎 색깔이 까맣거나 흑갈색이 된 것이다.

# 06

# 해외여행 매너

열린세상

# 글로벌 매너와 문화

제6장

# 해외여행 매너

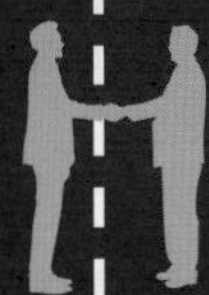

## 제1절 여행 매너

귀한 자식일수록 여행을 많이 보내라는 말처럼 여행은 인생의 견문을 넓히는 최고의 스승이다. 다른 풍토와 문화에서 다른 사람들을 접하면서 자신의 선입견이나 편견을 극복하고, 더 넓은 시야를 가질 수 있기 때문이다. 2012년 한국은 외국인 관광객 1,000만 명을 돌파하였고, 2020년에는 2,000만 명 유치를 목표로 하고 있다.

해외로 출국하는 여행자 수는 크게 늘어났지만 여전히 외국에 나와서 거들먹거리고 문란하며 매너 없는 태도로 인해 추한 한국인(Ugly Korean)이라는 오명을 벗어 던지지 못하고 있는 형편이다. 한 사람의 잘못된 행동이 국가 전체에 불이익을 미칠 수 있음을 알고 겸손하면서도 예의 바른 한국인의 참모습을 보여주어야 할 것이다.

## 1. 해외 여행자의 자세

올바른 해외여행을 위한 해외 여행자의 자세를 살펴보면 다음과 같다.

첫째, 나는 한국인을 대표하고 있다.

해외 여행자는 개인이기 이전에 '한국인'이라는 대표성을 갖게 된다. 따라서 여행 중의 모든 언행에는 나라와 국민에 대한 책임이 따른다는 점을 명심하자. 해외에 나가면 당신은 민간외교관이다.

둘째, 문화민족으로서 긍지를 지킨다.

우리는 반만년의 유구한 역사와 '동방예의지국'이라는 아름다운 전통을 이어받은 문화민족이다. 세계 어디를 가나 문화민족으로서의 자존과 긍지를 잃지 않도록 행동을 하자.

셋째, 세계화 시대에 걸맞은 국제 시민으로서의 의식을 갖자.

내 나라와 문화를 소중히 여기듯 세계 각국의 문화를 아끼고 배우려는 것이 바로 국제시민의 바른 마음가짐이다. 우리와 다른 문화를 가진 모든 세계인과의 친목과 이해를 증진하며 타국의 문화와 전통을 존중하자.

넷째, 해외여행을 건전하고 보람 있는 여행으로 이끈다.

해외여행은 타국의 생활과 문화를 습득함으로써 자신을 발전시키고 국제적인 안목을 기를 수 있는 좋은 기회이다. 철저한 사전 준비와 겸허한 배움의 자세로 건전하고 보람있는 여행을 하도록 하자.

## 2. 해외여행 준비

해외여행을 떠나기 전에 여행자 보험에 가입하여 여행 중 발생하기 쉬운 상해나 질병 및 도난 등 불의의 사고에 미리 대비하도록 하자. 여행자 보험에는 본인은 물론 타인에게 입히는 피해까지 보상해주는 다양한 상품들이 있으므로 자신에게 맞는 것으로 가입하고 떠나면 된다.

보람있는 여행을 하기 위해서는 무엇보다도 사전에 방문할 나라에 대해서 충분히 이해할 필요가 있다. 방문국의 기후, 풍토나 생활관습 등에 대한 사전 지식을 알고 가면 한층 더 유익하고 가슴에 와 닿는 여행이 될 것이다. 여행에 관한 정보는 서점에 가면 관광안내서에 자세히 나와 있으므로 해외여행을 하려는 사람들은 관광안내서를 한 권 정도 읽어보고 가는 것이 좋다. 현지에서 판매하는 안내책자도 있으므로 참고하도록 하고 각 여행지에서 느낀 소감을 그때그때 메모해 둔다면 자신만의 훌륭한 여행기록서가 되며 훗날 오랫동안 그 감동을 느낄 수 있다.

항공편이나 현지 호텔 등의 예약 상태는 떠나기 2~3일 전에 반드시 재확인한다. 예약문화가 정착된 외국에서의 예약 없는 방문 및 일방적인 취소는 부정적인 이미지를 주므로 여행 일정에 따라 예약을 완료하고 여행을 시작하는 것이 좋다. 부득이하게 예약을 취소할 경우 미리 통보하여 다른 사람이 피해를 입지 않도록 배려하는 것도 잊지 않도록 한다.

여권, 항공권, 여행자 수표, 신용카드 등의 주요 내용은 따로 수첩에 적어 두어 만약의 사태에 대비하도록 하고, 항공권과 여권, 신용카드의 영문성명은 반드시 일치시키고 예약 시에도 영문성명이 정확히 표기되도록 한다.

외국에서 의사의 처방 없이 약을 사기가 어려우므로 자신에게 맞는 상비약(두통, 소화제, 설사약, 소독약, 반창고)을 국내에서 준비해 가는 것이 좋다.

전염병 감염지역으로 여행할 때에는 반드시 해당 질병에 대한 예방 접종을 받아야 하며, 예방 주사는 가급적 여행 2주 전에 맞는 것이 효과적이고 접종에 따른 신체적 무리도 없다.

여행가방을 싸는 요령으로, 화장품 등 깨지기 쉬운 것은 의류 등으로 감싼 후에 넣고, 슈트케이스의 아래쪽에 무거운 것을 넣는다. 속옷, 티셔츠 등 구김이 가지 않는 것은 둘둘 말아서 넣고 여행목적, 체류일수,

방문국의 기후 및 풍습 등을 고려하여 적절한 의복을 준비하는 것이 좋다. 의복, 신발, 가방 등의 여행용품은 가급적 국내에서 사용하던 것으로 준비해야 편안한 여행을 즐길 수 있다.

해외여행 시 쓸 가방은 다른 가방과 구별이 잘 되는 것으로 선택하고, 평범한 색상이나 디자인일 경우는 스티커나 이름표 등을 이용해 다른 사람의 것과 구별이 잘 되도록 표시해둔다. 여행 중 선물 구입 등 소지품이 많아질 것에 대비해서 가방 크기를 결정하거나 접을 수 있는 가방을 별도로 준비하고, 가방에는 영문으로 쓴 이름표를 반드시 붙이도록 한다. 가방은 보통 비행기 탑승 시 화물을 맡기는 것과 기내에 갖고 들어갈 수 있는 작은 가방 두 가지를 준비한다. 기내에 갖고 들어가는 가방에는 중요한 물건과 현지에 도착해서 당장 사용할 물건(여권, 지갑, 돈, 자격증, 필기구, 세면도구, 상비약, 서류, 얇은 윗옷 등)을 넣어둔다.

## 3. 해외여행의 필수 조건

### 1) 여권(Passport)

해외여행에 꼭 필요한 여권은 정부가 외국으로 출국하는 사람에 대해 그 국적과 신분을 증명함과 동시에 출국자가 안전하게 여행할 수 있도록 목적지의 국가에 보호, 구조를 요청하는 공문서이다. 해외에서는 유일하게 자신의 신원을 보증해 주는 서류이므로 항상 가지고 다녀야 한다.

여권은 일반여권과 외교관 · 관용여권 그리고

해외이주(이민)여권으로 구분되며, 일반여권은 복수여권 · 단수여권으로 나누어진다.

### (1) 일반전자복수여권

유효기간은 5년 초과 10년 이내, 5년, 5년 미만이고 유효기간 안에 횟수에 제한없이 외국여행을 할 수 있다. 일반적인 사람들은 특별한 사유가 없는 한 대부분 10년 유효기간의 복수여권을 발급받는다.

### (2) 일반전자단수여권

유효기간이 1년 이내의 여권이다. 30세 이하인 병역미필자로 병무청의 국외여행 허가기간이 6개월 미만인 경우, 본인이 요청한 경우(여권발급신청서 득기 사항란에 "단수여권"이라고 기재하고 날인 또는 서명), 관계 부처로부터 요청이 있는 경우, 여권 상습분실로 인하여 관계기관에서 조사 중인 자가 긴급히 여권을 발급받을 필요가 있는 경우에 발급받는다.

### (3) 관용여권

공무상 국외여행의 경우에 발급되며, 여행목적과 신분에 비추어 외교통상부장관이 특히 관용여권의 발급에 필요하다고 인정되는 자에게 발급하는 여권이다. 관용여권은 외교통상부 및 지방자치단체에서 신청할 수 있다.

### (4) 외교관여권

여행목적과 신분에 비추어 외무부장관이 특히 관용여권의 발급이 필요하다고 인정되는 자에게 발급하는 여권이다.

### (5) 거주여권

해외이주 허가서 또는 영주 허가서 및 이민 비자를 취득한 자, 4년 이상의 장기 허가를 받은 자, 외교통상부장관에게 해외이주를 신고한 자, 보건복지부장관의 국외입양 허가를 받은 자에게 발급되며 외교통상부 여권과에서 신청해야 한다.

#### ❶ 여권발급 절차

01 신청서 작성 ➡ 02 접수 ➡ 03 신원조사 확인 ➡ 04 각 지방경찰철(신원반) ➡ 05 결과 회보 ➡ 06 여권 서류심사 ➡ 07 여권제작 ➡ 08 여권교부

#### ❷ 여권발급

출신 지역에 관계없이 현재 본인이 거주하고 있는 곳에서 가장 가까운 발행관청으로 가면 된다. 그러나 관용여권이나 외교관여권, 거주여권은 예전과 같이 외교통상부 여권과에서 발급받을 수 있다.

2008년 8월부터 본인 직접신청제가 도입되어 이제는 여행사 대행을 통해 여권신청을 할 수 없다. 대신 인근의 지방자치단체를 방문하면 쉽게 여권을 발급할 수 있고, 시청 · 구청 · 도청 · 군청 등이 포함된다. 여권은 보통 신청 3~5일 후 발급받을수 있다.

**가. 본인이 신청할 경우**

본인의 주민등록증(또는 운전면허증, 공무원증 등 국가기관에서 발행한 사진이 첨부된 증명서)을 제시해야 한다. 받을 때는 수령증이 필요하다.

**나. 여권발급 수수료(국제교류기여금 포함)**

1) 전자여권 복수여권
- 5년 초과 10년 이내 : 53,000원
- 5년 : 45,000(8세 이상)

| | | |
|---|---|---|
| | | • 5년 : 33,000원(8세 미만) |
| | | • 5년 미만 : 15,000원 |
| | 단수여권 | • 1년 이내 : 20,000원 |
| 2) 사진부착식 | 단수여권 | • 1년 이내 : 15,000원(1회용 여행만 가능) |
| 3) 유효기간 연장 재발급여권 | | • 25,000원 |

**다. 일반 여권발급신청 구비서류**

- 여권발급신청서 1매
- 여권용 컬러사진 1장(6개월 이내에 촬영한 천연색 정면 탈모사진으로 얼굴길이가 2.5~3.5cm이고, 전체 3.5×4.5㎝로 바탕색이 흰색)
- 신분증
- 여권발급 신청 시 유효기간이 남아 있는 여권소지자는 여권을 반납해야 함.

**라. 유효기간 연장**

여권의 유효기간은 일반복수여권의 경우 유효기간이 최대 10년 한도 연장되며, 연장한 적이 없고 여권의 만료기간 기준으로 전후 1년 이내 연장이 가능하다. 1년 이상 남았을 경우와 단수 여권은 연장이 불가능하다. 또 비자를 받을 때는 대부분의 국가에서 유효기간이 6개월 이상 남아 있는 여권을 요구하므로 여권의 남아 있는 유효기간이 1년 미만일 경우는 갱신하는 것이 좋다.

**마. 기타**

미성년자의 경우 동의자의 여권발급동의서와 동의자의 인감증명서가 필요하다. 18세 이상 35세 이하 남자의 경우(군미필자 및 군복무를 마치지 아니한 자)에는 국외여행허가서(25세 이상 35세 이하)와 기타 병역관계 서류가 필요하다.

### 유효기간 연장 필요서류

- 기재사항 변경신청서(여권발급처 양식)
- 여권용 칼라사진 1매
- 수수료
- 연장가능한 여권
- 신분증(주민등록증, 운전면허증, 공무원증 등)
- 병역관계서류(병역의무자의 경우)
- 부 또는 모의 여권발급동의서 및 동의인의 인감증명서(18세 미만인 경우에 대리 신청 시)

## 2) 입국사증(Visa)

비자란 여행을 하려는 나라에서 여행자에게 입국을 허가해 주는 증으로 여권의 사증란에 스티커나 스템프를 찍어주는 식으로 발급한다.

여행자가 해외여행을 하려면 우선 자신이 가고자 하는 나라에 비자가 필요한지 먼저 체크를 해야 한다. 현재 우리나라는 많은 국가들과 비자 면제 협정을 체결하였으며, 동일한 국가라도 단기간 여행이면 비자가 필요 없으나 장기간이면 비자를 받아야 하는 국가가 있다는 것을 주의해야 한다.

비자에 대한 규정과 조건은 국가마다 다르니 여행하기 전에 반드시 살펴보아야 한다.

### (1) 비자면제국가

다음 국가들은 여행목적으로 단기간 여행 시 비자가 필요치 않으나 허용기간을 초과하여 체류할 경우에는 목적에 따른 비자를 발급받아야 한다.

#### ❶ 아주지역(12개국)

대만(90일/상호주의), 브루나이(30일/상호주의), 라오스(15일/일방적 면제), 싱가포르(90

일/협정), 일본(90/상호주의), 말레이시아(90일/협정), 태국(90일/협정), 필리핀(30일/일방적 면제), 베트남(15일/일방적 면제), 마카오(90일/상호주의), 홍콩(90일/상호주의), 인도네시아(30일)

### ❷ 미주지역(34개국)

가이아나(90일/상호주의), 바베이도스(90일/협정), 아르헨티나(90일/상호주의), 과테말라(90일/협정), 바하마(90일/협정), 아이티(90일/협정), 그레나다(90일/협정), 베네수엘라(90일/협정), 안티구아바부다(90일/협정), 니카라과(90일/협정), 브라질(90일/협정), 에콰도르(90일/상호주의), 도미니카(공)(90일/협정), 세인트루시아(90일/협정), 엘살바도르(90일/협정), 도미니카(연)(90일/협정), 세인트빈센트그레나딘(90일/협정), 온두라스(90일/상호주의), 멕시코(90일/협정), 세인트키츠네비스(90일/협정), 우루과이(90일/협정), 미국(90일/상호주의), 수리남(90일/협정), 자메이카(90일/협정), 칠레(90일/협정), 콜롬비아(90일/협정), 파라과이(90일/상호주의), 캐나다(90일/상호주의), 트리니다드토바고(90일/협정), 페루(90일/협정), 코스타리카(90일/협정), 파나마(90일/협정), 벨리즈(90일)

### ❸ 유럽지역(47개국)

**【쉥겐협약 가입국(26개국)】** 그리스(90일/협정), 몰타(90일/협정), 오스트리아(90일/협정), 네덜란드*(90일/협정), 벨기에(90일/협정), 이탈리아*(90일/협정 및 상호주의), 노르웨이(180일 중 90일/협정), 스웨덴(180일 중 90일/협정), 체코(90일/협정), 덴마크(180일 중 90일/협정), 스위스*(90일/협정), 포르투갈(60일/협정), 독일(90일/협정), 스페인*(90일/협정), 폴란드(90일/협정), 라트비아*(90일/협정), 슬로바키아*(90일/협정), 프랑스*(90일/협정), 룩셈부르크*(90일/협정), 슬로베니아*(90일/상호주의), 핀란드(180일 중 90일/협정), 리투아니아(90일/협정), 아이슬랜드(180일 중 90일/협정), 헝가리(90일/협정), 리히텐슈타인*(90일/협정), 에스토니아(180일 중 90일/협정)

**【비쉥겐국】** 러시아(60일, 180일 중 누적 90일), 불가리아(90일/협정), 우크라이나(90일/일방적 면제), 루마니아(90일/협정), 사이프러스(90일/상호주의), 조지아(360일/일방적 면제), 마케도니아(1년 중 누적 90일/일방적 면제), 산마리노(90일/상호주의), 코소보(90일/일방적 면제), 세르비아(90일/상호주의), 크로아티아(90일/상호주의), 모나코(90일/상호주의), 아일랜드(90일/협정), 키르기즈(60일/일방적 면제), 몬테네그로(90일/상호주의), 안도라(90일/상호주의), 터키(90일/협정), 몰도바(180일 중 90일, 상호주의), 알바니아(90일/상호주의), 보스니아 헤르체고비나(90일/상호주의), 영국*(최대 6개월/협정 및 일방적 면제), 교황청(30일), 우즈베키스탄(30일), 벨라루스(30일), 카자흐스탄(30일)

※ 미국, 캐나다, 호주 : 출국 전 전자여행허가(ESTA) 신청 필요
※ 괌, 북마리아나연방(수도 : 사이판) : 45일간 무사증입국이 가능하며, 전자여행허가(ESTA) 신청 시 90일 체류 가능
※ 이탈리아 : 협정상의 체류기간은 60일이나 상호주의로 90일간 체류기간 부여(2003. 6. 15)
※ 쉥겐국 중 네덜란드, 라트비아, 룩셈부르크, 리히텐슈타인, 스위스, 스페인, 슬로바키아, 슬로베니아, 에스토니아, 포르투갈, 프랑스, 핀란드는 26개 쉥겐국 합산, 최종 출국일 기준 이전 180일 이내 90일 체류 가능(쉥겐협약 우선 적용)
※ 영국 : 협정상의 체류기간은 90일이나 영국은 우리 국민에게 최대 6개월 무사증입국 허용(무사증입국 시 신분증명서, 재정증명서, 귀국항공권, 숙소정보, 여행계획 등 제시 필요(주영국대사관 홈페이지 참조))

### ❹ 대양주(14개국 및 지역)

괌(45일/VWP 90일/상호주의), 사모아(60일/상호주의), 투발루(30일/상호주의), 마샬군도(30일/상호주의), 솔로몬군도(1년내 90일/상호주의), 팔라우(30일/상호주의), 마이크로네시아(30일/상호주의), 키리바시(30일/상호주의), 피지(4개월/상호주의), 바누아투(30일/일방적 면제), 통가(30일/상호주의), 북마리아나연방(45일/VWP 90일/상호주의), 호주(90일), 뉴질랜드(90일)

### ❺ 아프리카 · 중동지역(14개)

남아프리카공화국(30일/상호주의), 모리셔스(16일/상호주의), 아랍에미리트(90일/상호주의), 라이베리아(90일/일시 중지(2019년 7월 18일부터)), 보츠와나(90일/일방적 면제), 오만(30일/상호주의), 레소토(60일/협정), 세이쉘(30일/상호주의), 이스라엘(90일/협정), 모로코(90일/협정), 스와질랜드(60일/상호주의), 튀니지(30일/협정), 카타르(30일), 세네갈(90일)

## 3) 항공권(Air ticket)

항공권 예약은 여행사와 항공사 데스크, 전화, 인터넷 등으로 예약할 수 있다. 항공요금은 성수기와 비수기 간에 차이가 있으며 개인과 단체요금 간에도 많은 차이가 있다. 항공권은 출발지 공항에서 해당 항공사 담당카운터에 가서 탑승권(Boarding pass)으로 교환하고 출국심사를 거쳐서 해당 항공기에 탑승할 수 있다. 항공권을 구입한 후 미사용 항공권은 환불받을 수 있으므로 적어도 항공권 유효기간 만료 30일 전까지는 환불신청을 해야 한다.

또한 항공권 구입 시는

❶ 날짜변경이 가능한가?
❷ 날짜변경이 가능하다면 얼마나 가능한가?(Open 기간)
❸ 예약 일에 좌석이 OK 되어 있는가?
❹ 예약재확인이 필요한가?
❺ 요금의 환불이 가능한가?
❻ 중간 경유지에서 Stop Over가 가능한가?
❼ 짐은 얼마까지 실을 수 있나?
❽ 마일리지 서비스의 혜택과 실시 여부는 어떠한가?

등의 사항을 확인해야 한다.

### (1) 출국안내

❶ 공항도착 → ❷ 탑승수속 및 수하물 탁송 → ❸ 병무 신고 및 검역신고 → ❹ 세관신고 → ❺ 보안검색 → ❻ 출국심사 → ❼ 탑승

#### ❶ 공항도착

처음 여행할 때는 최소 두 시간 전에 공항에 도착하여 구입한 항공권으로 탑승권을 발급받는 것이 좋다.

#### ❷ 탑승수속 · 수하물 탁송

공항에 도착하면 먼저 해당 항공사에서 운영하는 체크인 카운터로 이동하여 탑승수속을 받는다. 탑승 수속카운터에 티켓과 여권을 제출하고 가지고 온 물품 중 기내에서 휴대가 가능한 물품을 제외한 나머지 수하물은 체크인 카운터에서 모두 위탁 수하물로 처리한다.

50kg 이상 또는 가로 45cm, 세로 85cm, 높이 70cm 이상인 경우 대형수하물이 있는 경우에는 탑승 수속카운터에서 요금을 지불하고 세관신고 후에 대형 수하물 카운터를 통해서 여행 목적지 공항으로 보내면 된다. 기내에 반입이 가능한 수하물 사이즈는 가로 55cm, 세로 40cm, 높이 20cm(3면의 총합이 115cm 이내), 무게 10kg 이내의 물품에 대해서 가능하다.

건강과 관련된 물품. 감기약, 위장약, 파스 등 처방전 없이도 살 수 있는 약품, 비의약품은 항공 여행 중에 필요한 분량에 한해 기내에 가지고 탈 수 있다. 물 및 음료류, 액체류, 분무류, 젤류, 크림 및 로션류, 면도용품, 날카로운 물건, 둔기류는 가지고 탈 수는 없다. 단, 위의 액체류도 100mL 이하의 용기에 담아 정해진 크기의 투명 지퍼락 봉투에 보관하고  봉투의 규격은 20.5×20.5cm 또는 25×15cm로 지퍼가 반드시 잠겨있으며 기내 반입이 가능하다. 보안 검색을 받기 전, 다른 짐과는 따로 하여 미리 보여줘야 한다.

## 인천국제공항 출국청사

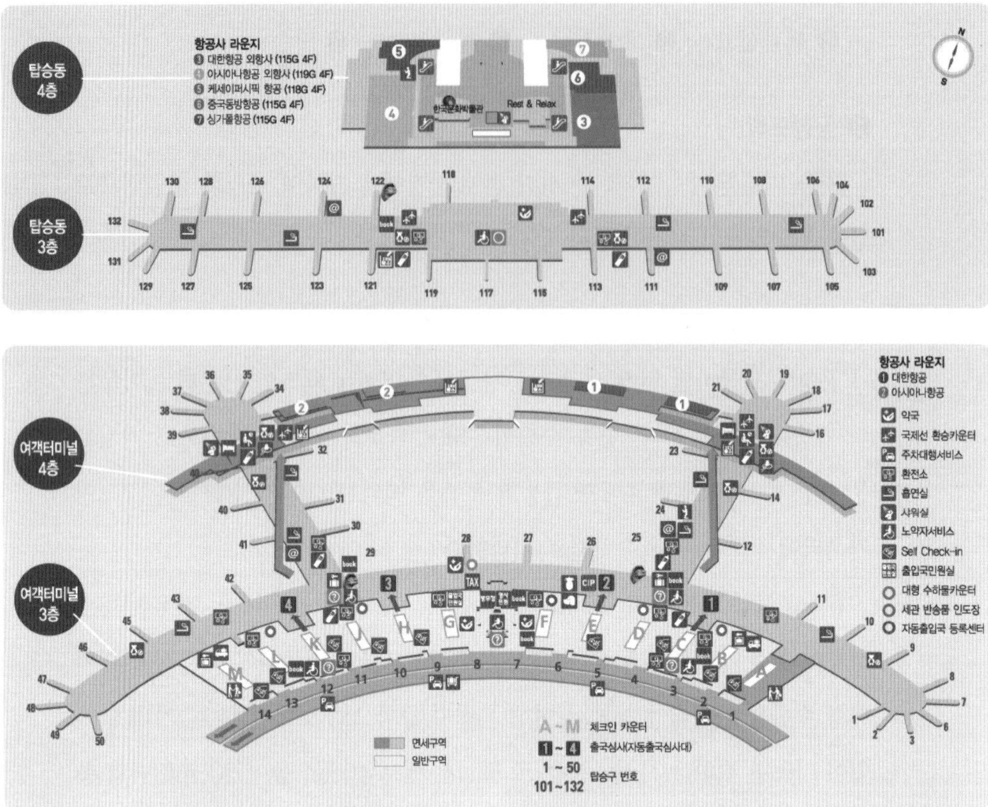


**종합안내데스크**

**전통문화체험공간**
운영시간 : 07:00~21:00
Tel : (032) 743-0357, 0359

**한국전통공예전시관**
운영시간 : 24시간
Tel : (032) 741-3422~3

**한국문화박물관**
운영시간 : 07:00~22:00
Tel : (032) 741-3852

**면세품 인도장**
4층 환승데스크 B, C 근처

**물품보관함(무료)**
운영시간 : 24시간 (당일사용)

**부가세 환급 카운터**
운영시간 : 07:00~21:00
Tel : (032) 743-4140, 0837

**인터넷 라운지**
운영시간 : 06:00~22:00
Tel : (032) 743-4202, 4203

**어린이 놀이방**
운영시간 : 24시간 운영

**환승호텔**
운영시간 : 24시간 운영
Tel : (032) 743-3000

**서점**
운영시간 : 07:00~21:00
Tel : (032) 743-0092

**기도실**
운영시간 : 24시간 운영
G24 3층

**여행사 카운터 (3F)**

**수하물 보관 및 포장**
운영시간 : 24시간 운영
Tel : (032) 743-5804, 743-5306

**유아 휴게실 (수유 및 휴게시설)**
운영시간 : 24시간 운영

**주차대행 서비스**
운영시간 : 06:00~21:00
Tel : (032) 743-0123~6
Tel : (032) 743-5555~6

**택배서비스**
운영시간 : 24시간 운영
Tel : (032) 743-5804, 743-5306

**포터 서비스**
운영시간 : 07:00 ~ 19:00
Tel : (032) 743-2381

**CIP라운지**(일반구역4층)
3층 2번 출국장 옆 출입구 이용
Tel : (032) 741-3507

**병무신고사무소**
운영시간 : 06:30~22:00
Tel : (032) 740-2500~2

**농림축산검역본부**
운영시간 (월~금, 09:00~18:00)
**식물** Tel : (032) 740-2077
**동물** Tel : (032) 740-2660~1
※운영시간 외(Call : 032-740-2660~

**영사민원서비스센터**
운영시간 : 09:00 ~ 17:00(월~
Tel : (032) 740-2773~4

### ❸ 병무 신고 및 검역

병역의무자가 국외여행 허가를 받고 출국 시는 필요한 서류를 구비하여 병무신고사무소(3층)에 지방병무청장이 발급한 국외여행허가증명서를 제출하고 출국신고를 하여야 하고, 귀국 시에도 귀국신고를 해야 한다. 단기간 국외여행 허가를 종전에는 학생에 한해 방학기간 중에만 2개월 범위에서 실시

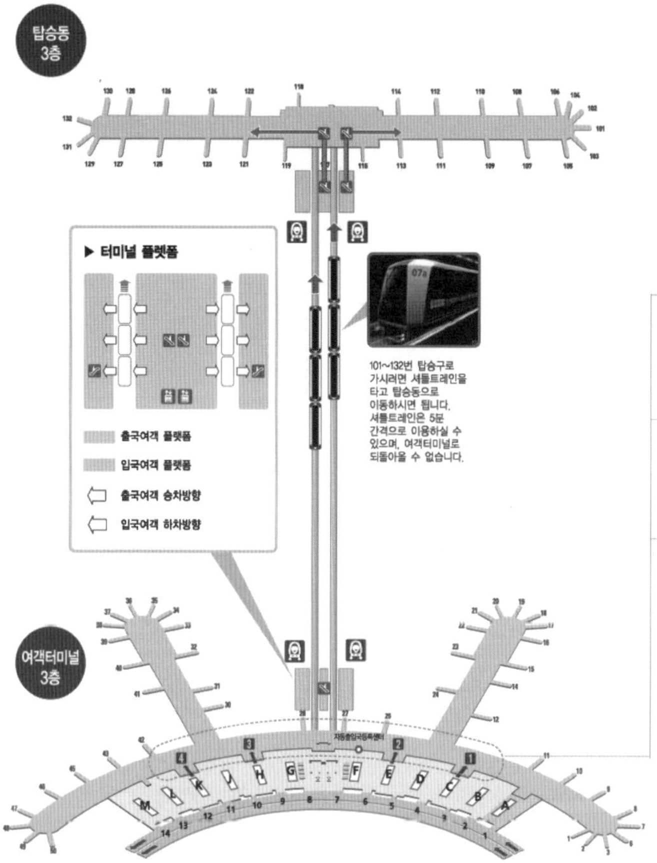

했으나, 현재는 일반 병역의무자까지 확대, 기간도 5개월 범위 내로 연장하였다.

검역소에서는 외국여행자, 동물, 식물에 대한 검역 및 증명서를 발급하고 있다. 도착지 국가에 따라 검역증명서를 확인하는 경우가 있으므로 항공사에 확인해야 한다.

### ❹ 휴대물품 및 외화 세관 신고

일시 귀국하는 여행객이나 승무원은 여행 시 사용하고 다시 가져올 귀중품 혹은 고가품은 출국전 세관에 신고하여 휴대물품 반입 신고(확인)서를 받아야 한다.

출국 시 여행자가 해외여행경비로 미화 10,000불(원화+외화) 이상을 가지고 떠나는 경우 출국장 내 세관 외환신고대에 신고하고 직접 가지고 출국할 수 있다.

휴대물품을 신고하지 않고 출국할 경우, 귀국할 때 외국에서 구입한 것으로 간주되어 과세 등의 불이익을 당할 수 있다.

### ❺ 보안검색

탑승수속 및 세관신고를 마치면 가까운 출국장으로 이동하여 보안검색을 받아야 한다.

#### 절차

- 출국장 입구에 있는 보안검색요원에게 여행객의 여권 및 탑승권 등의 여행 관련서류를 확인받는다.
- 출국장에 들어오면 먼저 세관반출신고를 할 여객은 필히 보안검색을 실시하기 전에 휴대품 세관반출 신고대에서 신고를 해야 한다.
- 세관에 신고할 내역이 없는 여객 또는 세관신고가 끝난 여객은 정면에 있는 보안검색대에서 순서대로 보안검색을 받는다.
- 보안검색대에서는 검색요원의 안내에 의해 대기선에서 순서에 따라 휴대물품은 X-ray 검색장비 컨베이어 위에 올려놓고 소지품(휴대폰, 동전 등)은 바구니에 넣고 문형금속탐지기를 통과하면 된다.
- 보안검색을 모두 마친 여객은 본인의 휴대물품을 가지고 출국심사 지역으로 이동한다.

### ❻ 출국심사

출국심사대 앞의 대기선에서 기다리다가 자신의 차례가 오면 여권과 탑승권을 출국심사 직원에게 제시하고 출국확인을 받고 다시 돌려 받는다.

### ❼ 탑승

출국심사 후에 항공기 출발 40분 전까지 해당 탑승구로 이동하여 해당 항공사 직원의 안내에 따라 항공기에 탑승한다.

## (2) 입국안내

❶ 도착 → ❷ 검역 → ❸ 입국심사 → ❹ 수하물 수취 → ❺ 세관검사 → ❻ 환영홀

**인천국제공항 입국청사**

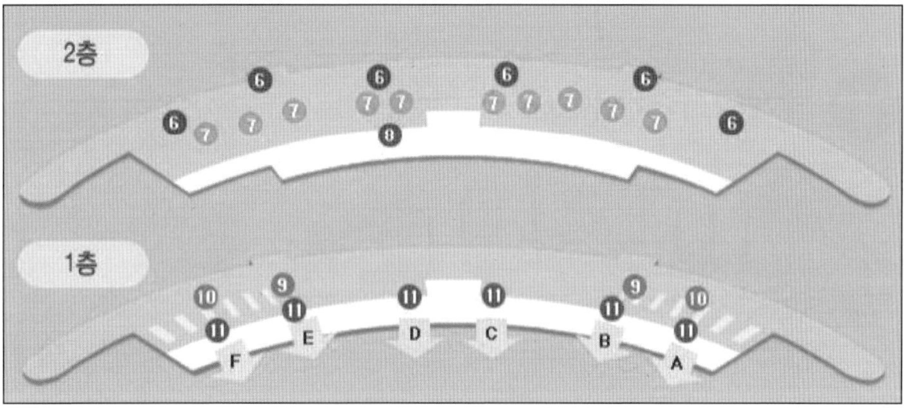


❻ 검역심사대
❼ 입국심사
❽ 동 · 식물검역소
❾ 대형수하물수취대
❿ 분실수하물 안내카운터
⓫ 세관검사대
A~F 도착장출구

### ❶ 도착

기내에서 승무원이 나눠주는 입국신고서를 비행기 안에서 미리 작성하면 입국수속을 편리하고 신속하게 할 수 있다.

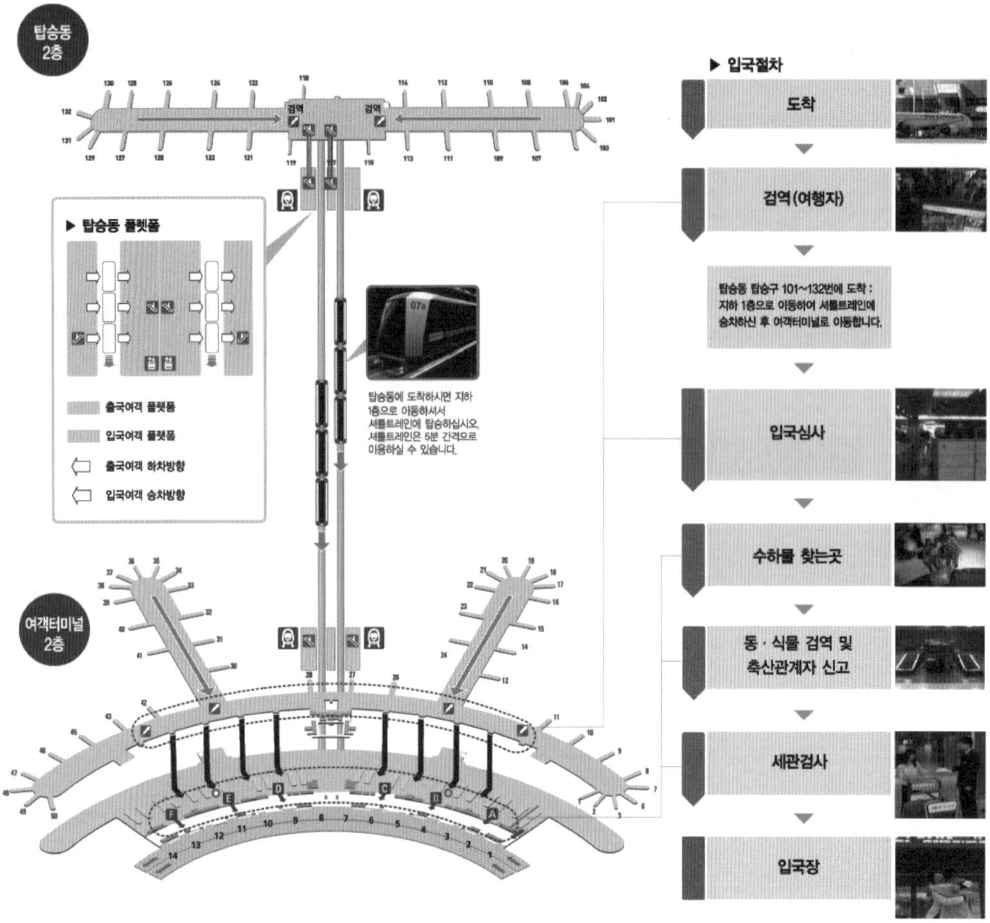


**가. 검역질문서** : 콜레라, 황열, 페스트 오염지역으로부터 입국하는 승객 및 승무원 은 반드시 작성한다.

**나. 입국신고서** : 작성내용은 여권에 기재된 내용과 같아야 하며, 동반인 모두 작성한다.

**다. 여행자휴대품신고서** : 개인당 한 장씩, 가족이 함께 여행하는 경우에는 가족 당 한 장만 작성하고 신고물품이 없는 경우 생략한다.

### ❷ 검역

콜레라, 황열, 페스트 오염지역(동남아시아, 중동, 아프리카, 남아메리카)으로부터 입국하는 승객과 승무원은 검역질문서를 작성한 후 입국 시 제출하여야 한다.

여행 중에 설사, 복통, 구토, 발열 등의 증세가 있으면 입국 시 즉시 검역관에게 신고하여야 하며, 귀가 후에 설사 등의 증세가 계속될 때에는 검역소나 보건소에 신고해야 한다.

동물, 축산물 및 식물을 가지고 입국할 경우에는 국립수의과학검역원 및 식물검역소에 신고하여 검역을 받아야 하며, 수출국에서 발행한 동물검역증 및 식물검역증을 제출해야 한다.

### ❸ 입국심사

입국심사대 앞에 도착한 여객은 대기선에서 기다리다가 자신의 순서가 되면 준비한 서류(여권, 입국신고서)를 심사관에게 제출한다.

입국신고서가 정확하지 않으면 다시 작성하여 심사를 받아야 하므로 순서를 기다리는 동안 확인한다. 기내에서 입국신고서를 작성하지 못한 여객은 입국심사장에도 준비되어 있으므로 순서를 기다리는 동안 작성하도록 한다.

### ❹ 수하물 수취

지정된 수하물 수취대에서 자신의 수하물을 찾아서 세관검사장으로 간다. 만약 기다려도 자신의 수하물이 나오지 않을 때는 분실수하물 카운터를 찾아가 수하물 분실신고를 한다.

### ❺ 세관검사

세관검사대는 녹색의 면세 통로와 빨간색의 과세 통로로 구분되어 있다. 세관 신고물품이 있는 경우 수하물을 찾고 세관 신고 지역으로 이동하여 세관심사대에서 착륙 전 미리 작성하였던 "여행자휴대품신고서"를 제출한다.

세관 신고물품이 없는 경우 "여행자휴대품신고서"를 제출할 필요없이 그대로 통과한다.

신고물품이 있음에도 불구하고 신고하지 않은 경우, 관세법에 의한 처벌을 받을 수 있으므로 유의한다.

**■ 세관에 신고할 사항**

- 외국에서 취득(무상취득 물품 포함)하거나 국내 면세점에서 구입한 후 해외로 갖고 나갔다가 입국 시 재반입하는 물품으로 해외 총 취득가격 US$600을 초과하는 물품과 외화 U$10,000 이상
- 1인당 면세기준을 초과하여 반입한 주류 및 담배, 향수(단, 19세 미만인 자가 반입하는 주류와 담배는 면세기준에 관계없이 모두 신고). 이때 1인당 주류 1병(1리터, 400불 이하), 담배 10갑, 향수 60ml에 한하여 면세됨.
- 판매를 목적으로 반입하는 상용물품
- 반입금지 및 제한물품
- 여행 중 사용하고 재반출할 물품
- 예치물품
- 출국 시 휴대반출 신고했다가 재반입하는 물품
- 1인당 $600 한도
- 자진 신고 관세 30% 감면
- 적발 시 가산세 40% 부과

관세청 (http://www.customs.go.kr) 참조

## 제2절
## 항공기에서의 매너

### 1. 항공기 탑승

항공기 탑승시간이 되면 30분 전부터 출발시간 및 항공편 명을 순서대로 방송하며, 좌석표를 항공사 직원에게 제시하고 기내에 오른다. 탑승순서는 일등석, 우등석(business class), 노약자, 어린이 등 맨 뒷좌석부터 탑승한다. 기내에서는 승무원에게 좌석표를 제시하고 안내를 받는다.

기내여행은 여행의 시작이라는 점에서 긴장이 된다. 특히 혼자만의 시간을 보내야 하는 점에서 당황하는 경우가 있으므로 항상 기내에 들어오면 지정좌석과 화장실, 비상구를 필히 확인하고 이용방법은 승무원의 지시에 따라야 한다.

### 2. 기내 시설물 이용하기

비행기를 타면 일단 승무원에게 자신의 좌석 번호를 알리고 서비스를 받는데 무거운 짐은 좌석의 밑이나 승무원에게 보관을 부탁하고 서류가방이나 가벼운 짐은 선반에 올려 놓는다.

좌석에 앉으면서 안전벨트를 매고 금연상태로 이륙을 기다린다. 승무원이 이륙 전에 좌석에 대한 사전의 안전교육을 하며 안전벨트 사용법과 좌석에 부탁된 각종 사용기구의 이용법에 대해서 시범을 보인다.

비행기는 이륙과 착륙 시 위험하므로 안전벨트를 필히 착용해야 한다. 비행 시에는 기상변화로 인하여 기체가 흔들리는 경우가 있으므로 안전을 위하여 좌석벨트를 매어야 한다

### 1) 비행기 이륙 전 절차

비행기 탑승 → 승무원에게 좌석표 제시 → 승무원의 좌석 안내 → 지정좌석에 착석 → 안전벨트 착용 → 비행기 안전수칙 참조(앞좌석 등받이에 있음) → 승무원의 안전벨트 착용시범 교육 → 승무원의 안전벨트 착용 확인

### 2) 기내 화장실 이용

기내 화장실은 남녀공용이고, 옷을 갈아입는 장소로도 이용된다. 화장실 사용여부는 사용 중일 때는 빨간색(Occupied), 비어 있을 때는 녹색(Vacant)으로 표시된다.

화장실의 사용은 수세식 화장실과 동일하나 많은 승객이 공동으로 사용하는 것이라서 개개인의 주의가 필요한 장소이다. 화장실에서는 절대 금연이며, 흡연을 하였을 경우에 엄청난 금액이 지급되며 항공기 소유국의 법을 따라 벌을 받게 된다. 화장실에 비치하는 품목은 항공사마다 약간의 차이는 있지만 거의 같다. 비행기의 이착륙을 할 경우에는 사고위험이 있으므로 화장실 사용은 금지된다.

## 3. 기내 서비스

"좌석벨트를 매어 주십시오(Fasten seat belt)"란 표시에 따라야 하며 비행 중에 예기치 못한 기류의 변화에 의해 기체가 급격히 흔들리는 경우에 대비하여 좌석에 앉을 때는 가급적 좌석벨트를 매어야 하고, 구명조끼 및 산소마스크 사용법에 관한 승무원의 시범을 꼭 보아야 한다. 시범이 끝나면 좌석 앞에 비치된 카드를 읽어보면 된다.

## 승무원 호출

승무원의 호출버튼은 좌석의 팔걸이 부분에 나란히 부착되어 있으며 승무원 호출 시 호출버튼을, 취소 시엔 취소버튼을 누르면 된다.

## 식사와 음료

기내식으로 개발한 한식 외에 양식, 일식 등의 식사와 각종 주류, 음료를 무료로 즐길 수 있도록 메뉴를 다양화하였으며, 필요한 사항은 승무원에게 문의하면 된다.

## 금연안내

항공기가 지상에 있을 때나 이 · 착륙 시 그리고 기내 화장실 및 통로에서는 항상 금연이다. 그리고 현재는 쾌적한 여행을 위하여 기내에서 금연을 실시하고 있다.

## 신문과 잡지

기내에서는 출발국가의 시사지, 일간지, 잡지 등이 비치되어 있으므로 본인이 필요로 하는 신문과 잡지는 정해진 장소에서 찾아보고, 기내지는 필요할 경우에 승객들에게 무료로 제공하고 있다.

## 음악과 영화

기내에서는 영화감상이나 음악감상을 개인적 취향에 따라 선택해서 이용할 수 있게 되어 있다. 장거리 노선과 단거리 노선에 따라 영화상영 및 음악감상에 대해서 본인이 선택할 수 있도록 영어와 한국어 등 다국언어로 되어 있다. 단 외국의 항공사는 영어가 기본으로 되어 있다. 음악 및 감상에 대한 프로그램은 기내 오락 프로그램 안내지의 뒤쪽을 보면 선택할 수 있게 제공되고 있다.

### 기내 취미 서비스

장거리 노선 승객의 편의를 위하여 바둑, CHESS, 카드 등을 무료로 대여하므로 승무원에게 요청하면 된다.

### 면세품

국제선 항공기에서는 면세품을 판매하고 있다. 면세품에는 세계 각국의 유명 제조회사로부터 직접 구입하여 가능한 저렴한 가격으로 제공하고 있다.

### 유아 및 어린이를 위한 서비스

장거리 노선에는 유아나 어린이 장난감이 무료로 제공되고 있으며, 유아를 위한 간이침대, 우유, 유아식, 기저귀 등도 다양하게 준비되어 있고, 화장실에는 기저귀 교환대가 설치되어 있다.

### 의약품

기내에는 간단한 소화제, 진통제 등 구급약이 비치되어 있으므로 필요 시 승무원에게 요청하면 된다.

## 4. 기내 식사예절

기내에서는 좁은 공간에서 서비스를 하기 때문에 조용히 순서를 기다리고 주변 사람에게 피해를 주어서는 안 된다. 식사의 경우 거의 무료이다.

식사 종류는 주로 육류와 생선류, 해물 요리로 구분하여 서비스를 하고 있다. 그러나 본인이 특이한 체질의 식성을 가지고 있을 경우 특별식을 요청할 수 있으므로, 예약을 하기 전에 필히 본인의 식사 종류를 꼭 확인해야 한다.

육류를 원할 때는 Meat please, 생선류는 Fish please, 해산물은 Seafood please라고 분명히 말해 주어야 본인의 식사에 맞는 기내식을 먹을 수 있다.

우리나라 항공사에서는 다양한 한식과 라면을 제공하는 경우도 있고, 일부 항공사에서는 그 나라의 특성에 맞는 고유의 음식을 제공하기도 한다. 주류는 대부분 항공사에서 무료로 제공되지만, 특정 항공사에서는 일반석에서는 요금을 지급해야 한다. 특히 기내에서의 알코올성 음료는 기압차이로 인하여 평소대로 섭취할 경우 과음을 하게 되므로 주의해야 한다.

장거리 비행일 경우 시차로 인한 식사의 제공은 1일 5식까지 제공될 수 있다. 외국에서 국내선을 이용할 때와 저비용 항공사를 이용할 때에 기본음료 이외에는 비용을 받으므로 승무원에게 확인 후 주문해야 한다.

## 기내생활 안전수칙 15가지

1. 승무원의 시범에 의한 좌석의 안전벨트 사용설명을 주의 깊게 듣고 만일의 사태에 대비해야 하며, 반드시 안전벨트착용을 하고 기내에서는 절대 흡연을 하면 안 된다.
2. 항공기가 이 · 착륙할 때나 기류상태가 나쁠 때 안전벨트 착용 신호가 나오면 좌석을 원위치로 하고 안전벨트를 착용한다.
3. No smoking과 Fasten seat belt의 불이 켜지면 담배를 피워선 안 된다.
4. 휴대품 중 가벼운 물품은 선반을 이용하고 무거운 가방은 좌석 밑에 두어 다른 승객에게 불편을 주어서는 안 된다.
5. 기내에 들어오면 본인의 좌석을 확인하고 다음에 들어오는 손님에게 불편을 주어서는 안 된다.
6. 위험성이 있는 가연성 기체를 기내에 들여와서는 안 된다.
7. 기내 화장실은 남여의 구분이 없으므로 사용 시 반드시 주의해야 한다.

8. Fasten seat belt 신호가 들어오면 화장실 사용이 금지되며, 사용 시 신호가 들어오면 빨리 좌석으로 돌아가야 한다.
9. 비행 중에 무선전화기나 라디오를 들으면 무선전파에 장애를 주기 때문에 사용하지 말아야 한다. 특히 비행기 이 · 착륙 시 휴대폰 사용을 금한다.
10. 큰소리의 대화, 노래, 과음 등 주변사람에게 피해를 주어서는 안 된다.
11. 주위 사람에게 실례가 안 되는 범위 내에서 행동한다(맨발이나 내의만 입은 채 다니는 것은 안 된다).
12. 기내식 서비스가 있을 때 통로가 좁으므로 이동하지 말고 좌석 등받이를 원위치로 하고, 식탁용 테이블을 자기 앞으로 하고 식사가 끝나면 테이블을 원위치로 해야 한다.
13. 좌석을 뒤로 할 때는 뒷좌석의 사람에게 불편을 주지 않도록 해야 한다.
14. 식사 중 또는 식사 후 창가 쪽에 있는 사람과 가운데에 있는 사람은 옆 사람이 끝나기 전에 움직이거나 불편을 초래해서는 안 된다. 목적지에 도착 시에는 승무원의 지시에 따라야 하며 좌석의 순서대로 내려야 한다.

## 제3절 호텔 매너

### 1. 체크인(Check In)과 체크아웃(Check Out)

호텔을 이용할 때는 반드시 사전에 객실을 예약하는 것이 기본 상식이다. 특히 성수기 때에는 예약 없이는 객실 확보가 어려울 뿐만 아니라 객실 요금에도 큰 차이가 있기 때문이다.

예약 접수 시 외국의 고급 호텔에서는 국제적으로 통용되는 신용카드의 번호를 미리 알려달라고 요구하는 경우가 있다. 이는 요금 지급에서 발생할

지도 모를 문제들을 사전에 방지하려는 것이므로 거리낄 필요가 없다. 호텔 도착 2~3일 전에 예약 상태를 다시 확인하는 것이 중요하며, 도착일이 변경된 경우나 취소할 경우에는 변경 요청과 취소 통보를 반드시 해주어서 다른 사람에게 불이익이 가지 않도록 배려해야 한다. 만약 취소 통보를 하지 않으면 일부 호텔에서는 취소에 따른 수수료를 청구하기도 한다.

호텔에 도착하면 우선 프런트에서 등록카드를 작성한다. 예약 사항을 먼저 이야기하고 소정의 등록카드에는 성명, 국적, 여권번호, 주소, 숙박 기간 등을 양식에 맞추어 기재하며 이때 프런트 종업원에게 객실료가 예약대로 책정되어 있는지 확인한다.

프런트에서 객실을 배정받으면 벨맨이 고객의 짐을 들고 앞장서서 손님을 객실로 안내해 준다. 호텔에 도착하여 등록을 하고 객실에 투숙하는 것을 'Check In' 이라고 한다. 열쇠에 적힌 Room No.의 첫 자리 숫자는 대개 층을 뜻하는 것으로서 예를 들어 '905' 라고 적혀 있다면 '9층의 5호실' 이란 뜻이다.

객실에 도착하면 벨맨은 객실 내의 시설 이용법을 설명해 주는데, 설명 후에는 1~2달러 정도의 팁을 주는 것이 상례이다. 좀 더 구체적인 사항에 대해서는 객실 내에 비치된 서비스 디렉토리(식사메뉴, 관광, 쇼핑, 호텔 이용규칙 등을 적어 놓은 호텔 이용안내책자)를 이용한다.

호텔에서 퇴숙하는 절차를 '체크아웃(Check Out)' 이라고 한다. 보통 전날 오후 12시에 투숙(Check In)하여 당일 낮 12시 이전에 퇴숙(Check Out)하므로 시간에 맞추어 준비하는 것이 좋다. 만약 시간이 지체되면 추가 요금을 지급해야 하므로 부득이하게 1~2시간 더 머물러야 할 상황이라면 프런트에 미리 말해 두어야 한다. 출발 시간이 오후 늦게라면 일단 12시 이전에는 체크아웃(Check Out)하고 짐은 프런트 데스크나 벨 데스크에 요청하여 보관을 부탁한다.

## 호텔 객실 종류

- 싱글 베드 룸(Single - Bed Room) : 1인용 침대가 하나 있는 객실
- 더블 베드 룸(Double - Bed Room) : 2인용 침대가 하나 있는 객실
- 트윈 베드 룸(Twin - Bed Room) : 1인용 침대가 두 개 있는 객실
- 스위트 룸(Suite Room) : 침실과 응접실을 갖춘 객실

싱글 베드 룸

더블 베드 룸

트윈 베드 룸

스위트 룸

**호텔 요금 체계**

- 유러피언 플랜(European Plan) : 객실 요금과 식사요금을 별도로 계산하는 방식, 우리나라에서 채택하는 요금제도
- 콘티넨탈 플랜(Continental Plan) : 객실 요금에 조식을 포함한 계산 방식, 주로 유럽에서 채택(콘티넨탈 Breakfast 제공)
- 아메리칸 플랜(American Plan) : 객실요금에 식사 요금을 모두 포함하는 방식 초기 미국에서 채택(아메리칸 Breakfast 제공)
- 버뮤다 플랜(Bermuda Plan) : 객실요금에 아침식사 요금을 포함하는 방식(아메리칸 Breakfast 제공)

## 2. 객실 이용

### 1) 객실 열쇠

객실 열쇠는 호텔에 따라 다르나 일반적인 키와 전자카드식 키가 있다. 특히 객실에 들어갈 때 객실 입구의 키 박스에 키를 넣지 않으면 객실에 진원이 들어오지 않으므로 조심하여야 한다.

대부분의 호텔 방은 문을 닫고 나오면 직접 잠그지 않아도 문이 닫히면서 자동으로 잠기게 되어 있다. 무심코 그냥 나왔다가 문을 열지 못해 낭패를 당하기도 한다. 그러므로 방 열쇠나 카드는 잊지 말고 항상 몸에 지니고 방 밖으로 나와야 한다. 만약에 깜빡 잊고 열쇠를 객실에 두고 나왔을 경우 당황해하지 말고 프런트 데스크에 연락하여 마스터 키로 문을 열도록 한다. 이때에는 종업원에게 2달러 정도의 팁을 주는 것이 상례이다. 또한 베란다에 나갈 경우에도 자동으로 문이 잠기는 경우가 있으니 유리문을 열어 놓는 것이 좋다. 외출 시에는 프런트에 방열쇠를 맡기는 것이 안전한데, 이것은 열쇠를 분실했을 경우 도난의 위험이 있기 때문이다.

### 2) 욕실 사용법

신규 호텔의 경우는 대부분 욕실과 샤워실이 있으므로 사용에 별 문제가 없다. 하지만 유럽의 호텔 경우에는 욕조나 세면대 외에 욕조 밖의 바닥에 하수구가 없는 곳이 많다. 그런 호텔에서 욕조 밖에서 물을 사용했을 경우 객실 카펫에 물이 스며들고 심지어는 아래층까지 피해를 주어 많은 벌금과 복구비를 지급할 수도 있으니 조심해야 한다.

유리로 둘러싸여진 샤워실이 별도로 없는 경우에는 욕조에 달린 샤워커튼을 이용해서 욕조 내에서 샤워하고, 그 안에서 몸을 헹구어 내는 것까지 끝내야 한다.

목욕을 할 때 욕조의 찬물과 더운물 표시가 나라에 따라 다르므로 조심해야 한다. 미국과 영국에서는 찬물을 C(Cold), 뜨거운 물을 H(Hot)로 표시하지만, 프랑스, 이탈리아, 스페인 등의 불어권에서는 뜨거운 물을 C(Chaud), 찬물을 F(Froid)로 표시한다. 샤워가 끝나면 욕조에 묻은 머리카락이나 비누거품을 대충이라도 닦아 내는 것이 기본 매너이다. 욕실에는 대개 4종류의 타월이 비치되어 있는데, 가장 작은 것이 핸드타월로 손을 닦는데 사용되고, 중간 크기는 페이스타월로 세수한 뒤, 큰 타월은 바스타월로 목욕 후 몸의 물기를 닦고, 욕실바닥에 두고 발을 닦는 발타월을 이용한다.

### 3) 전화와 텔레비전 이용

객실 내에서 사용하는 전화는 자동으로 계산되어 체크 아웃 시 지급하도록 되어 있다. 고객의 편리를 위하여 최근에는 객실에서 교환을 거치지 않더라도 본인이 직접 국제전화를 걸 수 있도록 되어 있다. 단, 객실에서 전화를 이용할 경우에는 서비스 요금이 부가되어 공중전화 사용료보다 20~50% 이상 비싸므로 이를 참조하는 것이 좋다. 전화는 로비에 있는 카드 공중전화를 이용하면 더욱 저렴하게 사용할 수 있다. 일부 호텔은 객실 내에서 팩스 시설은 물론 전화선과 전용선을 통한 인터넷 접속 서비스를 제공하기도 하며 예약 전에 문의를 하면 된다.

한편, 전화를 이용한 시스템으로 아침에 깨워 주는 모닝 콜(Morning Call) 서비스가 있다. 이것은 고객이 원하는 시간에 교환에게 부탁해 전화벨 소리로 깨워 주는 것을 말하는데, 최근에는 전화 자체에 알람기능이 있어 굳이 교환에게 전화 부탁을 하지 않아도 되는 경우도 있다.

교환에게 부탁했을 경우, 깨우느라 전화벨이 울리는데 귀찮다고 안 받고 내비려두면 호텔 종업원이 혹시 무슨 사고라도 나시 인 받는 줄 알고 빙으로 온다. 곧바로 일어날 수 없을지라도 일단은 받고 받을 때는 감사의 인사를 하는 것이 예의이다.

객실 텔레비젼에는 일반 채널과 호텔 자체에서 개설해 놓은 채널 등 두 가지가 있다. 일반 채널은 그 나라의 방송 채널이고 자체 채널은 유료 TV 등 다양한 방송을 즐길 수 있다.

시청 전에 객실 내에 비치된 프로그램 안내서를 참조하여 선택하며, 퇴숙 시 자동으로 계산이 청구된다. 영어로 매뉴얼이 되어 있는 경우, 성인용 유료 채널은 'Adult Movies' 라고 적혀 있으며 잠깐 시청하고 다른 프로로 넘어가도 한편의 영화를 본 것으로 가산되니 주의해야 한다. 극장에서 영화를 관람하다가 도중에 나와도 돈은 지급하는 경우와 같다.

### 4) 룸서비스

객실에서 식사를 하거나 음료수를 마시고자 할 때는 룸서비스를 이용한다. 객실 내에 룸서비스 메뉴가 비치되어 있으므로 메뉴를 보고 룸서비스에 전화로 주문하면 되는데, 룸서비스는 레스토랑보다 10~15% 정도 비싸다. 식사 후 식기는 냅킨으로 덮어서 문밖에 내어 놓는다.

한편, 아침 일찍 식사를 하고 싶을 때에는 전날 밤에 객실에 비치된 행거 메뉴(Hanger Menu)에 미리 기입하여 객실문 바깥 쪽 손잡이에 걸어두면 원하는 시간에 방으로 음식을 가져온다.

객실 냉장고와 선반에는 음료와 주류, 스낵류 등으로 미니바(Mini Bar)가 갖추어져 있다. 미니바를 이용한 후에는 비치되어 있는 계산서에 직접 표시를 하여 체크 아웃시에 가지고 내려와서 호텔비와 같이 지급하면 된다. 미니바는 호텔 밖 상점에 비해 값이 무척 비싸므로 너무 많이 사용하지 않는 게 좋다. 최근에는 미니 바에 고감도 센서가 부착되어 있어 비치된 음료를 한번 들었다가 놓기만 하여도 자동으로 요금이 부과되므로 주의한다.

## 3. 호텔의 부대 서비스

### 1) 세이프티 박스 서비스(Safety Box Service)

호텔은 객실 내의 분실이나 도난 사고에 대해 일체 책임을 지지 않는다. 따라서 고가품이나 귀중품, 현금은 반드시 세이프티 박스에 맡겨 두는 것이 안전하다.

### 2) 메이크업 서비스(Make Up Service)

외출 시 객실을 청소해 주고, 저녁 무렵에는 오픈 베드 서비스(Open Bed Service)라고 하여 투숙객이 취침하기 편하도록 침구의 한쪽 모서리를 단정하게 접어 놓는 서비스를 해 준다.

### 3) DD(Do Not Disturb) 카드

피곤하여 객실에서 쉬거나 잠을 잘 경우 객실에 비치된 DND(DD) 카드를 방문 밖에 걸어두면 룸 메이드나 기타 호텔 직원이 문을 두드리거나 방해하지 않는다. 최근에는 Do Not Disturb라는 표현이 방해하지 말라는 부정적인 뜻이 있어 Privacy라는 표현을 쓰는 경향이 있다.

### 4) 세탁물 서비스(Laundry Service)

세탁물 서비스란 옷의 세탁에서부터 다림질까지의 서비스를 말한다. 보통 객실 내에 세탁물 봉투와 의뢰서가 준비되어 있으므로 세탁물 내용을 기입하고, 세탁물을 Laundry Bag에 넣어 두면 방을 청소하는 룸 메이드(Room Maid)가 가져가서 세탁된 물품을 다음날 방으로 가져다 준다. 시간이 없을 경우에는 의뢰서에 Express 혹은 Same day Service라고 표기하면 당일 서비스도 가능하다. 양복이나 와이셔츠는 샤워를 한 후 수증기가 있는 욕실에 걸어 두면 가벼운 주름은 펴진다.

### 5) 콘시어지 서비스(Concierge Service)

고객에게 관광명소, 교통편, 주변 식당 정보 등 각종 정보를 제공해 주고 의문사항이나 고객의 불만사항 처리에 이르기까지 고객을 위한 모든 서비스를 제공하는 것이다.

### 6) 클록 룸 서비스(Cloak Room Service)

호텔 로비에서 자기 방으로 굳이 들어가지 않고 잠깐 짐이 될 수 있는 물건(카메라, 서류가방, 코트 등)은 로비코너에 자리 잡고 있는 클록 룸(Cloak Room)에 무료로 맡길 수 있다.

### 7) 발렛 파킹 서비스(Valet Parking Service)

자가 운전자를 위해서 호텔 종업원이 대신 주차시켰다가 호출 시 손님에게 갖다 주는 서비스이다.

### 8) 비즈니스 서비스(Business Service)

비즈니스와 국제교류가 빈번해지면서 호텔에서는 비즈니스맨들을 위한 부대 서비스의 다양화와 충실화에 더욱 중점을 두려는 경향이 높아지고 있다. 비즈니스 서비스의 대표적인 예를 살펴보면 다음과 같다. 인터넷, 워드작업, 팩스, 복사, 번역 및 통역, 각종 문서 발송, 우편업무, 명함제작, 비즈니스 정보 제공 및 항공권 예약 · 취소, 비서 업무 대행 등이다.

요즘 호텔에 따라서는 이러한 비즈니스 서비스의 기능을 객실 상품에 포함시켜 이그제큐티브 플로어(Executive Floor : 비즈니스 고객 전용층)를 운영하는 곳도 있다.

### 9) 피트니스 서비스(Fitness Service)

피트니스 시설은 여행객들의 건강에 관련된 모든 시설을 일컫는 말이다. 단순한 체력단련, 여가활동의 측면에서 뿐만 아니라 여행의 피로를 없애주는 수단으로 필수시설로 인식되고 있다. 호텔의 피트니스 시설로는 헬스클럽, 사우나, 미용실 등이 기본을 이루며 테니스장, 조깅코스, 골프연습장 시설을 갖춘 곳도 있다. 호텔에 따라서 무료인 경우도 있으며, 소정의 입장료를 내는 경우도 있으므로 이용 시 미리 알아 보고 이용한다.

## 4. 호텔 이용 시 기본 에티켓

1) 리조트 호텔을 제외하고 일반 호텔에서 잠옷이나 슬리퍼 차림으로 돌아다니지 않도록 한다.
2) 객실 내에서 컵라면이나 고추장, 김치 냄새 등을 풍겨 다른 고객에게 불쾌감을 주는 행위는 자제하도록 한다.
3) 객실에서 여러 사람이 모여 밤 늦도록 술을 마시거나 화투, 카드놀이를 하며 시끄럽게 떠드는 행동은 하지 않아야 한다.
4) 호텔 퇴숙 시 허가 없이 호텔 비품을 가지고 나와 나쁜 인상을 주는 일이 없도록 한다.
5) 엘리베이터를 타거나 내릴 때 다른 사람을 밀치는 행위는 상식에 어긋난다. 여성이 곁에 있을 경우 "After you, please."하면서 양보한다.
6) 로비, 복도, 레스토랑 등 공공장소에서 큰 소리로 떠들지 않도록 조심한다. 특히 로비는 여러 나라 사람들이 모이는 곳이므로 언행에 주의한다.
7) 방을 나갈 때는 사용한 침대나 방안을 대충이라도 정리해 두는 것이 예의이다.

8) 국부를 씻는데 사용하는 비데(Bidet)에 소변을 보아서는 안 된다.
9) 방안에 있을 때는 언제나 안전체인(Safety Chain)을 걸어 두고, 누구인지를 확인하고 문을 열어 주어야 한다.
10) 엘리베이터나 복도에서 다른 사람과 눈이 마주쳤을 때에는 비록 모르는 사람일지라도 가볍게 인사를 하는 것이 예의이다. 특히 아침인사는 꼭 하는 것이 좋다.
11) 호텔 종업원에게 함부로 대하거나 우리말을 모른다고 우리말로 험담, 욕설 등을 하지 않도록 한다.
12) 상황에 따라 적절한 팁을 주도록 한다.

■ 현장에서 본 무질서

-호텔에서 이방저방 몰려다니며 술 취해 큰 소리로 노래 부르고 객실 엔 돼지족발 굴러다녀-

지난 여름에 직장인 단체 손님들이 한 층에 묵었는데 방문을 열어놓고 이방저방 몰려다니며 술마시고 밤새 큰 소리로 노래를 불렀다. 나중에 청소할 때 보니 객실 안에는 먹다 남은 '돼지족발'이 굴러다니고 있었다. - 중략-

외국인들의 경우 호텔 식당에 손님이 몰려 오랫동안 줄을 서더라도 불만을 표시하는 경우가 거의 없다. 불합리한 일에 대해서는 철저하게 따지지만 납득할 만한 일에 대해서는 불편을 감수한다. 매너를 지킴으로써 더 대접받을 수 있는 곳이 호텔이라는 점을 좀 더 인식했으면 좋겠다.

## 5. 팁 문화

18세기경 영국의 어느 술집 벽에 「신속하고 훌륭한 서비스를 위해 지급을 충분하게」라는 문구가 붙어 있었다고 한다. 이 문구가 후에 「To Insure Promptness(신속하게 하기 위해)」라고 간단히 바뀌었고, 다시 머리글자를 따서 TIP이 되었다고 한다.

팁은 신속한 서비스에 대한 고마움의 표시로 주는 사례를 말하며 오늘날 선진국에서는 예약 문화와 마찬가지로 모든 업소에서 팁을 주는 것이 관례로 되어 있다. 팁을 주는 관행은 선진국에서는 이미 감사의 표시라는 느낌보다는 서비스에 대한 당연한 보수라는 개념으로 정착되어 있다. 그러므로 적절한 곳에서 적절한 금액을 팁으로 사용할 줄 알아야 좋은 이미지를 남길 수 있다.

팁을 주기 전에 미리 미리 잔돈을 여유 있게 준비해 가지고 다녀야 잔돈이 없어 울며 겨자 먹기로 큰돈을 내놓아야 하는 당황스러움을 줄일 수 있다. 팁을 건넬 때에는 돈이 보이지 않게 손바닥을 아래로 해서 "Thank you."하며 건네는 것이 예의이다. 여성과 남성이 함께 있을 때는 남성이 준다.

호텔을 중심으로 상황별로 팁을 주는 정도를 살펴보면 다음과 같다.

### 호텔에서

- 룸서비스(room service) : 계산서 상 금액의 15% 정도를 팁으로 준다. 객실까지 가져 왔으므로 보통 10%보다 더 주는 것이다. 호텔에 따라서는 배달료(delivery charge)라 하여 별도로 청구하기도 한다.
- 룸 메이드(room maid) : 아침에 외출할 때 베개 위에 1~2달러 정도 놓아둔다.
- 발렛 파킹(Valet Parking) : 차를 주차시킬 때와 가져올 때 각각 1달러 정도 준다. 팁은 자동차 열쇠를 주고받을 때 자연스럽게 건넨다.
- 벨맨(bell man) : 짐을 들어주거나 방을 안내해 줄 때 1달러 정도 준다.
- 포터(porter) : 짐을 운반해 줄 때 가방 1개당 1달러 정도 준다.

- 클록 룸(cloak room) : 코트나 모자를 맡겼다 찾을 때 1달러 정도 준다.
- 안마 : 요금의 5~20% 정도 준다.
- 극장, 관광, 쇼핑 안내 등의 서비스 : 1달러 정도 준다.

### 레스토랑에서

- 웨이터 : 식사한 비용의 10~15% 정도를 준다. 테이블에서 계산을 하거나 계산서에 사인한 후 계산서를 전달할 때 주면 자연스럽다. 테이블 위에 올려놓아도 된다.

■ 소믈리에(Sommelier) : 식당에서 와인을 담당하는 웨이터로 와인가격의 15% 정도를 지급한다.

■ 바텐더 : 술값의 15% 정도 지급한다.

### 그 밖의 경우

■ 택시 : 보통은 요금의 10~15%, 심야 또는 이른 아침, 짐이 많을 경우 등은 이보다 약간 더 주는 게 좋다.

■ 이발소, 미장원 : 요금의 10~15% 정도를 지불하며, 최소 1달러 이상을 준다.

■ 야채배달 : 약 1달러 정도 준다.

■ 음식배달 : 요금의 15% 정도를 지급하며, 피자 한 개당 약 1달러 정도 준다.

■ 코트나 옷수선 : 1개당 1달러 정도 준다.

■ 구두를 닦을 때 : 1달러 정도 준다.

## 제4절
## 관광지에서의 매너

### 1. 관광지에서의 기본 에티켓

■ 고급 식당 이용 시에는 반드시 사전에 예약을 하고 적합한 의복을 갖추도록 한다.

- 식당에 들어가서는 반드시 종업원의 안내를 받아 자리에 앉는다.
- 식사 주문 시 빨리 가져오라 독촉하거나 큰 소리로 종업원을 부르지 않도록 한다.

- 식사 중 흡연을 절대 금해야 하고 최소한 주요리(main dish)가 끝날 때까지는 피우지 않는다.
- 뷔페 식당에서 제공되는 음식을 밖으로 가져나오는 일이 없도록 한다.
- 테이블 밑에서 신발을 벗지 않도록 하고 여성의 경우 테이블에서 화장을 고치지 않도록 한다.
- 계산서에 봉사료가 포함되어 있지 않을 경우에는 요금의 약 10~15%의 팁을 주는 것이 관례이다.

■ 관광 시에 목소리를 너무 높여 이야기하거나 큰 소리로 웃는 모습은 다른 사람에게 불쾌감을 줄 수 있으니 주의하도록 한다.

- 욕심 내어 너무 빡빡하게 일정을 잡지 말고 서양인들처럼 다소는 여유 있고 느긋하게 관광을 즐기도록 하자.
- 관광 도중 몸이 피곤하다고 하여 사람이 많이 지나다니는 곳에 주저앉아 있지 않아야 한다.
- 열대지방에서는 음식물에 의한 전염병을 주의해야 하며, 물은 생수나 끓인 물을 마시도록 한다. 야채와 과일은 조심해서 먹어야 한다.
- 해외 유명 관광지에서 '한글낙서'가 많이 발견되어 빈축을 사기도 하는데 외국의 관광자원을 소중히 여기고, 국가이미지를 훼손하는 일이 없도록 해야 할 것이다.
- 혼잡한 관광지에서 부주의로 외국인의 몸에 부딪치거나 발을 밟으면 반드시 사과하고 지나가도록 한다.
- 남의 오해를 받거나 실수를 했을 경우에는 '고맙습니다' 또는 '미안합니다' 등으로 의사표시를 분명히 한다.
- 레이디 퍼스트가 생활화된 구미 지역에서 여성에게 정중하게 대하지 않아 멸시를 당하는 일이 없도록 한다.

• 여권, 항공권 및 현금지갑 등을 모두 한 곳에 넣고 다니면 한꺼번에 분실하거나 소매치기를 당할 우려가 있으므로 여러 곳에 나누어서 휴대한다.
• 보행 시 영국, 호주, 싱가포르, 홍콩 및 일본 등은 우리나라와 달리 자동차가 좌측 통행이므로 좌우를 잘 살피며 건너야 된다.
• 불건전한 관광이나 보신관광 등 상대국의 풍기와 야생환경을 훼손하는 불미스러운 관광에 참여하거나 유혹되지 않도록 한다.

■ 외출 시에는 호텔명과 소재지가 기재된 성냥이나 팜플렛 등을 프런트에서 받아택시 기사에게 제시하여 찾아오도록 하면 편리하다. 택시는 우리나라와 같이 어디서나 손을 들어 타는 것은 드문 일이며, 호텔 등에서 Call Taxi를 불러 이용하도록 한다.

• 태국이나 필리핀 등 동남아 일부 지역에서는 택시를 타기 전에 미리 요금을 흥정하고 이용해야 요금 시비가 생기지 않고, 구미지역에서는 미터요금의 약 10~15%의 팁을 지급해야 한다.
• 여행할 때 이용하는 열차, 버스, 선박 등에서는 안전을 위하여 승무원의 안내와 지시를 따른다.
• 전철, 기차, 버스 이용 시 비어 있는 칸이나 사람이 적은 곳을 피하도록 하고, 야간 운행 시는 기관사가 타고 있는 첫칸에 승차하는 것이 좋다.

■ 사진촬영 시 촬영금지 구역(군사시설, 박물관, 관청, 통제구역)에서 사진을 찍을 때는 허가를 얻어야 하며 이를 어겼을 경우 사진기를 압수당하기도 한다.

• 현지인을 촬영할 경우에는 나라마다 관습과 문화가 다르므로 현지 관습에 따라 예의에 벗어나지 않도록 주의해야 한다. 한 예로 멕시코 인디언들은 사진을 찍으면 혼을 빼앗긴다고 생각하기 때문에 촬영에 신중을 기해야 한다. 민족감정과 자존심을 자극하는 장면을 함부로 촬영하면

현지인으로부터 거센 항의를 받을 수가 있으며 외국인에게 함께 사진 찍기를 강요하지 않도록 한다.

- 명소에서 사진 찍기에 급급해서 실제 그들의 문화와 생활 모습을 살펴 보는 일을 등한시하지 않도록 한다.

■ 공중화장실을 이용할 때는 문 앞에서 기다리다가 순서대로 먼저 빈 곳을 사용하도록 한다.

- 공중화장실은 깨끗이 사용하고 실수로 더렵혔을 경우는 반드시 뒤처리를 하여 다음 이용자들에게 불편을 주지 않도록 한다. 외국의 좌변 화장실에는 대부분 휴지통이 없으므로 당황하지 말고 사용한 휴지는 변기에 넣도록 하고 바지의 단추는 화장실에서 채우고 나와야 한다.
- 관광 도중에 화장실을 이용해야 할 경우는 근처의 큰 호텔이나 백화점의 화장실을 이용하면 된다.

■ 쇼핑할 때 면세점이나 기내 쇼핑을 이용하는 것이 가격면에서 유리할 뿐만 아니라 품질도 보증받을 수 있다.

- 유립에서는 관광객을 위하여 10~20%의 부가세를 면세해주는 면세쇼핑제도가 있으며 이때는 반드시 여권과 항공권을 소지해야 한다. 면세쇼핑이 가능한 상점이나 상품을 구입한 후에 면세 쇼핑 전표(Tax-Free Shopping Cheque)를 보관하였다가 출국 시 세관에 제출하면 환불받을 수 있으므로 각국별 면세 제도에 대해 미리 알아보도록 한다
- 정찰제가 실시되고 있는 상점에서는 금액을 깎기 위해 실랑이를 벌이지 말고 표시된 가격을 지급해야 한다.
- 쇼핑은 여행 일정 중 귀국일 직전이 가장 적당하며 여행 선물로는 그 지역의 특산품을 사는 것이 좋다. 필요하지 않는 물건을 충동구매하거나 유명 상품이라고 체형에도 맞지 않는 비싼 옷 등을 사는 것도 귀국해서 후회할 일을 스스로 만드는 것이다.

• 나라에 따라서는 물건을 살 때 물건값에 세금을 더하여 계산하는 곳이 있으므로 물건을 사기 전에 물어보고 구입하고, 더 좋은 방법은 면세점을 이용하는 것이다.

• 귀국 시 비행기를 탈 때 허용된 중량을 넘어 추가 화물요금을 낼 정도로 물건을 많이 사는 일이 없도록 한다.

■ 저녁 시간에 호텔을 벗어나는 것은 여행자의 신변 안전과 관계되므로 각별히 주의한다.

• 여행객임을 너무 두드러지게 드러내지 말며 필요 이상의 현금 및 귀중품은 휴대하지 않도록 한다.

• 나이트 투어의 대상 선정은 관광 안내 책자에서 찾거나 호텔에 문의하여 선정하도록 하고 관광안내 책자에 없는 곳은 안전하지 않을 수도 있으므로 삼간다.

• 나이트 투어로 인해 그 다음날 여행 일정에 지장을 주지 않도록 즐기는 지혜가 필요하다.

[화장실의 호칭]

| Bathroom | 화장실(toilet) +목욕실(bath),<br>개인주택, 아파트 내의 화장실 |
|---|---|
| Men' s Room(Men, Gentlemen)<br>Ladie' s Room(Ladies, Woman) | 백화점, 식당, 호텔 로비 등 공공장소의 화장실 |
| Rest Room | 극장, 백화점의 화장실 |
| W.C.-Water Closet | 수세식 화장실 |
| Toilet Room | 화장실 |
| Lavatory | 비행기 내 화장실 |
| Powder Room | 여성용 화장실 |

## 2. 해외여행 안전수칙

### 여권 분실 시

먼저 현지 경찰서에 서면으로 신고하고 신고확인증을 받은 후 이를 근거로 현지 주재 한국공관에 가서 분실사실을 알려 여행증명서를 발급받도록 한다. 여행지의 한국 대사관 전화번호를 미리 알아두고, 여권사본 및 여분의 사진을 준비하는 것이 좋다.

### 여행자 수표, 신용카드 분실 시

먼저 현지 경찰서에 서면으로 신고하고, 그 신고 확인서를 첨부하여 현지 발행 회사 지점으로 가서 소정절차에 따라 재발행 신청을 한다. 분실에 대비하여 수표와 신용카드 번호, 발급일자 등은 별도로 메모해 두는 것이 좋다.

### 항공권 분실 시

항공권을 분실했을 때에는 즉시 해당 항공사에 분실신고를 해야 한다. 항공권의 재발급에 따른 소정의 수수료가 요구됨을 잊지 말자.

### 항공수하물 분실 시

4시간 이내에 관련 항공사 카운터에 신고해야 한다. 수하물이 분실된 경우 특별히사전 신고를 하지 않아도 탁송 화물은 1kg당 약 20달러, 기내 수화물은 1인당 4백 달러까지 보상받을 수 있으나, 고가품의 경우 사전에 신고해야 보상받을 수 있다.

### 교통사고 시

출국 전에 국제면허증을 발급받고 방문국의 교통법규를 숙지해야 한다. 교통사고 시 언어에 자신이 없을 경우 일단 통역할 수 있는 사람의 도움을 받은 후 사고의 책임여부를 따진다. 사고 즉시 현지 한국공관이나 기관에 연락하여 도움을 청하고, 지나치게 위축된 행동이나 "I am sorry." 등의 표현은 자신의 잘못임을 인정하는 것으로 이해될 수 있으므로 분명하게 행동해야 한다.

#### 스포츠, 레져시설 이용 시

사전에 이용수칙과 방법을 숙지하고 충분한 교육을 받은 뒤 이용한다. 과로나 음주 후의 스포츠, 레저활동은 사고와 직접 연결되므로 주의한다.

#### 건광관리

여행 중에는 충분한 수면과 휴식 그리고 적당한 운동으로 정상 컨디션을 유지하도록 하고, 과음이나 과식 또는 무리한 일정으로 인한 피로가 쌓이지 않도록 한다. 특히 아주 춥거나 더운 지역을 여행할 경우 환경과 기후 변화로 인한 신체기능의 저하와 시차로 인한 피로 등을 고려해 충분한 휴식과 수면을 취하도록 한다. 병원에 입원해야 하는 등 필요한 경우에는 현지 공관에 연락을 취해 도움을 청하도록 한다.

#### 길을 잃었을 경우

해외 현지에서 길을 잃었을 때는 당황하지 말고 주변 공공기관이나 호텔에 문의를 하고 택시를 이용해 안전하게 숙소로 돌아오면 된다. 미리 투숙호텔이나 숙소의 전화번호, 주소, 약도 등을 현지어로 적어서 항상 소지하는 것이 좋다.

#### 치안사고 예방법

공항에서 자신의 짐은 눈으로 확인할 수 있는 곳에 보관하고 자리를 뜰 때에는 동행자에게 지켜봐 달라고 한다. 통상 국제공항에는 소매치기나 날치기, 불량배들이 낯선 외국인을 노리고 있음을 유의해야 한다.

남이 보는 앞에서 거액의 현금을 세거나 내보이지 말며, 남자는 뒷주머니에 지갑을 넣고 다니지 않도록 한다. 여성의 경우 핸드백이 열리는 쪽을 자기 몸쪽으로 오도록 휴대한다. 한국인은 평소 현금을 많이 소지하는 것으로 알려져 있어 한국인을 표적으로 삼는 범죄가 빈번하므로 화려한 옷차림, 과도한 쇼핑 등으로 범죄의 표적이 되지 않도록 하자.

지나치게 친절한 사람이나 치장이 요란한 여인 등이 유혹하는 경우 일단 경계를 해야 한다. 불량배들의 바람잡이일 경우가 있다.

호텔 수속 및 사진 촬영 시에는 짐을 반드시 앞에다 놓고 일을 보고, 시야에서 가까운 거리에 두고 각별한 주의를 기울어야 한다.

야간 외출 시에는 2인 이상 동행하며, 사람들이 많이 통행하는 도로를 택해 조명이 밝은 거리에서만 구경하는 것이 안전하다. 만약 강도와 부딪치면 그들의 요구를 가급적 들어주도록 한다. 몸의 안전을 위해서 가지고 있는 것을 모두 주는 쪽이 좋다.

**■해외여행 에티켓 수칙 5가지**

**〈단체 관광〉**

1. 외국인에게 한국말로 반말, 욕설을 하지 않는다.
2. 밤늦게까지 고성방가하지 않는다.
3. 사진촬영금지 구역을 준수한다.
4. 호텔로비에서 옷을 바르게 입는다.
5. 흡연 시 금연구역 여부를 확인한다.

〈배낭여행〉

1. 뷔페에서 음식을 싸갖고 나가지 말자.
2. 예약 위반 때 미리 알려주자.
3. 학생신분 위장이나 무임승차를 하지 않는다.
4. 예약과 달리 호텔방을 여러 명이 쓰지 않는다.
5. 욕실을 깨끗이 사용한다.

〈비행기 안에서〉

1. 다른 사람에게 좌석변경을 요구할 때는 정중하게 한다.
2. 기내 담요를 가져가지 말자.
3. 술을 지나치게 요구하지 말자.
4. 승무원에게 함부로 행동하지 않는다.
5. 화장실은 깨끗이 짧게 사용한다.

## 3. 여성과 여행 매너

### 화장

화장을 할 것이냐 말 것이냐에 대해 다시 한번 생각한다. 일상에서 벗어나 해방감을 화장에서도 느껴보는 것은 어떨까. 곤충들이 화장향기를 좋아하며 남자들이 실제로  화장이 옅은 여자를 좋아한다면 변장이나 분장까지는 안 가더라도 화장만은 해야 한다고 믿는 부지런한 분들에게 이하의 내용을 참고로 소개한다.

평소에 좋아하는 기본색조로 통일한다. 하나의 색조를 위주로 하면 화장에 걸리는 시간과 아울러 복잡한  과정이 생략된다. 따라서 짐도 간단해 진다. 화장품은 최소량만 가지고 간다. 긴 여행 중 화장품이 떨어졌다 해도 어디에나 도시에는 화장품 가게(Drug Store)가 있다. 커다란 용기의 것을 덜어서 소지하는 방법 등 부피를 줄일 방법을 생각해 본다. 색조화장을 제외하면 다음과 같은 화장품정도로 충분히 산뜻하게 보일 수 있다.

- 컨디셔너(또는 린스) 겸용의 샴푸
- 헤어컨디셔너
- 피부나 두발의 건조를 막을 이브닝 오일
- 약한 방취스프레이 또는 향수
- 모이스쳐 로션
- 화운데이션
- 립스틱 또는 간단한 세트
- 빗(필요하다면 브러시)
- 바디로션

모든 화장품은 가급적 작은 크기의 자외선차단용으로 준비하며 각각의 단단한 통에 넣어 둔다. 조금 부지런하면 화장품점이나 미용실 등에서 제공하는 샘플용으로 여행 중에 충분히 사용하면 된다.

### 복장과 장신구

예쁘게 보이고 싶은 것은 본능에 가깝겠지만 여행자로서 옷차림이 튀는 것은 여러 가지로 도움이 되질 않는다. 굳이 남의 이목을 끄는 복장이나 화려한 장신구로 범죄의 표적이 될 이유는 없다. 나라에 따라서는 여성의 바지차림이나 무릎 이상의 노출 또는 소매 없는 상의를 규제하는 곳도 있으니 무난한 복장이 여러모로 편리할 것이다. 복장에 관한 각 나라의 전통규범을 살펴보고 대처해야겠다. 더운 곳에서 오히려 긴 팔의 상의와 긴치마가 더 시원하다는 것도 참고할 만한 사항이다.

### 위생용품

집 나서면 다 고생길이다. 말도 안 통하는 외국에서 자기가 꼭 필요한 물품을 구한다는 것은 상당히 어려운 일이다. 또한 일용품점을 찾았다고 해도 서양의 물품 사이즈는 우리와 개념이 틀릴 정도이므로 위생과 관련된 물품은 잘 챙겨서 당황하는 일이 없도록 한다.

### 안전요령

혼자이거나 여성들만의 여행인 경우 냉정하게 여겨질 정도의 단호한 언행이 필요하다. 멋진 말총머리 이탈리아 남자의 농담 몇 마디를 그냥 웃음으로 받아주었다가는 컬렉션의 대상이 되어 끈질긴 접근에 애를 먹을 수도 있다. 물론 여행지에서 만난 사람과 결혼한 경우도 있지만 경우에 따라서는 예기치 못한 결과를 초래할 수도 있으니 행동은 단호하게 하는 것이 좋다.

특히 야간열차 등을 이용할 경우에는 안전에 신경을 쓰고 동승하게 된 일행의 남자가 위험해 보일 경우에는 여성이 있는 다른 칸이나 자리로 바꾸도록 한다. 아예 처음부터 여성여행자가 있는 곳에 자리 잡는 것도 좋겠다. 여행지에서 만난 상대방의 이유 없는 친절에 조심한다. 미리 준비된 음료를 건넨다든지 자기 집으로 초대하는 등의 경우 확신할 수 없는 친절은 더욱 조심한다. 아무리 치안상태가 좋은 지역이라 하더라도 여성들에게 위험한 지대는 어디에나 있다. 자신을 방어할 수 없는 상황에서 호기심을 가지는 것은 아무래도 위험하다. 옷 핀이나 손톱깎이, 칼 등도 급한 경우 큰 도움이 될 수 있다.

실제로 해마다 신고되지 않은(또는 말 못할) 많은 사고가 여행자들에게 발생하고 있다. 사고가 남녀를 가리는 것도 아니기에 상대적으로 불리한 입장인 여성들은 더욱 조심해야 할 것이다. 해외 여행이 처음이거나 특히 여성들은 사전에 방문국에 대한 철저한 조사와 준비에 만전을 기해야만 즐겁고 기억에 남을 여행 추억을 만들 수 있을 것이다.

# 07

# 전통생활 예절

열린세상

글로벌 메너와 문화

제7장

# 전통생활 예절

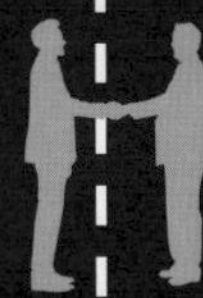

## 제1절
## 인사와 절

### 1. 인사

인사(人事)란 상대방에게 안부를 묻거나 공경과 우정의 뜻을 나타내기 위해 예의를 표시하는 일이다. 인사는 말과 행동, 표정, 선물, 문서 등 여러 방법을 통하여 이루어진다. 인사의 일반적인 기능은 사람들 사이에 소원함과 단절을 막고 우호감을 낳게하며, 집단 성원들 간의 유대를 강화하는 역할을 하는 것이다. 따라서, 인사는 민족과 시대, 계절과 시간, 신분과 계급, 직업과 종교, 연령과 성별 등에 따라 다르므로 각기 행동양식을 달리한다.

우리나라의 인사법은 예로부터 예를 중시하였기에 아침 · 점심 · 저녁이 다르고 문안 · 안부 · 상봉 · 이별 · 경조 등에 까다로운 인사방식을 가지고 있다. 우리나라의 인사법은 ≪상례(常禮)≫에 자세히 기록되어 있지만, 현재는 서구문물의 영향에 의해 많이 생략되거나, 악수와 포옹같이 변질되어 행해지고 있다. 우리나라 사람들 사이에서 일반적으로 행해지는 인사의 방법은 말 · 행동으로 하는 인사, 서신 · 선물로 하는 인사 등으로 나눌 수 있다. 이러한 인사는 각기 하나의 인사양식을 이루기도 하지만, 실제로는 몇 가지가 한데 어울려 하나의 인사양식을 이루는 것이 보통이다.

### 1) 말로 하는 인사

흔히 '입인사' 라고도 하며, 교분관계 및 조건에 따라 몇 가지 유형으로 구분할 수 있다.

동년배 · 연장자 · 연소자에 따라 존대말과 반말, 그리고 하대말로 한다. 우리의 평상시 인사말은 취식여부(取食與否 : 식사를 했는지 안했는지를 의미)와 신변안부에 관한 것, 초면인사 · 방문인사 · 경조인사 등으로 구분된다.

### 2) 행동으로 하는 인사

행동으로 나타내는 인사로 가장 대표적인 것은 '절' 이다. 절에 대해서는 다음 항에서 살펴보기로 하겠다.

### 3) 서신으로 하는 인사

서신(편지)을 통해서 나타내는 인사로 서신의 용건을 말하기에 앞서서 상대자에 대해서 계절에 따른 건강상태나 그 집안의 안부를 묻는 인사말을 쓰게 된다. 받는 사람과 보내는 사람의 칭호와 편지봉투의 수신자 및 발신자 주소 · 성명을 쓰는 방법에 대해서는 「편지봉투 쓰기」에서 살펴보기로 하겠다.

### 4) 선물로 하는 인사

우리나라 사람들은 선물을 서로 주고받는 것을 '인사치레' 한다고 한다. 보통 선물은 물품을 뜻하지만, 현금 · 수표 · 상품권 등을 선물로 하고 있다. 대체로 선물은 이사, 낙성(새로 지은 집), 잔치(백일잔치 · 돌잔치 · 생일 · 환갑잔치 · 혼인잔치 따위), 축하(입학 · 졸업 · 취직 · 자격시험합격 · 승진 · 포상 따위), 병위문, 상고(喪故 : 상을 당하였을 경우) 등에 행하며, 선물을 받은 사람은 서신 · 답례품으로 고마움을 표하거나 전화를 통해 인사를 하는 예를 잊지 말아야 한다.

## 2. 절

절은 행동으로 하는 인사로 가장 대표적인 것인데, 현재 우리나라에서 행해지는 절에는 선절과 앉은절이 있다. 그리고 절을 올바르게 하기 위해서는 공수법에 대해 알아야 한다.

### 1) 평상시 공수법과 상례시 공수법(그림 참조)

공수(拱手)란 어른 앞이나 의식행사에 참석할 때의 공손한 자세를 취하는 것으로 방법은 양손을 앞으로 모아 잡는 것을 뜻한다.

#### (1) 평상시 공수법

**❶ 남자**

왼손이 오른손 위에 얹어 두 손을 포개어 잡는 자세이다.

**❷ 여자**

오른손이 왼손 위에 얹어 두 손을 포개어 잡는 자세인데, 남자와는 손의 위치가 반대이다.

#### (2) 상례시 공수법

평상시 공수법과 반대이다.

[평상시 공수법과 상례시 공수법]

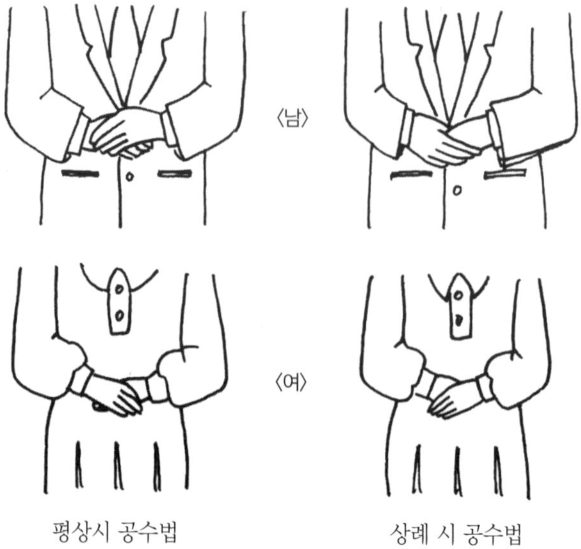


❶ 남자

오른손이 왼손 위에 얹어 두 손을 포개어 잡는 자세이다.

❷ 여자

왼손이 오른손 위에 얹어 두 손을 포개어 잡는 자세로 남자와 반대이다.

## 2) 절의 종류와 절하는 방법

### (1) 선절

선절은 서 있는 자세에서 하는 절, 즉 서서 하는 절이다. 똑바로 상대자를 정면으로 보고 선 자세에서 조용히 고개나 허리를 굽히는 형태의 인사인데, 이때 굽히는 정도로 존경의 깊이를 표시한다. 이때 양손은 사람에 따라 다리의 양옆에 자연스럽게 내리거나 앞으로 다소곳하게 모으기도 하나 양손을 앞으로 모으는 것을 더 정중한 인사로 여기고 있다. 대체로 여성은 두 손을 앞으로 모아서 행하는 경우가 많다.

### (2) 앉은절

앉은절은 앉은 자세에서 행하는 절로 일반적으로 큰절 · 평절 · 반절이 있다.

#### ❶ 큰절

큰절은 정중한 의식에서 행하는 절로 평절에 비해 읍(揖 : 두 손을 맞잡고 올려 예를 표하기 위한 기본적인 자세)의 형식이 분명하고(평절에 비해 위로 더 올라감) 절의 횟수도 평절의 배가 되는 경우가 있다. 상례 시(장례, 제사) 남자는 두번, 여자는 네 번을 행하고 길사시는 남자와 여자 같이 한번 한다. 최근 상례 시 에도 여자가 남자와 같이 두 번 행해지고 있다.

##### 가. 남자의 큰절

몸을 똑바로 세워 발뒤꿈치를 모으고 왼손으로 오른손 엄지를 감싸듯 하여 눈 높이까지 가볍게 올렸다가 천천히 내려 바닥을 짚는다. 이어서 먼저 우측 다리를 약간 뒤로 빼어 꿇은 다음에 좌측 다리를 양 무릎이 가지런하게 꿇고 코가 바닥에 닿을 만큼 엎드린다. 이때 등 · 허리 · 엉덩이가 거의 수직이 되도록 하고, 한 호흡 가량의 시간이 지난 뒤 양손과 왼쪽 무릎을 떼어 일어나면서 손을 다시 눈 높이까지 올렸다가 가슴 앞까지 내림으로써 마친다(그림 참조).

[남자가 큰절하는 순서]

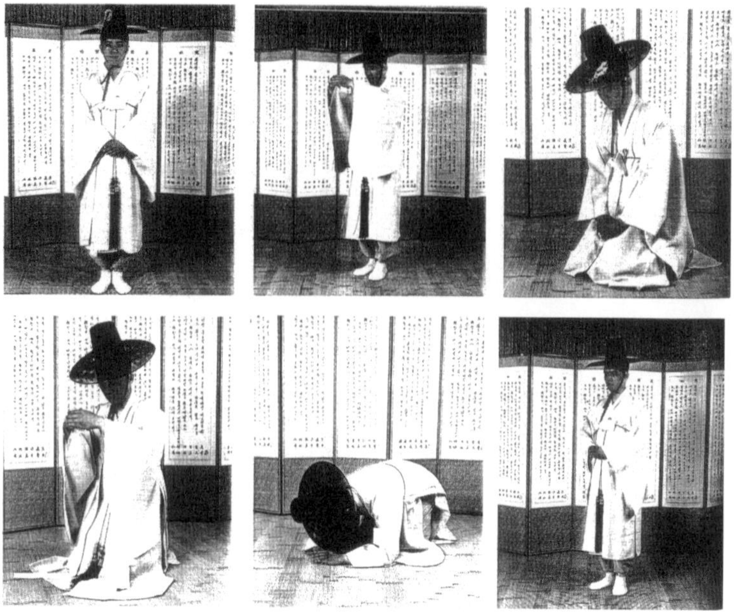

**나. 여자의 큰절**

바른 자세로 서서 오른손을 왼손 위에 가볍게 얹고 양팔을 손과 수평이 되게 팔꿈치를 들어 손을 이마에 대고 머리를 약간 숙인다. 이때 혼자서 하기 힘들어 실수할 염려가 있기 때문에, 수모(手母 : 전통 혼례에서 신부에게 딸리어 단장을 해 주고 예절을 거행하게 받들어 주는 여자)라 하여 두 사람 또는 한 사람이 겨드랑이 밑을 부축해주는 일이 많다. 손과 팔의 모양을 그대로 유지한 채 천천히 앉아서 다리를 양옆으로 벌리고 머리와 허리를 최대한으로 굽혀 바닥에 숙인다. 앉을 때 왼쪽 다리를 약간 뒤로 빼고 앉아 정좌한 자세가 되도록 하고 머리와 허리를 굽히는 것이다. 시부모나 친정부모에게 또는 혼례 · 상례 · 제례 등의 의식에서 행한다(그림 참조).

[여자가 큰절하는 순서]

### ❷ 평절

평상시에 행하는 절로 남녀에 따라 설명하면 다음과 같다.

#### 가. 남자의 평절

평상시 웃어른을 뵐 때나 조문(弔問 : 남의 죽음에 대해 슬퍼하는 뜻을 드러내며 상주를 위문함)할 때 행하는 절로 보통 단배(單拜 : 한 번 절함)를 한다. 양손을 모아 약간 위로 올리는 듯하고는 큰절과 같은 방법으로 한 다음 일어났다가 다시 무릎을 꿇고 앉아 양손을 무릎 위에 올려놓는다(그림 참조).

[남자가 평절하는 순서]

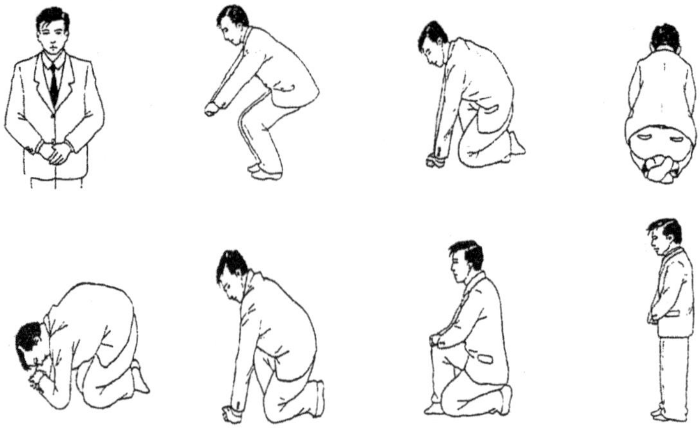

**나. 여자의 평절**

이마에 손을 대지 않은 채 앉아서 하는 절인데, 앉는 자세는 대체로 아래와 같이 세 종류가 있다.

㉮ 양 무릎을 세우고 하는 자세　똑바로 서서 양손을 자연스럽게 몸의 양 옆으로 드리우고 몸을 천천히 곧게 내려서 쪼그린 모양이 되게 한다. 이때 엉덩이는 바닥에 닿지 않게 하고 양손은 양 옆의 바닥을 짚는다.

㉯ 양 무릎을 꿇고 하는 자세　오른쪽 무릎을 약간 앞으로, 왼쪽 무릎을 약간 뒤로 하여 비껴 앉는다. 이때 엉덩이는 왼발 위에 놓이고 손은 앞으로 모아서 바닥을 짚는다.

㉰ 한 무릎은 세우고 다른 한 무릎은 꿇고 하는 자세　왼쪽 다리는 무릎을 구부려 세우고 오른쪽 다리는 무릎을 꿇고 앉는다. 이때 엉덩이는 왼쪽 발 위에 살짝 닿게 하고 손은 양 옆의 바닥을 짚는다(그림 참조).

[여자가 평절하는 순서]

### ❸ 반절

약식절이라고 한다. 보통 동년배나 손아랫사람에게 답례로 하는 절이다.

#### 가. 남자의 반절

동년배 사이 또는 손아랫사람에게 답례로 하는 절이므로 때에 따라서 무릎을 꿇기도 하고 앉은 채로 하기도 하며, 손도 양손을 앞으로 모아 짚기도 하고 따로 떼어서 앞으로나 양옆으로 짚기도 한다. 가장 가벼운 반절은 앉은 채로 상체나 고개를 조금 숙이는 정도에 그치기도 한다.

#### 나. 여자의 반절

아랫사람에게 답례할 때에는 왼쪽 무릎을 세우고 앉은 채로 손은 상대에 따라 양옆 바닥을 살짝 짚거나 앞으로 모아 짚고 머리와 허리를 약간 숙인다.

## 3. 방향에 대한 예절

방향에 대해서도 나름대로 예절이 있다. 태양광선은 생명의 원천이기 때문에 태양광선을 잘 받는 남쪽이 생명의 방향이며, 남쪽을 향해 앉는 것이 정칙이다. 예절에 있어서도 가장 높은 자리는 북쪽에서 남쪽을 향해 앉는 자리이다. 북쪽을 기준으로 남쪽을 향해 왼편이 동쪽(좌청룡)이고, 오른편이 서쪽(우백호)이 되는 것이다. 그리고 동쪽은 해가 뜨니까 양(陽)이고, 서쪽은 해가 지니까 음(陰)이 된다.

그러므로 남자는 양(陽)이니까 남자의 방향은 동쪽이 되고, 왼편이 동쪽이니까 남자는 좌(남 좌 : 男 左)가 된다. 여자는 음(陰)이니까 여자의 방향은 서쪽이며 오른편에 서쪽이 있으니까 여자는 우(여 우 : 女 右)인 것이다. 즉, 남자는 동쪽, 여자는 서쪽이라는 뜻의 '남좌여우(男左女右)' 라는 남녀에 관한 방향예절의 말이 있다.

### 1) 평상시 예절방향(남좌여우 : 男左女右)

- 남　당사자의 왼편(동), 즉, 여자의 왼쪽이 남자가 위치하는 자리이다.
- 여　당사자의 오른편(서), 즉, 남자의 오른쪽이 여자가 위치하는 자리이다.

실례를 들면, 생존한 어른이 앉은절을 받을 때와 결혼식장의 경우, 당사자의 왼편이 남자가 앉거나 서고 당사자의 오른편(남자의 오른쪽)이 여자가 앉거나 서야 되는 위치이다. 어떤 장소이든지 간에 부부 또는 남녀가 같이 의식을 행할 때 반드시 남좌여우의 예절방향에 따라 위치해야 한다. 그리고 남녀 화장실이 붙어있을 경우, 화장실 쪽을 향해서 볼 때 오른쪽이 남자화장실, 왼쪽이 여자화장실이어야 한다.

### 2) 상례 시 예절방향(남우여좌 : 男右女左)

- ■남　당사자의 오른쪽(서), 즉 여자의 오른쪽이 남자가 위치하는 자리이다.
- ■여　당사자의 왼쪽(동), 즉 남자의 왼편이 여자가 위치하는 자리이다.

실 예를 들면, 한 쌍의 무덤에 있어서 무덤 아래에서 볼 때 왼쪽이 남자의 무덤이고, 오른쪽이 여자의 무덤이다.

# 제2절 식사 예절

## 1. 식탁(밥상) 예절

얼마 전까지만 하더라도 우리나라에 있어서 조그만 밥상에 인간관계의 서열구조 내지는 종적인 구조가 펼쳐져 있었다. 양반사회의 권위를 나타내는 교자상(交子床 : 음식을 차려 내는 장방형의 큰 상)은 직사각형, 정사각형의 밥상을 의미하였고 종적인 가부장적인 풍습을 나타냈다. 그렇지만, 서민들의 밥상은 둥근 상으로 평등사상을 나타내기도 했다. 둥근 밥상을 가운데 두고 둥글게 둘러앉아 공평하게 식사를 했는데, 밥상에 할아버지 반찬, 아버지 반찬, 손자 반찬이 따로 없이 함께 평등하게 나눠 먹었다.

현재 우리나라 밥상의 예절은 평등한 분위기에서 가족 간의 사랑, 벗과의 우정, 부부 또는 연인과의 애정을 연출하고 친목이나 사교의 장, 비즈니스의 장으로서의 중요한 예절의 한 부분을 차지하고 있다. 그러므로 좋은 분위기를 연출할 수 있는 밥상(식탁)예절을 지켜야 사랑 · 애정 · 우정을 비롯한 성공을 쟁취할 수 있다.

1) 음식을 먹을 때는 웃어른이나 상사, 손님보다 먼저 먹지 말아야 한다.

2) 음식을 씹는 소리를 크게 내거나 입에 음식이 있는 채로 대화를 해서는 안 된다.

3) 여럿이 함께 먹는 음식은 자신의 그릇에 따로 덜어 먹어야 하며 식기를 소리나게 다루어서는 안 된다.

4) 돌이나 이물질을 씹었을 때는 남의 눈에 띄지 않게 잘 처리한다.

5) 식사를 하는 도중에 하품이나 트림, 흡연을 삼가야 하며 코를 푸는 비위생적인 행동도 금해야 한다.

6) 특별한 용무(전화, 핸드폰) 외에는 자리를 떠나지 말아야 하며, 이때에도 양해를 구한 뒤에 자리를 떠나 받고 온다.

7) 식사시간은 보통 한 시간 내외가 적당하지만 상대방과 식사속도를 맞추는 것이 바람직하다. 상대방보다 빠르거나 늦어서도 실례가 된다.

8) 식사 후 이쑤시개 사용은 상대방이 보이지 않게 한 손으로 입을 가리고 사용토록 한다.

9) 화장품 사용은 화장실에서 이루어지는 것이 에티켓이다.

## 2. 상차림 예절

밥상 위에 음식을 차릴 때 다양한 반찬을 대상으로 하기 때문에 두 손으로 정중히 조심스럽게 차려야 한다.

1) 음식 그릇을 밥상 위에서 옮길 때는 그릇을 밀거나 끌어당기지 않는다.

2) 요리를 담은 그릇은 가능한 한 뚜껑을 덮는다.

3) 국물이 있는 요리는 오른쪽, 마른 요리는 왼쪽에 놓는 것을 원칙으로 한다.

4) 밥상의 오른쪽 윗부분은 더운 요리 중 국물이 없는 요리를 놓는다.

5) 밥상의 오른쪽 아랫부분은 국, 찌개와 같은 국물이 있는 더운 요리를 놓는다.

6) 생선요리는 머리가 왼쪽, 꼬리부분은 오른쪽으로 하고 생선의 배 부분이 손님을 향하게 놓으며, 이때 타원형 접시는 옆으로 놓아야 한다.

7) 된장, 간장, 고추장 따위의 소스는 앞쪽 가운데 놓는다.

8) 중간 줄은 마른 찬이나 조림 등을 놓는다.

9) 손이 자주 가는 음식은 앞에 놓는다.

10) 생선의 뼈나 가시를 버릴 수 있는 그릇은 왼편 끝에 놓는다.

## 3. 식사 예절

한식도 양식처럼 일반적으로 식사하는 예절이 있다.

1) 밥상에 몸을 굽히지 말고 식탁에 손을 대거나 팔꿈치를 올려놓지 않은 자세로 허리를 바르게 펴고 단정한 자세로 천천히 먹어야 한다.

2) 뚜껑이 덮여 있는 것은 식사하기 전 모두 열어서 좌우 바깥쪽에 놓고 식사가 끝나면 다시 덮는다.

3) 웃어른이나 상사, 여성이 먼저 수저를 들고 난 뒤에 아랫사람 순서로 수저를 든다.

4) 수저는 밥을 뜨고 국이나 찌개를 먹는데 이용하며, 젓가락은 반찬을 먹는데 사용한다.

5) 식사하는 순서는 먼저 수저로 국을 조금 떠먹고 나서 밥을 먹는다. 밥은 앞쪽 위에서부터 가지런히 먹으며 움푹 파면서 식사하는 모습과 한 쪽을 파서 먹는 방법 은 모양새가 좋지 않다.

6) 수저와 젓가락을 함께 쥐고 식사하는 모습은 보기에 좋지 않으며, 수저 부딪치는 소리를 내든지 수저를 빠는 행위를 해서는 안 된다.

7) 밥그릇과 국그릇을 들고 먹어서는 안 되며, 국물류는 그릇째 마셔서는 안 되고 반드시 숟가락을 사용한다.

8) 여러 가지 음식을 한꺼번에 담아서 먹으면 양념이 섞여 제 맛을 내지 못하며, 이로 인해 요리를 준비한 주인이 잘못 만든 음식으로 오해를 받을 수 있기 때문에 삼간다.
9) 반찬을 이것저것 고르거나 뒤적거리는 것은 삼가고, 손에 닿지 않는 반찬은 손을 길게 뻗어서 집어오는 것은 예의에 벗어난다. 이때는 옆 사람에게 전해 받도록 하고 자기 앞의 음식을 옆 사람에게 권하는 것이 좋다.
10) 맛있는 것만 먹거나 먹기 싫은 것을 젓가락으로 헤집는다든지, 한번 집으려다가 다른 반찬을 집는 것은 바람직한 식사예절이 아니다.
11) 된장, 고추장, 간장 등은 수저를 사용해서 가장자리 한쪽으로 뜬다.
12) 여러 가지 반찬을 밥 위에 얹어서 먹지 말아야 하며, 양식과 마찬가지로 음식을 입에 넣고 이야기를 하거나 소리내어 먹는 행동은 삼간다.
13) 덜어서 먹는 음식은 본인이 먹을 만큼 가져와 먹으며 가져온 음식을 남기는 것은 예의에 어긋난다.
14) 윗사람이나 여성과 반찬을 집는 것이 서로 겹쳤을 경우는 아랫사람과 남성은 조용히 양보한다.
15) 식사가 먼저 끝났을 경우 수저를 국그릇이나 숭늉그릇 등에 걸쳐놓고 기다렸다가 상대방의 식사가 끝나면 수저를 내려놓는다.

## 제3절
## 가정과 생활예절

### 1. 성명과 항렬자

상대방의 성명을 옳게 알고 이해함으로서 상대방과의 관계가 친숙해지고 호감을 삼으로써 에티켓이 이루어지게 된다. 우리나라 사람의 명함에는 한 개인의 전통적인 정보(성씨, 이름, 항렬)가 들어 있으며, 현대적인 실체(성별, 직업과 직장, 주소, 연락처)가 표기되어 있다.

상대방과의 친인척관계, 항렬관계 등을 알 수 있으며, 이를 통해서 교양 있는 사람 또는 매너 있는 사람으로 인식되고 상대방으로부터 호감을 갖게 하여 비즈니스에서 유리한 결과를 확보할 수 있다.

한국인의 성명은 오행의 순서로 항렬이 적용되어 있기에 음양오행사상을 조금만 이해한다면 상대방의 인간적인 정보를 조금 알 수 있다.

## 1) 성명

우리나라 사람의 성명은 대체로 성씨 한 자에 이름 두 자를 기본으로 한다. 우리나라 사람은 선천적으로 타고나는 사주팔자나 관상과 함께 후천적으로 부여되는 이름이 그 사람의 운세를 결정하는 데 중요한 역할을 한다고 믿어왔다. 그러므로 우리의 문화는 실로 이름의 문화라 할 정도로 이름을 짓고 얻는 데 심혈을 기울여왔다.

이름을 짓는다는 것은 성과 항렬자는 출생 전부터 정해져 있으므로 한 글자만 조화 있게 정하면 된다. 그러나 한 글자가 한 사람을 상징하는 것이 되기 때문에 쉬운 일이 결코 아니다. 최근 한자 이름이 아닌 한글 이름이 많이 성행하고 있으나 작명의 한계를 벗어나지 못하고 있는 실정이다. 또한, 한문 이름과 한글 이름이 잘못 지어 놀림감이 되거나, 좋지 않는 의미와 발음상 오해를 불러일으키는 이름의 경우 법원의 판결을 받아 개명하는 경우도 적지 않은 편이다.

현대적 작명에 있어서 좋은 이름이 되기 위해서는 대체로 다음 몇 가지 조건을 갖추고 있어야 할 것이다.

(1) 소리가 부드럽고 분명해야 한다. 부드럽지 못하고 딱딱한 소리는 그 사람의 인상까지 거칠게 심겨질 우려가 있다.

(2) 무거운 느낌을 주는 발음의 이름은 피해야 한다. 양성모음(ㅏ, ㅗ 등)들은 밝고 가벼운 느낌을 주지만, 음성모음(ㅓ, ㅜ 등)은 정중하고 무거운 느낌을 주게 된다. 지나치게 밝은 소리만 모으면 가볍고 경망스럽게 들릴 염려가 있고, 지나치게 어두운 소리들만 모으면 침울하고 둔중스럽게 들릴 우려가 있다. 성씨와 이름이 균형과 조화를 이루도록 해야 할 것이다.

(3) 한자를 사용할 경우 지나치게 뜻이 나타나는 것은 피해야 한다. 백만(百萬) · 만복(萬福) · 천수(千壽) · 억선(億善) · 미향(美香) 등은 그 뜻이 너무 강렬함으로써 역설적으로 오히려 비천하게 들릴 염려가 있다. 이외에도 글자의 시각적 균형을 생각할 필요가 있다. 특정한 글자에 획수가 지나치게 많거나 궁벽(窮僻 : 구석지고 으슥함)한 글자를 써서 본인과 남에게 부담을 주는 것도 좋지 않다.

(4) 이름 그 자체의 뜻은 좋으나 일상적인 용어에서 볼 때 좋지 않은 이름은 피해야 할 것이다. 예를 들면, 병환 · 병석 · 복수 · 기만 · 명정 · 성교 · 교성 · 옥경 · 태만 · 영현 · 영정 등이 있다.

## 2) 항렬과 항렬자

### (1) **항렬**(行列)

항렬은 친족집단 내에서의 계보상의 종적인 세대관계를 의미한다.

❶ 동항(同行) 같은 항렬, 형제 관계
❷ 숙항(叔行) 아버지와 같은 세대
❸ 조항(祖行) 조부와 같은 세대
❹ 질항(姪行) 아들과 같은 세대
❺ 손항(孫行) 손자와 같은 세대

### (2) 항렬자(行列字)

한 친족집단이 공통으로 사용하는 이름자를 '항렬자' 라고 한다. 항렬자의 배열은 역학사상에 바탕을 둔 오행(五行 : 木 · 火 · 土 · 金 · 水) 순환의 이치를 따른 것이 보통이다. 오행순환이란 목생화(木生火) · 화생토(火生土) · 토생금(土生金) · 금생수(金生水) · 수생목(水生木)의 상생(相生 : 서로 조화를 이룸)이치에 바탕을 둔 것이다.

❶ **목생화(木生火)** 봄의 목(木)은 여름의 화(火)의 기(氣)를 낳고,

❷ **화생토(火生土)** 여름의 화(火)는 중앙(여름과 가을 중간)의 토(土)의 기(氣)를 낳고,

❸ **토생금(土生金)** 중앙의 토(土)는 가을의 금(金)의 기(氣)를 낳고,

❹ **금생수(金生水)** 가을의 금(金)은 겨울의 수(水)의 기(氣)를 낳고,

❺ **수생목(水生木)** 겨울의 수(水)는 봄의 목(木)의 기(氣)를 낳아 계속 서로 상생(相生)한다는 원리이다.

**[오행의 상생(相生)과 상극(相剋) 관계]**

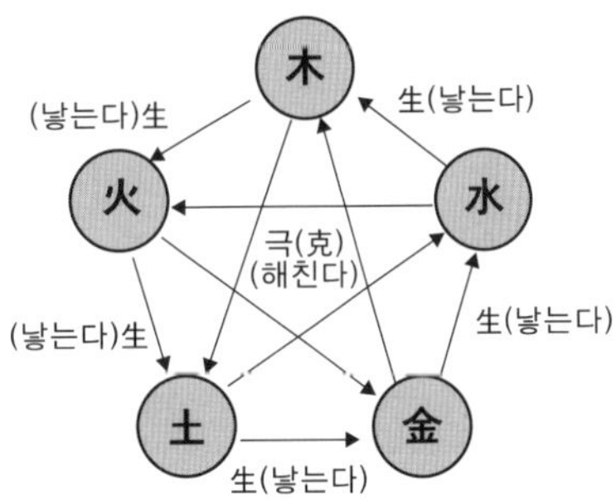


항렬자에 있어서도 윗대에서 '목(木)' 자를 항렬자로 취하면 아랫대는 '화(火)' 자를 취하고, 다시 그 아랫대는 '토(土)' 자를, 또 다시 그 아랫대로는 '금(金)' 자→' 수(水)' 자 순서로 취하였다. 이렇게 하면 5대를 지나서 다시 항렬자가 되풀이되지만, 항렬자가 위에 놓이고 아래에 놓이는 순서가 교대로 되기 때문에 사실상 10대를 분별할 수가 있게 된다. 이와 같이 항렬자를 쓰는 것은 생면부지의 혈족끼리도 족친으로서의 우의를 다지기 위함이라고 하니, 우리나라 사람들의 혈연관념이 얼마나 큰가를 알 수 있게 한다.

예를 들면, 조부(할아버지)의 항렬자가 목(木)의 글자(相, 植, 東, 柱 등)이면 부친(아버지)의 항렬자는 목생화(木生火)에 따라 화(火)의 부수가 있거나

의미가 있는 글자(炳, 煕, 熱, 煥, 性 등)가 오며, 자식(아들)의 항렬자에는 화생토(火生土)로 토(土)의 부수나 뜻이 있는 글자(培, 基, 均, 坤, 堤, 圭 등)가 온다.

그리고 큰아들(장남)이나 큰딸(장녀)의 경우는 '일(一)' 자나 '장(長), 맹(孟), 시(始), 종(宗), 선(先), 자(子), 인(寅), 춘(春), 동(東)' 자 등을 사용하였으며, 차남이나 차녀에는 '이(二)' 자나 '차(次), 중(中), 계(季), 재(再), 이(李), 정(貞)' 자 등을 사용하였다.

이외에도 태몽에 의해 몽룡(夢龍), 몸에 점이 있다 하여 점순(點順), 손가락이 하나 더 있어서 성육(成六) · 육만(六萬), 막내라고 말순(末順) · 말자(末子), 귀하게 태어났다고 귀남(貴男), 복을 기리거나 장수를 위해 복(福)자나 수(壽)자를 사용하였다.

이상과 같이 우리나라 사람들의 이름에는 일정한 격에 맞춰서 작명되었기에 이름을 통해서 상대방을 이해하고 본인과의 관계를 친숙하게 하고 긴장을 완화시켜 사교의 계기 및 성공적인 비즈니스를 창출할 수 있다.

**항렬자의 예(그림 참조)**

- 할아버지 김상욱(金相旭) - 목(木)항렬 : 相(木)
- 아버지 김환수(金煥守) - 木生火의 火 항렬 : 煥(火)
- 본인 김봉기(金奉基) - 火生土의 土항렬 : 基(土)
- 자식 김윤명(金鈗明) - 土生金의 金항렬 : 鈗(金)

**[항렬자의 예]**

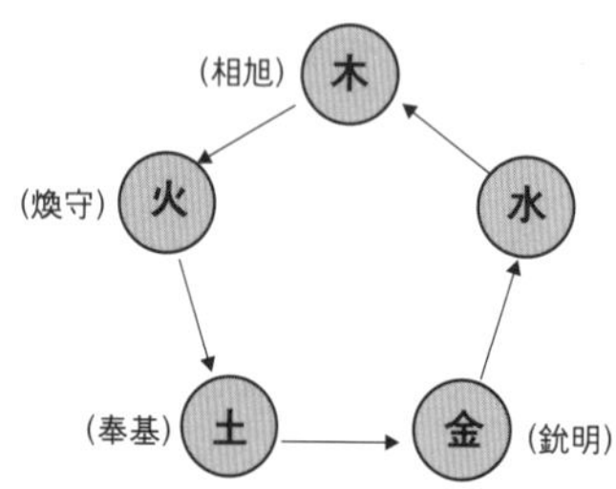

### 이름에 많이 사용되는 오행의 항렬자

- **목(木)** 동(東), 주(柱), 교(校), 상(相), 식(植), 권(權), 기(杞), 표(杓), 걸(杰), 재(裁), 이(李), 원(元), 용(龍), 인(仁), 삼(三), 록(綠)
- **화(火)** 화(火), 병(炳), 열(렬)(烈), 경(炅), 황(煌), 현(炫), 연(然), 섭(燮), 성(性), 홍(紅), 남(南), 주(朱), 예(禮), 형(亨), 심(心)
- **토(土)** 기(基), 성(城), 제(堤), 은(垠), 곤(坤), 규(圭), 배(培), 준(埈), 균(均), 황(黃), 중(中), 구(邱), 육(陸), 신(信), 무(戊), 기(己)
- **금(金)** 석(錫), 호(鎬), 진(鎭), 현(鉉), 균(均), 윤(鈗), 금(金), 은(銀), 옥(鈺), 백(白), 의(義), 호(虎), 성(星)
- **수(水)** 홍(洪), 홍(泓), 진(津), 현(泫), 지(池), 수(水), 빙(氷), 원(沅), 태(泰), 심(沈), 한(漢), 해(海), 효(涍), 준(浚), 수(洙), 순(淳)

## 2. 가족 및 친족 간의 호칭

친족이란 혈연과 혼인으로 맺어진 가족 이외의 촌수가 가까운 거레붙이를 뜻한다. 법률상에서 볼 때, 배우자(처가) · 혈족(친가) · 인척(외가) 등을 통틀어 이르는 말이다. 친밀한 감정과 존중의 의식이 강한 친족은 다른 사람과 구별하기 위하여 독특한 대인호칭(친족호칭)을 사용한다.

## 1) 자기 집안 호칭

| 호칭 | 특별호칭 | 관계 |
|---|---|---|
| 아버지<br>어머니 | 부친(父親), 가친(家親)<br>모친(母親), 자친(慈親) | 나를 낳아주신 분<br>나를 길러주신 분 |
| 할아버지<br>할머니 | 조부(祖父)<br>조모(祖母) | 아버지의 아버지<br>아버지의 어머니 |
| 증조할아버지<br>증조할머니 | 증조부(曾祖父), 한 할아버지<br>증조모(曾祖母), 한 할머니 | 할아버지의 아버지<br>할아버지의 어머니 |
| 고조할아버지<br>고조할머니 | 고조부(高祖父), 높은 할아버지<br>고조모(高祖母), 높은 할머니 | 증조할아버지의 아버지<br>증조할아버지의 어머니 |
| 남편<br>아내 | 부(夫)<br>처(妻), 내자(內子) | 지아비, 아비<br>지어미, 자기 부인 |
| 아들<br>며느리 | 가아(家兒), 돈아(豚兒)<br>자부(子婦) | 아내가 낳은 사내아이<br>아들의 아내 |
| 딸<br>사위 | 여식(女息)<br>서(壻), 서랑(壻郎) | 내가 낳은 여자아이<br>딸의 남편 |
| 손자<br>손부 | 손자(孫子), 손주<br>손부(孫婦), 손자며느리 | 아버지 아들의 아들<br>손자의 부인 |
| 손녀<br>손서 | 손녀(孫女), 손주딸<br>손서(孫壻), 손자사위, 손주사위 | 아버지 아들의 딸<br>손녀의 남편 |
| 맏형<br>맏형수 | 장형(長兄), 사백(舍伯), 백씨(伯氏)<br>큰형수(長兄嫂) | 제일 큰형<br>제일 큰형의 부인 |
| 아우<br>제수 | 동생<br>제수(弟嫂), 계수(季嫂), 제수씨, 계수씨 | 손아래 동생<br>아우의 아내 |
| 누이<br>자형 | 가매(家妹), 언니<br>자형(姊兄) | 손위 남매<br>누이의 남편 |
| 제부<br>형부 | 제부(弟夫), ~서방<br>형부(兄夫) | 여동생(여)의 남편<br>언니(여)의 남편 |
| 누이동생<br>매제 | 매(妹), 가매(家妹)<br>매부(妹夫), 매제(妹弟), ~서방 | 손아래 자매<br>누이동생의 남편 |
| 큰아버지<br>큰어머니 | 백부(伯父), 중백부(仲伯父)<br>백모(伯母), 중백모(仲伯母) | 아버지의 큰형<br>아버지의 큰형수 |

| 호칭 | 특별호칭 | 관계 |
|---|---|---|
| 작은아버지<br>작은어머니 | 숙부(叔父), 계부(季父), 삼촌(三寸)<br>숙모(叔母), 삼촌댁(三寸宅) | 아버지의 동생<br>아버지의 제수 |
| 당숙<br>당숙모 | 당숙(堂叔), 종숙(從叔)<br>당숙모(堂叔母), 종숙모(從叔母) | 아버지의 사촌형제<br>아버지의 사촌형제의 부인 |
| 재당숙<br>재당숙모 | 재당숙(再堂叔), 재종숙(再從叔)<br>재당숙모(再堂叔母), 재종숙모(再從叔母) | 아버지의 육촌 형제<br>아버지의 육촌의 부인 |
| 작은할아버지<br>작은할머니 | 종조부(從祖父)<br>종조모(從祖母) | 할아버지의 형제<br>할아버지의 형수 및 제수 |
| 종형제<br>종수 | 사촌형제(四寸兄弟)<br>사촌형수(四寸兄嫂), 사촌제수(四寸弟嫂) | 아버지의 조카<br>아버지의 조카며느리 |
| 재종형제<br>재종수 | 육촌형제(六寸兄弟)<br>육촌형수(六寸兄嫂), 육촌제수(六寸弟嫂) | 당숙의 아들<br>당숙의 며느리 |
| 조카<br>조카며느리 | 질(姪)<br>질부(姪婦) | 형 및 아우의 아들<br>조카의 아내 |
| 조카딸<br>조카사위 | 질녀(姪女)<br>질서(姪壻) | 형 및 아우의 딸<br>조카딸의 남편 |
| 당질<br>당질부 | 당질(堂姪)<br>당질부(堂姪婦) | 사촌의 아들<br>사촌아들의 아내 |
| 종손<br>재종손 | 종손(從孫)<br>재종손(再從孫) | 사촌의 손자<br>육촌의 손자 |

## 2) 시집의 호칭

| 호칭 | 특별호칭 | 관계 |
|---|---|---|
| 시아버님<br>시어머님 | 시부(媤父), 시아버지<br>시모(媤母), 시어머니 | 남편의 아버지<br>남편의 어머니 |
| 시숙<br>동세<br>동서 | 시숙(媤叔), 서방님<br>동시(同媤), 형님<br>동서(同壻) | 남편의 형, 시아주버니<br>남편의 형수<br>남편형제의 아내 |
| 시동생<br>시누이 | 기혼은 서방님, 미혼은 도련님, 시매(媤妹), 기혼손위는 형님, 손아래는 아우, 미혼은 아가씨 | 남편은 아우<br>남편의 자매 |

### 3) 외갓집 호칭

| 호칭 | 특별호칭 | 관계 |
|---|---|---|
| 외할아버지<br>외할머니 | 외조부(外祖父)<br>외조모(外祖母) | 어머니의 아버지<br>어머니의 어머니 |
| 외숙<br>외숙모 | 외숙(外叔), 외삼촌(外三寸)<br>외숙모(外叔母) | 어머니의 남자형제<br>외삼촌의 부인 |
| 외사촌<br>외종수 | 외종형제(外從兄弟)<br>외종수(外從嫂) | 외삼촌의 아들<br>외사촌의 아내 |
| 외손부<br>외손녀 | 외손부(外孫婦), 외손자며느리<br>외손녀(外孫女), 외손주딸 | 외손자의 부인<br>외삼촌 아들의 딸 |
| 생질<br>생질부 | 생질(甥姪)<br>생질부(甥姪婦) | 외삼촌누이와 누이동생의 아들<br>생질의 아내 |
| 생질녀<br>생질서 | 생질녀(甥姪女)<br>생질서(甥姪壻) | 외삼촌누이와 누이동생의 딸<br>생질녀의 남편 |
| 외당질<br>외당질부 | 외당질(外堂姪)<br>외당질부(外堂姪婦) | 외사촌의 아들<br>외사촌의 며느리 |
| 외당질녀<br>외당질서 | 외당질녀(外堂姪女)<br>외당질서(外堂姪壻) | 외사촌의 딸<br>외사촌의 사위 |
| 진외당숙 | 진외당숙(陣外堂叔) | 아버지의 외사촌 |

### 4) 고모집의 호칭

| 호칭 | 특별호칭 | 관계 |
|---|---|---|
| 고모<br>고모부 | 고모(姑母)<br>고모부(姑母夫) | 아버지의 여자형제<br>고모의 남편 |
| 고종형 | 남 : 고종형 · 내종형(內從兄), 고종4촌 형<br>여 : 고종오빠, 고종오라버님, 고종4촌 오빠 | 고모의 아들(연장자)<br>고모의 딸(연장자) |
| 고종동생 | 남 : 고종제(姑從弟), 고종동생, 내종제, 고종4촌 동생<br>여 : 고종동생, 고종4촌 동생 | 고모의 아들(연하자)<br>고모의 딸(연하자) |

| 호칭 | 특별호칭 | 관계 |
|---|---|---|
| 고종형수 | 남 : 고종형수, 내종형수<br>여 : 고종4촌 올케, 내종 올케 | 고종형의 부인<br>고종오빠의 부인 |
| 고종제수 | 남 : 고종계수, 내종계수<br>여 : 고종4촌 올케, 내종 올케 | 고종동생의 부인<br>고종동생(남)의 부인 |
| 당고모 | 당고모(堂姑母) | 아버지의 사촌누이 |
| 재당고모 | 재당고모(再堂姑母) | 아버지의 육촌누이 |
| 내종형제 | 내종사촌(內從四寸), 고종사촌 | 고모의 아들과 딸 |
| 대고모 | 대로모(大姑母), 왕고모(王姑母) | 아버지의 고모 |

## 5) 이모집 호칭

| 호칭 | 특별호칭 | 관계 |
|---|---|---|
| 이모<br>이모부 | 이모(姨母), 이모님<br>이모부(姨母夫), 이모부님 | 어머니의 여자형제<br>이모의 남편 |
| 이종형<br><br>이종수 | 남 : 이종형(님), 이종형주(姨從兄主)<br>여 : 이종오빠, 이종오라버니<br>남 : 이종수(姨從嫂)<br>여 : 이종4촌 올케 | 이모의 아들(연장자)<br>〃<br>이종형의 부인<br>이종오빠의 부인 |
| 이종제<br><br>이종제수 | 남 : 이종제(姨從弟), 이종동생<br>여 : 이종동생<br>남 : 이종계수, 여 : 이종4촌 올케 | 이모의 아들(연하자)<br>〃<br>이종동생의 부인 |
| 이질<br>이질부 | 이질(姨姪)<br>이질부(姨姪婦) | 이종의 아들<br>이종의 부인 |
| 이질녀<br>이질서 | 이질녀(姨姪女)<br>이질서(姨姪壻) | 이종의 딸<br>이질녀의 남편 |

### 6) 처갓집 호칭

| 호칭 | 특별호칭 | 관계 |
|---|---|---|
| 장인<br>장모 | 빙부(聘父), 빙장(聘丈)<br>빙모(聘母) | 아내의 아버지<br>아내의 어머니 |
| 처조부<br>처조모 | 장조부(丈祖父)<br>장조모(丈祖母) | 아내의 할아버지<br>아내의 할머니 |
| 처백부<br>처백모 | 처백부(妻伯父)<br>처백모(妻伯母) | 아내의 큰아버지<br>아내의 큰어머니 |
| 처숙부<br>처숙모 | 처숙부(妻叔父), 처삼촌<br>처숙모(妻叔母) | 아내의 작은 아버지<br>아내의 작은 어머니 |
| 처남<br>처남댁 | 처남(妻男)<br>처남댁(妻男宅) | 아내의 남자형제<br>처남의 부인 |
| 처조카<br>처질부 | 처질(妻姪), 처조카, 처조카딸(여)<br>처질부(妻姪婦), 처조카며느리 | 처남의 아들과 딸<br>처조카의 아내 |
| 처형<br>처제<br>동서 | 처형(妻兄)<br>처제(妻弟)<br>동서(同壻) | 아내의 언니<br>아내의 여동생<br>아내 형제의 남편 |

## 3. 혼례

혼례는 혼인을 행할 때 수반되는 모든 의례와 그 절차를 말한다. 오늘날 혼례라는 말 대신에 결혼식 · 혼인식 · 결혼 따위의 말로 통용되고 있다. 혼인 의식은 인간에 있어서 가장 중요하고 큰 의례라는 의미로 '대례(大禮)' 라고도 했으며, 현재도 인륜지대사라 하여 그 의식과 절차가 엄숙하게 이루어지고 있다.

신세대의 혼인관은 중매보다 연애를 선호하는 경향이 많으나 신중을 기해야 한다. 연애를 통한 혼인이 이혼율이 높다는 통계가 있기 때문이다. 반드시 양가 집안이나 혼인 당사자를 잘 아는 사람의 소개로 만나서 정분을 쌓아 가는 '연애 반 중매 반' 이 바람직하다. 연애결혼의 경우도 상대방 집안의 환경 · 성격 · 건강 등을 면밀히 검토하는 것이 현명하다.

혼인은 일생의 행복을 좌우하기 때문이다. 인륜지대사이기에 전통식 · 현대식(일반식) · 기독교식 · 불교식 · 천주교식 등 다양한 양식의 혼례가 있다.

### 1) 전통식 혼례(전통혼례)

#### (1) 의혼(議婚)

남자 측의 어른(혼주)은 여자 측의 어른에게 혼인하기를 청하면 여자 측에서는 별다른 의사가 없으면 혼인을 승낙하는 허혼을 한다. 이때 예비신부의 호적등본과 건강진단서를 함께 넣는 것이 좋다.

#### (2) 납채(納采)

남자 측이 청혼했고 여자 측이 이를 수용했으므로 정혼(定婚 : 약혼)을 해야 하는데, 이것이 납채이다. 남자 측에서 여자를 며느리로 맞이하겠다는 뜻을 여자 측에 보내는 절차이다.

이때 예비신랑의 사주팔자(四柱八字 : 생년, 생월, 생일, 생시를 간지로 따져 두 자씩의 모두 여덟 글자를 의미)를 적은 사주단자(四柱單子 : 신랑의 사주를 적어 신부집에 보내는 간지)를 보낸다.

#### (3) 납기(納期)

납기는 정혼 후 여자 측에서 혼인날짜를 택일하여 남자 측에 보내는 절차이다.

#### (4) 납폐(納幣)

예비 신랑집에서 예비 신부집으로 예물을 보내는 일인데, 이때 함을 파는 전통적인 유머행위가 벌어지기도 한다.

### (5) 대례(大禮)

대례는 부부가 되는 의식으로 전통혼례 식순은 다음과 같다.

**❶ 전안례(奠雁禮)**

신랑이 신부집에 가서 백년해로의 상징인 기러기를 드리는 의식. 기러기는 새끼를 많이 낳고 차례를 잘 지키며, 배우자를 다시 구하지 않는 새로 알려져 있어 기러기처럼 살겠음을 다짐한다는 의미가 있다.

**❷ 교배례(交拜禮)**

신랑과 신부가 서로 절을 하여 백년해로를 서약하는 의식. 이때 신랑은 동쪽, 신부는 서쪽에 선다.

**❸ 서천지례(誓天地禮)**

행복한 부부가 될 것을 하늘과 땅에 서약하는 의식이다.

**❹ 서배우례(誓配偶禮)**

배우자와 평생토록 변함없이 서로 사랑할 것을 서약하는 의식이다.

**❺ 근배례(巹杯禮)**

천생배필의 인연과 부부의 일심동체를 확인하는 의식. 근배란 표주박 잔이란 뜻이다. 표주박 잔은 한 통의 박이 나뉘어 두 개가 된 것인데, 근배례는 그것을 다시 합하여 하나가 된다는 의미를 지닌 의식이다.

**❻ 현구고례(見舅姑禮)**

혼례를 마친 부부가 시부모에게 정식으로 첫인사를 드리는 의식이다.

### (6) 서부존장지례(壻婦尊長之禮)

합궁례를 치르면 마침내 부부로서 사위가 되고 며느리가 되는 것이다. 신방을 치른 다음날 신랑이 처가의 어른을 뵙고 친척들과 인사하는 절차이다. 신부의 아버지에게 약간의 폐백(예물)을 올리고 두 번 절하면 신부의 아버지는 일어나 서서 절을 받는다.

신부의 어머니에게 약간의 예물을 올리고 두 번 절하면 신부의 어머니는 한 번 답배(答拜 : 답례로 절을 함)를 한다. 이후 이어서 차례로 신부의 친척들과 인사를 나눈다.

#### (7) 폐백(幣帛)

새 며느리가 시부모를 처음 뵙는 의식인 현구고례(見舅姑禮) 때 올리는 예물을 폐백이라고 한다. 시아버지께 올리는 폐백은 대추와 밤을 준비한다. 대추는 붉은 색이고 붉은 색은 해뜨는 동쪽을 의미해 '아침 일찍부터 부지런함' 을 뜻하고, 밤은 서쪽나무를 의미하여 서쪽은 어두움(陰) · 두려움(慄)을 뜻해 '두려운 마음을 가지고' 라는 의미로 '아침 일찍부터 두려운 마음으로 공경해 모시겠습니다.' 라는 맹세를 나타낸다.

이때 대추와 밤을 던져서 신부가 대추를 받으면 아들을, 밤을 받으면 딸을 낳는다고 믿어오고 있으나 근거가 없다. 그리고 시어머니에게는 원래 육포(쇠고기를 얇게 저미어서 말린 포)를 올렸으나 꿩으로 바뀌었다가 지금은 닭으로 대신한다. 이것은 한결같은 마음으로 정성을 다해 모시겠다는 맹세를 나타내는 것이다.

### 2) 현대식 혼례(일반혼례)

#### (1) 맞선과 교제

맞선을 주선하는 중매인은 양쪽 당사자에게 반드시 정확한 정보를 제공하고, 맞선당일에는 서로 지나친 치장보다 자연스러운 모습으로 성실한 대화로써 상대방의 인품과 생각을 파악하도록 한다. 맞선 후에는 계속 만날 의사가 있는지의 여부를 1주일 내에 중매인을 통해 전달해 주도록 해야 한다.

건전한 교제가 이루어지도록 상호 노력해야 하고, 서로의 인생관이 부합되는지, 인간미가 있고 성실하며 책임감이 있는지, 그외 일생의 반려자로서의 자격 여부를 고려하여 신중히 결혼의 가부를 결정해야 한다. 결혼을 약속한 후 부모님께 상대를 소개한다. 부모의 반대에 부닥치게 될 경우, 시간을 갖고 인내로써 설득의 노력을 기울이는 것이 바람직하다. 결혼할 사이라 하더라도 항상 서로 예의와 인간미를 잃지 않도록 노력해야 하며, 상호 간에 상처를 주는 언행을 삼간다.

### (2) 약혼

양가 부모 형제가 함께 상견례를 하고, 약혼의 증표로 사주나 간단한 예물을 교환한다. 건강진단서도 교환하는 것도 좋으며, 약혼은 간소하게 한다. 예비신부 측에서 초대하여 약혼식을 거행하는 경우가 많은데, 장소는 예비신부집이나 음식점이 무난하지만 호텔에서 거행하는 예가 많아지고 있다. 비용은 전통적으로 신부 측에서 부담하는 것이 상례이나, 요즈음에는 양쪽이 반반씩 부담하고 있다.

#### ❶ 약혼식의 초청범위

양가 부모님의 형제, 중매인, 친한 친구 및 선배, 초청받은 사람은 정장을 하는 것이 원칙이다.

#### ❷ 약혼예물

약혼반지가 보편적이다.

#### ❸ 약혼식순

개식사(사회 : 당사자 친구) → 예비 신랑신부 소개(중매인 또는 당사자의 친구가 담당) → 예물교환 →약혼서 교환(건강진단서 포함) → 케이크 자르기(당사자와 부모) → 가족 소개(양가 가족 대표가 담당) → 폐식사(사회)

### (3) 혼수(예단과 예물) 준비

지나친 혼수는 사치이며 낭비다. 예단은 상대방에 대한 애정과 예의의 징표로 분수에 맞게 마련하고, 남는 돈은 오히려 살림에 보태 쓰는 것이 현명하고 합리적이다. 예단은 동고조팔촌(同高祖八寸 : 고조할아버지를 함께 제사지내는 범위의 가장 가까운 친족. 시집식구와 집안 8촌 이내 어른, 고모), 외가의 외삼촌 이상 어른(외삼촌, 외숙모, 외조모, 외조부, 이모, 이모부 등)에게 드린다.

### (4) 청첩장 제작 및 발송

양가집에서 초대손님의 명단을 작성하고 청첩장 제작을 의뢰한다. 초대손님 명단이 작성되어 참석인원이 파악되면 예식장과 피로연 식당에 예상인원을 통보한다. 최근의 청첩장은 전통적인 양식에서 벗어나 간단한 신문, 잡지, 광고지와 같은 파격적인 형식도 많다. 청첩장 발송은 대체로 혼례일 15일 전에 이루어져야 한다.

**청첩장 제작 시 유의할 사항**

청첩장 제작과 발송은 양쪽 혼주의 친족대표가 공동명의로 하거나 신랑신부의 친구의 공동명의로 해야 한다. 또한, 몇 째 자녀인 것을 분명히 밝혀야 하며, 외아들이거나 외동딸일 경우 ○○○ 씨의 아들(딸) ○○로 표시한다. 청첩장 인쇄상태가 지저분하거나 너무 현란하지 않도록 한다. 예식장의 위치와 교통편까지 명기하면 초대손님에 대한 배려로 더욱 친근감을 주게 된다.

[청첩장 예문]

○○○씨 좌전

알리는 말씀

그 동안 베풀어주신 은혜에 감사드립니다.
아뢰올 말씀은

이 길 동씨의
류 길 순　　장남　남 걸

최 용 상씨의
김 순 옥　　3녀　영 희

이 두 사람이 아래와 같이 혼례를 올리게 되었으니, 이들의
앞날을 축복해 주시면 감사하겠습니다.

• 일시 : 2020년 ○월 ○일 ○시
• 장소 : ○○예식장 ○○실

친족대표　이 길 ○
　　　　　최 ○ ○　드림

(5) **혼례식순**(결혼식순)

❶ **현대식 혼례식순**(일반 결혼식순)

**가. 개식 선언(사회)** : 주례가 서면 사회가 결혼식의 시작을 선언한다. 사회는 보통 신랑의 친구가 맡는다.

**나. 주례 등단**

**다. 점촉** : 양가의 어머니가 식단 위에 있는 촛불에 불을 붙인다. 신랑어머니는 청색의 초에, 신부어머니는 홍색의 초에 촛불을 켠다.

**라. 신랑 입장** : 식장으로 점잖게 걸어나간 신랑이 주례에게 인사를 한 뒤 돌아선다. 신랑의 위치는 주례를 향해 오른쪽이다.

**마. 신부 입장** : 결혼행진곡에 맞춰 신부가 보호자의 인도를 받으며 천천히 입장하면 신랑이 맞이한다. 신부의 위치는 주례를 향해 왼쪽이다.

이때 신부는 드레스를 밟지 않도록 주의한다.

**바. 맞절** : 주례의 지시에 따라 사랑과 존경의 마음으로 서로에게 정중하게 인사한다.

> **성혼선언문**
>
> 신랑 ○○○군과 신부 ○○○양은 그 일가 친척과 친지를 모신 자리에서 일생 동안 고락을 함께 할 부부가 되기를 맹세하였습니다. 이에 주례는 이 혼인이 원만하게 이루어진 것을 여러분 앞에 엄숙하게 선언합니다.
>
> 2020년 ○월 ○일
>
> 주례 ○○○

**사. 혼인서약** : 주례가 「혼인서약서」를 낭독하고 맹세 여부를 물으면 신랑 신부는 “예”하고 분명하게 대답한다.

**아. 예물교환** : 신부가 들고 있던 부케를 주례의 책상 위에 올려놓고 장갑을 벗은 뒤 신랑은 신부에게 반지를 끼워 준다. 요즘은 생략하는 경우가 많다.

**자. 성혼 선언문 낭독** : 주례가 선언문을 낭독하고 혼인의 원만한 성립을 선언한다.

**차. 주례사** : 주례가 결혼을 축하하면서 두 사람의 공동생활에 보탬이 될 내용을 간결하게 들려준다.

**카. 양가 혼주 인사** : 주례의 안내에 따라 감사의 인사말 대신에 내빈에게 인사를 드린다.

**타. 신랑 신부 인사** : 주례나 사회의 안내에 따라 내빈에게 감사의 마음으로 정중하게 인사한다. 하객들은 축하의 박수로 답례한다.

**파. 신랑 신부 행진** : 두 사람이 천천히 출구까지 걸어 나간다.

**하. 폐식 선언** : 사회가 혼인식의 끝남을 알리면서 피로연을 안내한다. 이어서 기념촬영에 들어간다.

### ❷ 기독교식 혼례식순

기독교식 혼례식장은 교회이며, 사회와 주례는 목사가 전담하여 혼례예배(婚禮禮拜)를 올린다. 일요일은 예배관계로 식을 올릴 수 없으며, 토요일이나 평일을 이용한다.

가 주례 등단 : 주악 속에 주례를 맡은 목사가 임석한다.

| | |
|---|---|
| 나. 신랑 신부 입장 | 다. 찬송가 |
| 라. 성서 낭독 | 마. 기도 |
| 바. 성례문 낭독 | 사. 예물 교환 |
| 아. 찬송가 | 자. 축사(주례사) |
| 차. 축가 | 카. 축도 |
| 타. 양가 혼주 인사 | 파. 신랑 신부 퇴장 행진 |

### ❸ 불교식 혼례식순

불교에서는 결혼식을 화혼식이라 하며, 사찰의 법당에서 거행한다. 주례를 사혼자라 하며, 스님(주지)이 맡는다.

가. 개식 : 범종을 5회 친다.

나. 하객 일동 좌정

다. 사혼자(주례) 등단

라. 신랑 신부 입당–신랑 신부가 법당에 들어 선다.

마. 사혼자 불전에 분향, 삼귀의례

바. 신랑 신부 불전에 진배–불전 앞에서 절을 올림

사. 사혼자 고유문 낭독

아. 신랑 신부 상견례–서로 마주보고 반절을 나눈다.

자. 헌화

차. 예물교환

카. 유고 및 선서

타. 신랑 신부 분향

파. 독경 - 사혼자가 혼인과 관련된 불경을 읽는다.

하. 내빈 축사

거. 양가 혼주 인사

너. 폐식

### ❹ 천주교식 혼례식순

천주교 신자로서 남녀 간에 혼인 의사가 있을 때, 본당 신부를 찾아가 예식에 필요한 준비와 지도를 받는다. 당사자들이 혼인신청서와 세례증명서 · 호적등본 등을 제출하면 본당 신부는 혼인전 진술서를 작성하며 증인의 진술을 받아 모든 서류 절차를 마친 뒤 본당 게시판이나 주보에 혼인 공고를 낸다. 결혼식 전날 두 사람은 고백성사를 올리고 영혼과 육신을 깨끗하게 하여 혼인식에 임한다.

혼인미사를 혼배(婚配)미사 · 혼배성사(婚配聖事)라고도 하며, 결혼식은 원칙적으로 여자 측 성당에서 행해진다. 사제는 교회법상의 모든 서류를 완비하여 이를 교적(教籍)에 기록한다. 일반적인 식순은 다음과 같다.

가. 신랑 신부 입장 : 입당송(시편 3편, 5편, 19편)

나. 기도와 축사

다. 성서 낭독(창 1 : 26-31, 고전 6 : 13-20, 마태 3 : 4-6, 19)

라. 강론 - 신부(神父)의 주례사

마. 신랑 신부 악수

바. 반지 축성 - 혼배(婚配)반지로 축성(祝聖 : 성스러운 것으로 변화시킴)

사. 예물 교환-신랑과 신부는 서로 혼배반지를 끼워준다.

아. 서약서-신랑과 신부의 손을 포개어놓고 신의 축복을 내려 준다.

자. 찬송 - 성가대

차. 결혼증명서 서명 날인–신랑 신부가 직접 서명 날인하게 함. 이를 혼인 신고에 대신하는 경우도 있다.

카. 신자들의 기도

타. 성찬의 전례 – 보헌기도, 감사송, 영성체송, 영성체 후 기도, 강복

파. 신랑 신부 퇴장(행진)

### (6) **폐백**(례)

결혼식이 끝난 뒤 신부가 시부모와 시댁 친지들에게 정식으로 첫인사를 올리는 의식으로 보통 예식장의 폐백실에서 행한다. 전통 혼례예복으로 차려입은 신랑과 신부가 시부모에게 큰절(원칙적으로는 네 번 해야 하나, 요즘은 한번 함)을 올리면 시부모는 신부의 치마에 대추를 한 웅큼 던져준다. 이는 아들을 낳으라는 기원의 표현이다. 이어서 시조부모, 시(백)숙부모, 고모 · 고모부, 이모 · 이모부에게 차례로 절을 올리고 같은 항렬의 친지들과는 맞절을 한다. 신랑집에서는 신부에 대한 배려로서 여러 명씩 한꺼번에 절을 받도록 하는 것이 좋다.

### (7) **피로연**(하객접대)

결혼의 과정에서 격려하고 도와주신 분들과 하객들에게 감사의 뜻을 표하는 방법으로 피로연을 베푼다. 장소는 식장에서 멀지 않으면서도 조용한 곳으로 정하는 것이 좋다. 신랑과 신부는 결혼식을 치르느라 다소 지쳐 있더라도 피로연에서 하객들에 대한 간단한 감사의 인사를 잊지 말고 정숙하면서도 명랑한 표정을 짓도록 한다. 하객들은 조용히 식사를 마치고 즐거운 분위기 속에서 신랑과 신부를 축하해 준다.

### (8) 신혼여행

혼인식을 치른 신랑과 신부가 상호 간의 애정을 깊게 하고 새로운 생활을 설계하기 위하여 떠나는 여행이 신혼여행이다. 경제적 부담이 크지 않도록 예산을 세워 짜임새 있게 준비한다. 유명관광지보다는 평소 가보고 싶었거나, 두 사람의 추억이 어려 있는 곳을 여행지로 선택하는 것이 좋다. 이때 숙박시설과 교통이 편리해야 한다.

### (9) 결혼 축하선물과 축의금

#### ❶ 선물

가까운 친구 및 직장 동료의 결혼에는 부조금보다 정성어린 축하선물이 기억에 오래 남고 더 뜻 깊다. 축하 선물은 결혼일 전에 미리 당사자와 상의하여 선택하는 것이 합리적이다. 사치품 및 장식품보다는 멋과 운치를 지니고 실용적인 생활 필수품이면 좋다. 예를 들면, 아기자기한 주방용품, 장식을 겸한 스탠드나 탁상 또는 벽걸이용 시계가 적당하다.

#### ❷ 축의금

깨끗한 돈을 흰 종이에 싸고 단자(單子 : 부조나 선물 따위에 있어서 남에게 보내는 물품의 품목과 수량을 적은 종이)를 써서 함께 넣어 보내는 것이 관습이나, 일반적으로 축의금만 넣어 전한다. 봉투는 지폐를 넣기에 알맞은 크기의 깨끗한 겹봉투를 사용한다. 봉투 겉에는 축(祝) 결혼(結婚), 축 화혼(華婚), 축의(祝儀), 하의(賀儀), 화촉의(華燭儀) 등의 용어를 쓴다.

## 4. 수연례 · 금혼례 · 회혼례

### 1) 수연례

수연(壽宴)은 어른의 생신에 자제들이 술을 올리며 오래 사시기를 기원하는 의식이다. 수연은 회갑으로부터 시작되는데, 이때부터 전통 농경사회에서는 농사일을 자손들에게 물려주는 날이기도 하여 오늘날의 정년퇴임일과 같은 의미를 가진다.

수연은 자손들이 어른의 장수를 기원하는 절차이며 가장 효성스러운 잔치행사로 치러졌다. 손님을 청하는 청첩을 돌리고 성대하게 치르는 잔치는 주로 회갑연과 칠순연이며 수명이 길어진 요즈음은 보편적으로 회갑연은 생략하고 칠순잔치를 성대하게 하는 추세이다.

#### (1) 수연의 종류

| 명 칭 | 때 | 내 용 |
|---|---|---|
| 육순(六旬) | 60세 때 생신 | 열(旬)이 여섯(六)이란 말이며,육십갑자를 모두 누리는 마지막 나이를 뜻함 |
| 회갑(回甲) | 61세 때 생신 | 간지가 한 바퀴 돌아온 나이를 뜻하며, 환갑(還甲)이라도 함 |
| 진갑(進甲) | 62세 때 생신 | 60갑자가 펼쳐져 진행한다는 뜻이며, 진갑(陳甲)이라도 함 |
| 미수(美壽) | 66세 때 생신 | '미(美)'자는 육십육(六十六)을 뒤집어 쓰고 바로 쓴 글자로, 모든 사회활동이 성취되어 은퇴하는 나이이면서도 여력이 참으로 아름다운 나이라는 뜻에서 유래 |
| 고희(古稀)<br>칠순(七旬) | 70세 때의 생신 | 인생칠십고희래(人生七十古稀來:사람이 70세까지 살기 드물다)"란 옛글에서 유래 |
| 희수(喜壽) | 77세 때의 생신 | '희(喜)'자를 초서로 쓰면 칠십칠(七十七)이 되는 데서 연유됨 |
| 팔순(八旬) | 80세 때의 생신 | 열(순 : 旬)이 여덟이라는 말을 뜻함 |

| 명 칭 | 때 | 내 용 |
|---|---|---|
| 미수(米壽) | 88세 때의 생신 | '미(米)'자는 팔십팔(八十八)을 뒤집어 쓰고 바로 쓴 데서 유래됨 |
| 구순(九旬) | 90세 때의 생신 | '졸(卒)'자를 초서로 쓰면 구십(九十)으로 쓰여지는 데서 유래됨 |
| 망백(望百) | 91세 때의 생신 | 100세를 바라보는 나이라는 데서 유래됨 |
| 백수(白壽) | 99세 때의 생신 | '백(白)'자가 '백 (百)'자에서 '하나(一)'을 뺀 글자에서 유래됨 |

### (2) 수연회 절차(식순)

의식을 행하기 전까지 아들과 딸은 적당한 날을 잡아 수연잔치 계획을 세우고 미리 친척과 친지(손님)를 초청한다. 당일 당사자에게 새 옷으로 갈아입혀 곱게 단장한 뒤에 큰상을 차려 둔다.

| 의식절차 | 진행(담당) | 내 용 |
|---|---|---|
| 개식 | 사회자 | 참석자 일동 경례 |
| 약력소개 | 사회자 또는 사위 | 당사자의 약력을 자세히 소개하며 자손들도 간략하게 소개함 |
| 가족대표 인사 | 장남 | 형제들이 모두 나와서 장남이 대표로 인사함 |
| 축사 | 우인대표 | 친한 친구가 지난 날을 회상하면서 축하 |
| 송사 | 초대손님 | 당사자의 공적을 정중하게 칭송함<br>화환 및 기념품 |
| 기념품 증정 | 가족, 친지, 우인 | 금반지, 금단추, 행운의 열쇠가 보편적이었으나 지금은 관광여행티켓, 건강용품이 많은 추세임 |
| 답사 | 본인 | 감사의 답사. 당사자는 답사를 마치자마자 정중히 인사함 |
| 건배 | 우인대표 | 참석자 전원 축배 |

| 의식절차 | 진행(담당) | 내 용 |
|---|---|---|
| 축수배 헌수 | 아들, 며느리, 딸, 사위, 손자, 손부, 손서 등 | 어버이를 큰상 중앙에 모시고, 가까운 어른은 곁에 모셔놓고 큰아들내외부터 앞으로 나아가 술잔을 올림과 동시에 헌수하는 글이나 시가 있으면 낭독함 |
| 음식 잔치 | 자, 손부, 손서 사회자 | 자손의 축수 술잔이 끝나면 가족은 큰상 앞으로 손님 잔치상을 차려 냄. 손님들이 잔치상에 앉으면 사회자가 음식을 즐겁게 들도록 권한다. |
| 폐 식 | 사회자 | 여흥 및 식사 |

## 2) 금혼례와 회혼례

금혼례(金婚禮)는 혼인 50주년을 맞은 부부가 자손들 앞에서 혼례복을 입고 50년 전과 똑같이 혼례식을 올리면서 '해로 50년' 을 기념하는 의례이다. 회혼례(回婚禮)는 결혼 60주년을 기념하고 백년해로를 자축하는 의식이다. 금혼과 회혼은 ① 부부가 모두 살아 있어야 하고, ② 당사자의 복장은 혼례복으로 하는 것이 다른 수연과 구분되는 특징이다.

### 금혼례 · 회혼례 식순

〈제1부〉

❶ **개식 선언** : 사회자

❷ **약력 소개** : 사회자 또는 우인대표

❸ **가족대표 인사** : 장남

❹ **전통혼례**

㉮ 신랑, 신부 입장

㉯ 기러기 전달 : 차남 또는 맏사위

㉰ 교배례 : 점촉(촛불을 밝힘), 관세(손씻음), 마주보기

㉱ 신랑, 신부 배례

마 서천지례 : 하늘에 감사하는 의식

바 서배우례 : 상대방(배우자)에게 감사하는 의식

사 근배례 : 남은 여생을 행복하게 살자고 다짐하는 의식

아 신랑, 신부 내빈께 인사

자 예필 : 의식이 끝났음을 알림

〈제2부〉

❶ **헌수** : 직계가족 순으로 축하 · 장수 기원의 술잔을 올림

❷ **축가**

❸ **기념품 증정**

❹ **케이크 자르기** : 당사자 내외, 직계가족, 우인대표

❺ **참석자 축사**

❻ **답례사** : 당사자가 정중히 감사의 인사말을 함.

〈제3부〉

여 흥

## 5. 상장례(喪葬禮)

상장례는 사람의 죽음을 맞이하고, 그 주검을 잘 수습하여 장사지내는 것을 비롯하여 가족 · 친척 또는 평소에 가까이 지내던 사람들이 슬픔을 다해 고인을 기리는 의식 절차이다.

### 1) 상장례의 절차

임종(臨終) → 수시(收屍) → 발상(發喪) → 부고(訃告) → 염습(殮襲) → 입관(入官) → 성복(成服) → 발인(發靷) → 운구(運柩) → 하관(下官) → 성분(成墳) → 위령제(慰靈祭) → 삼우(三虞) → 탈상(脫喪)

## 2) 곡(哭)

곡은 슬픔에서 터져 나오는 의식적인 울음이다. 운명에서 발상 전까지는 자연스러운 울음이지만, 발상 이후부터 울음소리가 의식적인 곡으로 바뀌는데, 부모상의 곡은 남자의 경우는 '애고(哀孤)', 여자의 경우는 '아이고'라고 하며 친척이나 다른 사람을 문상할 때의 곡은 '어희(於噫)'라고 한다.

## 3) 부고 작성 때의 유의사항

부고(訃告)란 돌아가신 분과 상주의 친지들에게 죽음을 알리는 것인데, 부음(訃音)이라고도 하며, 일정한 서식에 따라서 부고장(訃告狀 : 죽음을 알리는 인쇄된 종이)을 호상(護喪 : 장례에 관한 모든 일을 맡아 보살피는 사람)의 이름으로 작성한다. 상주(직함과 이름을 표기)와 어떤 관계가 있는 누구가(직함 · 본관 · 성명을 표기) 무슨 사인(死因 : 사망원인)으로 언제 · 어디서 별세하였다는 것을 먼저 기술하고, 그 밑으로 발인일시 · 발인장소 · 장지 · 유가족 · 작성 년 월 일 · 호상 등의 순서로 작성한다. 작성할 때 유의해야 할 몇 가지 사항은 다음과 같다.

- 사망원인이 지병일 경우 '숙환(宿患)', 노인의 경우 '노환(老患)'이라 한다.
- 유가족의 기재 순서는 아들, 며느리, 딸, 사위, 손자, 손녀 순서로 하며, 사회활동을 하는 성인만을 쓰는 것이 원칙이나 때에 따라서 미성년자를 쓰는 경우도 있다.
- 고인과 주상(상주)과의 관계는 반드시 기입한다. '사자(嗣子)'는 대를 잇는 장남이란 뜻이다. 맏손자가 주상이면 '승중(承重)'이라 쓰고, 아내의 상이면 남편이 주상이므로 '부(夫)'라 쓰고 아래에 성명을 쓴다.
- 주상(主喪)은 그 상의 바깥주인이고, 주부는 안주인을 가리킨다. 아내의 상일 경우 남편이 주상이 되고 맏며느리가 주부가 되며, 남편의 상일 경우에는 맏아들이 주상이고, 미망인이 주부이다.

### 4) 상례 때 주의할 사항

- ■ 상례는 시신의례, 영혼의례, 상주의례가 복합된 복잡한 의례이기 때문에 의례에 익숙한 사람을 호상으로 선정하는 것이 좋으며, 상주들은 항상 호상과 의논해서 일을 결정하는 것이 좋다.
- ■ 장례식장 또는 영안실에서 화투를 하는 것은 예의에 벗어난 행동이니 삼가토록 하고, 문상 때에 휴대폰 소리가 나지 않도록 주의해야 한다.
- ■ 상주는 문상객을 맞이한다는 핑계로 음주를 하면 안 된다.
- ■ 발인 전에는 제사를 지내지 않고 다만 상식만을 올린다. 상복을 입고 성복제를 행하는데, 이것은 제사가 아니라 상주들끼리 인사를 하는 절차이다.

### 5) 조문예절

문상할 때의 예절은 가족을 잃은 슬픔으로 마음의 안정을 찾기가 힘든 상태이므로, 그 어느 때보다 예의에 어긋나지 않게 각별히 신경을 써야 한다.

- ■ 옷차림은 화려하거나 요란한 색상의 옷을 피하고 단정한 차림이어야 한다. 남성은 검은색이나 회색 계통의 양복 · 넥타이 · 양말 · 구두 등이 좋고, 와이셔츠도 흰색이나 회색 또는 하늘색 계통이 무난하다. 여성도 대체로 검은색과 회색계통이 무난하고 모피외투와 화려한 보석이나 머리핀 같은 것도 피하는 것이 좋다.
- ■ 먼저 호상소(護喪所 : 장례를 치르는 데 관한 모든 일을 맡아보는 곳)에 가서 자신의 신분을 알리고 분향소로 안내를 받는다.
- ■ 영정 앞에서 간단한 목례 정도의 조의를 표하고 앞으로 나아가 영정 앞에 꿇고 앉아서 향 2~3개 정도에 불을 붙여서(이때 불을 끌 때 입으로 불어 끄면 안 되고 손으로 가볍게 붙여서 끈다) 향로에 꽂은 후에, 남자는 오른손이 위로 가도록(여자는 왼손이 위로 가도록) 포개어 잡은 뒤 잠시 서서 추모하며 슬픔을 나타낸다.

■ 뒤로 두 세 걸음 물러나서 영정을 향해 두 번 절을 한다. 남자는 2회, 여자는 4회를(두 번하기도 함) 하고 가볍게 목례를 하고 2보 정도 뒤로 물러서서 상주를 향해 한번 맞절을 한다. 이때에도 손은 앞의 요령에 따라 포개어 잡는다.
■ 상주와 맞절을 마친 뒤 꿇어앉아 "얼마나 슬프십니까", "며칠 전만해도 정정하셨는데…" 등 상황에 적합한 인사말을 한다.
■ 다른 문상객이 기다리고 있으면 공손한 자세로 물러난다.
■ 다시 호상소로 가서 준비한 조의금(부의금)을 내놓는다.
■ 대접하는 다과나 식사가 있으면 간단히 먹고 일어난다.

### 6) 장례 후

- 장례가 끝나고 직장이나 거리에서 상주를 만났을 때도 간단한 위로의 말과 인사를 하는 것이 좋다.
- 상주가 조문객을 찾아다니며 감사의 뜻을 전하는 것이 원칙이나, 대개 전화나 감사의 글월을 적은 유인물로 대신하는 것이 일반적인 추세이다. 직장이나 길거리에서 조문객을 만났을 때도 간단한 감사의 인사를 올린다.

### 7) 부의금(조의금) 봉투 및 내용 작성

#### (1) **봉투**(앞면)(그림 참조)

한가운데 윗부분에 위에서 아래로 '부의(賻儀)' 라고 쓰고, 좌측 중앙부에 위에 서 아래로 조의금을 내는 사람의 성명을 '○○○곡배(哭拜)' 라고 적는다. 곡배대신에 재배(再拜), 근조(謹弔)라고도 써도 된다.

### (2) **내용**(그림 참조)

- 적당한 크기(A4용지)의 흰 종이를 5칸으로 접는다.
- 첫째 칸은 비운다.
- 둘째 칸에 '○○○씨의 ○○상(조모상, 조부상, 모친상, 부친상 따위) 전에' 라고 쓴다.
- 셋째 칸의 가운데에 '삼가 고인의 명복을 빕니다' 라 쓰고, 하단에 '부의금 ○만 원' 이라고 쓰는데, '정(整)' (○만 원정)을 쓰지 않는다.
- 넷째 칸에 연 · 월 · 일과 조의금을 내는 사람의 성명을 '○○○곡배(哭拜)' 라고 쓰는데, 곡배 대신에 봉투에 쓰는 것과 같이 재배, 근조라는 용어를 쓰면 된다.
- 다섯 째 칸은 비운다.

이렇게 쓴 종이에 조의금을 싸서 봉투에 넣어서 부조하면 된다.

**[조의금 봉투와 내용 작성 실례(實例)]**

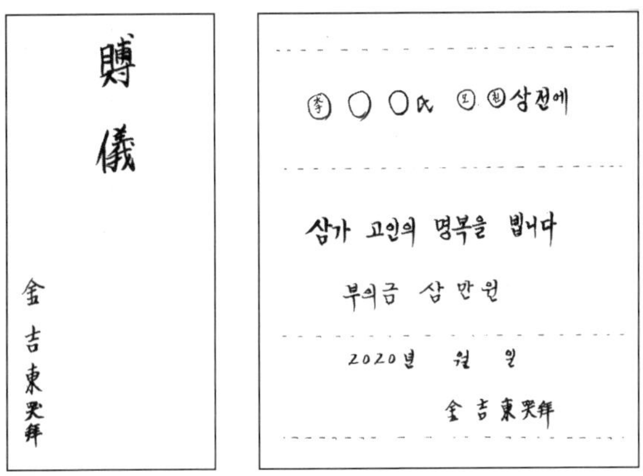

## 6. 제례(祭禮)

제례는 조상숭배의 일종으로 제사(祭祀)·제의례(祭儀禮)라고도 하는데, 조상이 돌아가신 날(기일 : 忌日)이나 명절에 자손이 모여서 제사상을 차려서 조상을 추모하고 그 은덕에 보답하는 의식이다.

위패 또는 지방, 사진 앞이나 묘소 앞에서 제물을 차려 놓고 절을 오리면서 제사를 지내는 것을 우상숭배라고 하여 반대하는 입장도 있다. 그러나, 제례(제사, 제의례)는 절대신에게 기도하며 복을 비는 종교의식이라기보다는 자기를 있게 해주신 생명의 근원이라 할 수 있는 조상에 대해 감사하는 마음을 전하고, 조상이 지녔던 생전의 뜻을 기리며 추모하는 행사의식인 것이다. 그러므로 제사는 인간으로서 마땅히 지녀야 할 자세와 태도인 것이며, 효도의 연장이라고 할 수 있으므로 우상숭배와는 거리가 먼 것이다.

### 1) 제례의 종류

#### (1) 기일제

- 고조(4대조)까지의 조상이 돌아가신 날(기일) 집에서 지내는 제사이다. 요즘은 증조부(3대조) 또는 조부(2대조)까지 지내는 경우가 많다. 기제사라고도 한다.
- 돌아가신 조상과 그 배우자를 함께 지낸다.
- 위패나 지방을 모셔놓고 지내며, 장자손(長子孫 : 큰아들이나 맏손자)이 제주(祭主 : 제사의 주인)가 되고 그 아내가 주부가 된다. 아들이 없는 가정이 많아지고 있는 요즘은 맏딸이나 맏손녀가 제주의 역할을 담당하고 있다.

#### (2) 차례(茶禮)

- 설날, 한식, 추석(한가위) 등의 명절에 지낸다.

■ 자기 집에서 기일제를 지내는 모든 조상을 한 차례상에 모셔놓고 지낸다.
■ 절차는 기일제와 거의 동일하나 축문을 읽지 않는다.
■ 한식의 경우는 기일제를 지내는 조상의 각각의 묘소에서 지내는 경우가 많다.

#### (3) 묘사(墓祀)

■ 기일제를 지내지 않는 직계조상을 대상으로 1년에 한번 지내는 제사이다.
■ 음력 10월 상달(15일 이전)에 좋은 날을 잡아서 지내는데, 절차는 기일제와 동일하다.
■ 각 조상의 묘소 앞에서 지내는 것이 원칙이나 묘소가 없을 경우에는 재실(齋室 : 무덤이나 사당 옆에 제사 지내려고 지은 집)이나 특별히 만든 제단에서 지낸다.

#### (4) 성묘(省墓)

■ 한식날 지내는 한식성묘와 추석날 지내는 추석성묘가 있다.
■ 성묘는 기일제 대상의 조상에게만 지내며, 주과포(酒果脯 : 술과 과실과 포)만 간단히 차려놓고 차례와 같이 한번 잔을 올리고 두 번 절한다. 축문을 읽지 않는다.

### 2) 제례를 지낼 때의 예절방위

제례에서의 동서남북은 조상의 신위를 모신 곳이 상좌이기에 신위가 있는 쪽이 (병풍을 친 곳) 북쪽이고 신위 앞이 남쪽, 신위의 좌측이 동쪽, 우측이 서쪽이 된다. 제사의 참례자 쪽에서 볼 때, 참례자의 좌측이 서쪽, 우측이 동쪽이 된다.

### 3) 제례 때 남녀 자손이 서는 위치

제상 앞 가운데 절하는 자리를 경계로 남자 자손은 동쪽에 서고, 여자 자손은 서쪽에 선다. 남녀 모두 북쪽 앞쪽에 윗대 어른, 남쪽 뒷줄에는 아랫대가 열을 지어 서면 된다.

### 4) 참례자의 복장

- 한복 정장에 도포를 입고 유건(儒巾 : 지난 날 유생들이 머리에 쓰던 예관. 검은 베로 만들었음)을 쓴다. 만일 도포가 없으면 한복 정장이나 양복 정장을 입는다.
- 남자는 직업이나 직급 및 신분에 정해진 제복이 있으면 그것을 입는다.
- 여자는 옥색 한복 정장을 한다. 여의찮으면 다른 한복이나 양장 정장을 입는다.
- 남녀 모두 현란한 빛깔이나 액세서리 등은 피하는 것이 좋다.

### 5) 제례상 차리기

제례(제사)상 차리는 방식은 지역과 집안에 따라 조금씩 다르다. 밥과 국을 놓고 삼색 나물에 포 · 전 · 과일 · 술을 올리는 기본은 비슷하지만, 올리는 음식내용이나 자리, 조리법 등이 조금씩 다를 수 있는 것을 가가례(家家禮)라고 한다. 제사상을 차리는데는 방향이 중요한 기준이 되고 있다. 상을 북향으로 차리기 때문에 제주가 제상을 바라보고 오른쪽이 동쪽, 왼쪽은 서쪽이 된다.

제사상을 차리는(제수진설) 몇 가지 원칙이 있다.

- **홍동백서(紅東白西)** 동조서율(東棗西栗)을 전제로 하는 말로, 붉은 대추가 놓인 동쪽부터 대추(조 : 棗) · 감(시 : 柿) · 사과의 순서로 붉은 색의 과일을 놓고, 흰색의 밤이 놓인 서쪽부터 밤(율 : 栗) · 배(이 ; 梨) 순

서로 놓아서 과실의 배치가 울긋불긋한 현란함을 피하려는 배려이다. 동에서 대추 · 밤 · 감 · 배(棗栗柿梨) 순서로도 차린다.

- **좌포우혜(左脯右醯)** 자손들의 위치에서 왼쪽에 포를 놓고 오른쪽에 젓을 놓는다.
- **어동육서(魚東肉西)** 생선은 동쪽에 놓고 고기는 서쪽에 놓는다.
- **두동미서(頭東尾西)** 머리와 꼬리가 분명한 제수는 높은 방위인 동쪽에 머리가 가고, 낮은 방위인 서쪽으로 꼬리가 가게 진설하는 것이다.
- **건좌습우(乾左濕右)** 마른 제수는 좌측에, 젖은 제수는 우측에 진설하라는 뜻이다.
- **생동숙서(生東熟西)** 날 것은 동쪽에, 익은 제수는 서쪽에 차려라는 뜻이다.
- **반서갱동(飯西羹東)** 밥은 서쪽에, 국은 동쪽에 진설하라는 뜻이다.
- **초동잔서(醋東盞西)** 초첩은 동쪽에, 술잔은 서쪽에 놓으라는 뜻이다.

성균관 전례연구위원회가 추천하는 제례상 차리기는 가장 기본적인 방식을 담고 있어서 소개하면, 다음과 같다.

- 신위에서 가장 가까운 첫째 줄에는 수저 · 잔 · 밥과 국을 놓는다.
- 둘째 줄에는 적(구이)과 전(부침)을 놓되, 서쪽부터 국수 · 전 · 육적 · 소적(야채구이) · 어적(생선) · 어전 · 떡 순으로 한다.
- 셋째 줄에는 육탕 · 소탕 · 어탕 등 세 종류의 탕을 놓고 ,
- 넷째 줄에는 포 · 나물 · 간장 · 나박김치 · 식혜 순서로 놓는다. 이때 포는 북어나 육포 · 오징어 · 문어 말린 것 중 한 가지 이상이면 된다. 나물은 고사리 · 시금치 · 도라지 등 삼색 나물을 놓는다.
- 다섯째 줄에는 과일을 놓는다. 술은 한 번만 올리며, 식혜와 김치 사이에 젓갈을 놓기도 한다.

그러나 이상에서 예시한 제수를 모두 갖춰야 하는 것은 아니며, 형편에 맞춰서 정성껏 올리면 된다. 선인들은 탕을 한 종류만 놓는 간소한 상차림도 형편에 따른 것이라면 무방한 것으로 여겼다. 조상을 기리는 데는 어떤 음식을 어떻게 차리는가에 있는 것이 아니라 무엇보다도 마음가짐이 중요하다고 하겠다(그림 참조).

**[간소하게 차린 제사상]**

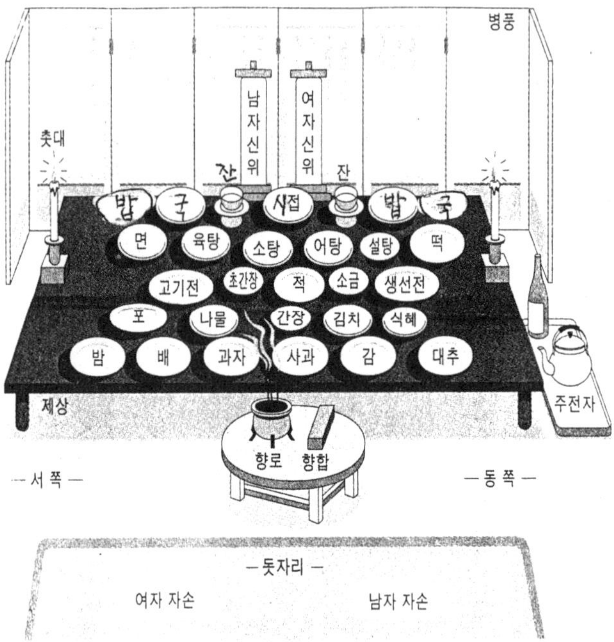

[제사상의 필수 삼실과(三實果 : 밤 · 대추 · 감)가 지닌 의미]

| 과일명 | 속 성 | 교 훈 | 상 징 |
|---|---|---|---|
| 밤 | 잎이 성장한 후 씨앗의 양분이 다해야 뿌리가 나옴 | 사람이란 일생을 살면서 조상이 주신 선한 재능을 발휘하기 위해 노력해야 함 | 씨가 세 개라서 삼정승 |
| 대추 | 바람이 불어 잎은 떨어져도 열매는 떨어지지 않음 | 고통과 환난 속에서도 양심을 지켜 살아야 함 | 씨가 한 개여서 임금 |
| 감 | 접을 부쳐야 열림 | 다른 사람의 지혜를 겸손한 마음으로 받아 들여야 함 | 씨앗이 여섯 개여서 육판서 |

이밖에 배는 씨앗이 많아서 만백성을 상징한다고 한다. 이것은 어린이들에게 제사를 가르치기 위한 이야기로 조상의 지혜가 담겨져 있다.

### 6) 제사 절차

| 절차 | 주관 | 내 용 | 절의 횟수 | 비고 |
|---|---|---|---|---|
| 강신분향(降神焚香) | 제주 | 제상을 향하여 피우는 의식 | | |
| 강신뇌주(降神酹酒) | 제주 | 모사기에 술을 붓는 의식 | 제주만 재배 | |
| 참신(參神) | 전원 | 조상께 인사하는 의식 | 남자 : 재배<br>여자 : 사배(재배) | |
| 초헌(初獻) | 제주 | 제주가 찻잔을 올리고 축문을 읽는 의식 | 독축 후에 제주 재배 | |
| 독축(讀祝) | 축관 | 기일을 기해 추모의 글을 읽음 | 제주 재배 | |
| 아헌(亞獻) | 주부 | 주부가 두 번째 잔을 올리는 의식 | 주부 사배(재배) | 주부가 계적을 올림 |
| 종헌(終獻) | 참례자(손님) | 세 번째 잔을 올리는 의식 | 참례자 재배 | 참례자 어적을 올림 |

| 절차 | 주관 | 내 용 | 절의 횟수 | 비고 |
|---|---|---|---|---|
| 유식<br>(侑食) | 제주 | 조상에게 음식을 많이 흠향하기를 권하는 의식 | 제주 재배 | |
| 삽시정저<br>(揷匙正著) | 집사 | 숟가락을 뫼(밥)에 꽂고 젓가락을 바로 하는 의식 | | |
| 합문(闔門)<br>계문(啓門) | 전원 | 조상께서 음식을 드실 수 있도록 배려하는 의식 | | 문을 닫고 밖으로 나옴 |
| 진숙수<br>(進熟水) | 제주 | 숭늉을 올리고 시저를 걷는 의식 | | |
| 낙시저<br>(落匙著)<br>합반개<br>(合飯蓋) | 집사 | 숟가락과 젓가락을 내려놓고 모든 뚜껑을 덮는 의식 | | |
| 사신<br>(辭神) | 전원 | 조상을 환송하는 의식 | 남 : 재배<br>여 : 사배(재배) | |
| 분축<br>(焚祝) | 축관 | 지방과 축문을 태우는 의식 | | |
| 음복<br>(飮福) | 전원 | 음식을 나누어 먹음으로써 조상의 음덕을 기리는 의식 | | |

## 제4절
## 편지 예절

만나서 얼굴을 마주보고 대화를 하거나, 전화로 상대방과 의사전달을 할 때는 상대방의 감정을 파악할 수 있다. 편지는 자신만의 감정과 상황을 전하는 것이기 때문에 상대방에게 결례가 되지 않도록 여러 가지 배려를 하지 않으면 안 된다. 최근에는 지구의 어느 곳이든지 간에 편지를 쓰지 않아도 전화나 전자우편(이메일) 등으로 용건을 신속하고 편리하게 처리할 수 있게 되었다. 그렇지만 편지는 전화나 이메일에 비해 더 정성을 깃들인 연락수단이며 인사요, 마음의 정표이다. 잠시 시간을 내어 마음을 적어 보내는 편지가 인간관계를 진하게 형성해 주고 자신과 상대방을 이어주는 마음의 가교가 된다. 아름답고 감동적인 편지는 문장이 서투르거나 글씨가 예쁘지 않아도 거짓없는 솔직한 심정이 담겨진 것이면 충분하다.

## 1. 편지의 형식

편지내용은 앞부분(머리), 의사전달 부분(본문), 마무리(끝 부분) 등 세 단계의 기본 형식으로 구성된다.

- **앞 부분(머리)** 수신인의 성명(존함)과 직함(선생님께, 사장님께, 회장님께 등) · 계절인사 · 수신자에 대한 안부인사 · 발신자의 안부인사 · 감사와 사과 인사들을 순서대로 쓴다.
- **의사전달 부분(본문)** 하고 싶은 말을 예의에 맞는 어투로 쓴다.
- **마무리(끝 부분)** 마무리하는 말 · 끝맺는 연 · 년 월 일 · 발신인 성명과 경례어 순서로 쓴다. 경례어(敬禮語)는 상대방에 대한 자신의 겸손 칭호로 상서(上書) · 재배(再拜) · 배상(拜上) · 배(拜) · 상(上) · 올림 등이 많이 사용된다(「쌍방의 호칭」 참조).

## 2. 편지 쓰기

❶ 수신인의 이름과 경칭을 쓰고, 한 줄을 띄우고 안부 · 감사 및 사과 인사를 쓴다.

❷ 다음 줄부터 하고 싶은 말을 쓰는데, 내용에 따라 한 가지 이야기를 한 단락으로 쓴다. 한 단락이 바뀔 때마다 용어가 끊어지지 않도록 한다.

❸ 간격 줄이 있는 편지지나 백지의 경우라도 글은 줄을 맞추어서 또박또박 정자로 쓰고, 문장 부호를 사용하여 뜻을 분명히 표현하도록 한다.

❹ 앞부분, 의사전달 부분, 마무리(끝 부분) 사이를 한 줄씩 띄어도 좋다.

❺ 편지지를 접어서 봉투 안에 넣을 때 알맞게 잘 접어서 넣는다.

## 3. 쌍방의 호칭

### 1) 발신인 앞에 붙이는 관계 호칭

옛날에는 봉투와 서간(書簡 : 편지)에 모두 발신인의 상대방 수신인에 대한 관계를 반드시 좀 작은 글씨로 썼다. 현재는 잘 쓰지 않고 있는데, 봉투에는 쓰지 않는다 해도 편지에서는 쓰는 것이 예의이며 특히 부모에게는 봉투와 편지에 다 써야 한다. 간단히 예를 들어보기로 하겠다.

❶ 부모에게　자(子), 자식(子息) – 예) 자(子) 길동, 자식 길동

❷ 어른에게　시하생(侍下生), 시생(侍生), 하생(下生) – 예) 시하생 홍길동, 시 생 홍길동, 하생 홍길동

❸ 스승에게　문하생(門下生), 문생(門生) – 예) 문하생 홍길동, 문생 홍길동

❹ 선배에게　소생(小生) – 예) 소생 홍길동

❺ 친한 사이　제(弟), 우제(愚弟) – 예) 제 길동, 우제 길동

❻ 일반에게　생(生) – 예) 생 홍길동

### 2) 발신인 성명 뒤에 붙이는 경칭

발신인이 자기 성명 뒤에 상대방과의 관계를 표시하는 예의를 나타내는 경례어로 꼭 표시해야 한다. 편지와 봉투에 모두 써야 한다.

❶ 부모에게　상서(上書), 올림

❷ 어른에게　재배(再拜), 올림

❸ 스승에게 재배(再拜), 올림

❹ 선배에게 배상(拜上), 올림, 드림

❺ 친한 사이 배(拜), 상(上), 드림

❻ 일반에게 배(拜), 상(上), 드림

### 3) 봉투에서 상대방 성명 뒤에 붙이는 경칭

봉투에서 수신인의 성명 뒤에 쓰이는 귀하(貴下) 등의 경칭에 대해 살펴보기로 하자. 요즘 특히 단체가 발신인인 경우 수신인의 성명 뒤에 경칭어를 쓰지 않는 것을 흔하게 보는데, 이것은 큰 결례를 범하는 것이며 이런 실수는 있어서는 안 된다.

❶ 부모에게 본제(本第) 입납(入納), 행차소(行次所) 입납(入納)

❷ 어른에게 선생(先生) 궤하(几下)

❸ 스승에게 선생 경궤하(先生 經几下), 선생(先生)님 좌하(座下)

❹ 선배에게 씨 좌하(氏 座下), 선생 귀하(先生 貴下), 씨댁 입납(氏宅 入納)

❺ 친한 사이 인형 좌전(仁兄 座前), 인형 귀하(仁兄 貴下)

❻ 일반에게 씨 귀하(氏 貴下), 님 귀하(貴下), 귀하, 님, 씨

❼ 수하에게 군 전(君 前), 군(君)

## 4. 편지봉투 쓰기

옛날에는 세로쓰기를 하고 수신인은 앞면에 발신인은 뒷면에 썼으나, 요즘은 서양의 봉투작성 영향을 받아 가로쓰기로 발신인과 수신인 모두 앞면의 좌측 상단과 우측 중앙에 쓴다(그림 참조). 수신인과 발신인 모두 성명을 위에 먼저 쓰고 아래에 주소를 쓴다. 주소는 우편번호 가까이 쪽에 써야 하기 때문이다.

### 1) 발신자 쓰기

발신자의 주소와 성명은 작게 써야 하며, 위에서 살펴 본 쌍방 호칭(경례어)에 대해 정확한 용어를 찾아서 쓴다. 우편번호는 반드시 정확하게 써야 한다. 엽서의 경우도 마찬가지이다(그림 참조).

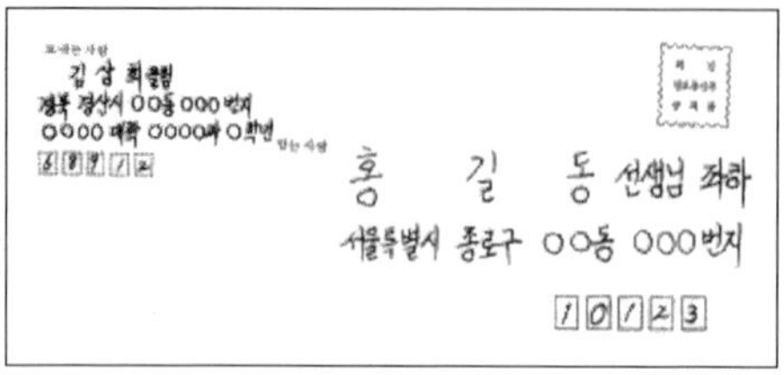


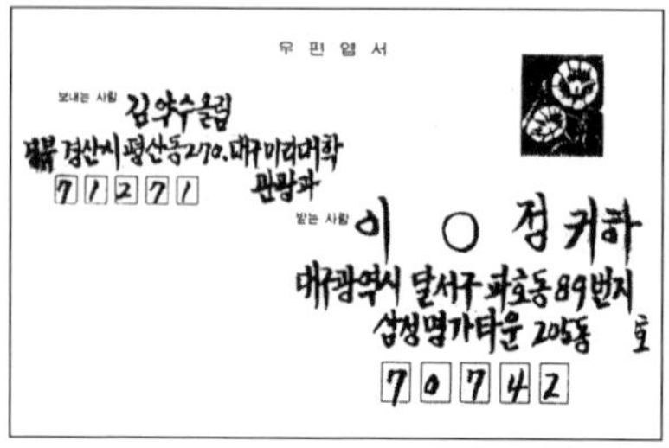


### 2) 수신자 쓰기

편지의 내용 못지 않게 봉투에도 상대방을 존중하는 뜻이 담겨져야 한다. 수신자에 대한 주소와 성명은 크게 써야 하는데, 수신자의 성명은 봉투 한 가운데에 오도록 쓰고 주소는 성명과 우편번호를 기입하는 네모 칸 사이에 쓴다. 또한 정확한 우편번호를 기입해야 한다(위의 그림 참조).

## 5. 우표 붙이기

우표는 문양과 크기가 여러 종류이며, 시기와 기념일에 따라 다르기 때문에 건조한 봉투에 붙어서 아름다운 미를 나타내기도 한다. 우표를 수신인 쪽(오른 편) 우측 상단에 붙이는 공간에 똑바로 붙여야 한다. 위치를 벗어나게 한다든지 바르게 붙이지 않을 경우 수신인에 대한 큰 결례가 된다. 이럴 경우 발신인의 성의가 부족한 것이 되고, 수신인을 무시하는 처사가 되어 수신인에게 불쾌감을 불러일으키게 한다.

외국(미국과 유럽)의 경우, 만약 우표를 좌측 하단에 붙였다면 이것만을 보고도 그 서신의 내용이 결투신청이 아니면 절교선언임을 나타내는 것이 된다. 그렇기 때문에 우표는 발신인이 직접 하나하나 정성을 들여 바르게 붙여야 한다.

### 먹다 남은 맥주는 훌륭한 세제

김이 빠져 먹을 수 없는 맥주도 버리지 말고 쓸모 있게 사용하자. 행주에 맥주를 적셔 가스 레인지나 환풍기, 냉장고 등을 닦으면 더러움과 냄새를 한꺼번에 없앨 수 있다. 화분의 잎에 낀 먼지도 맥주로 닦아내면 윤이 나면서 신기할 정도로 잎이 싱싱해진다.

### 스타킹 올풀림은 식초 몇 방울이면 걱정 뚝!

식초 몇 방울을 떨어뜨린 더운물에 스타킹을 세탁한 후 헹궈 널면 올이 풀리는 것을 예방할 수 있다. 또 땀냄새도 베어 들지 않는다.

### 식초로 접힌 바지단을 펴자

바지가 짧아져 접힌 바지단을 늘려야 하는 경우가 종종 있다. 이럴 때면 바지단의 주름을 없애는 것이 여간 고민스럽지 않다. 이때 식초를 한방울씩 떨어뜨리면서 다림질을 하면 주름이 쉽게 없어진다.

### 샐러드 물기 없애는 데는 땅콩이 최고!

샐러드를 만들다 보면 과일에서 나오는 물기가 많아지고 샐러드 드레싱이 묽어져 맛이 엷어지게 되어 고민스러울 때가 있다. 이럴 때는 샐러

드에 땅콩을 갈아넣으면 좋다. 땅콩이 과일의 수분을 흡수해 물기가 생기지 않는 데다 땅콩의 고소한 맛이 한데 어우러져 한결 맛을 북돋아 주게 된다.

### 흰옷에 묻은 음식물 자국은 양파로 지우자

하얀 와이셔츠를 입고 음식을 먹다보면 김칫국물 등이 옷에 묻어 낭패를 당하기 일쑤다. 잘 지워지지 않는 자국은 양파를 이용하면 쉽게 뺄 수 있다. 우선 음식물이 묻은 자리를 물에 담가 국물을 뺀 다음 양파를 잘게 썰어 즙이 나오도록 다져서 이 즙을 자국이 난 자리 앞뒤에 골고루 펴서 바른다. 그런 다음 천을 말거나 뭉쳐서 하룻밤을 그대로 둔 후 비누로 빨면 된다.

### 설 익은 밥은 술을 이용해서 뜸 들여라

물의 양을 잘못 맞춰 밥이 설익게 되는 경우가 있다. 이럴 경우는 먼저 다 끓인 상태의 밥에 젓가락으로 구멍을 여러 개 낸 다음 청주를 조금 뿌린다. 그리고 다시 한 번 밥솥의 스위치를 켜거나 약한 불에서 5분 정도 두면 된다. 술을 활용해 뜸을 들이면 맛이 한결 나아지는 효과를 얻을 수 있다.

### 까맣게 탄 냄비는 사과껍질로 말끔 해결

음식을 하다보면 냄비 바닥에 음식이 까맣게 늘어붙는 경우가 있다. 잘 벗겨지지도 않지만 벗겨져서 더 이상 사용하기도 어렵게 된다. 이럴 땐 사과껍질을 이용하자. 눌은 냄비에 사과껍질과 물을 넣고 끓이면 눌어버린 음식이 감쪽같이 벗겨지는 것은 물론이고 알루미늄 냄비도 새것처럼 깨끗해진다.

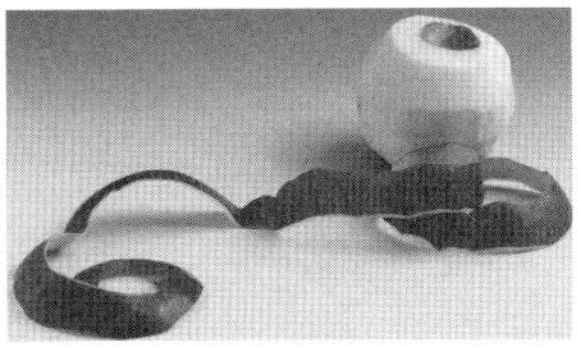

## 베이비 파우더가 누런 와이셔츠 칼라를 희게

오래된 와이셔츠의 깃은 누렇게 변해 보기 좋지 않다. 이런 와이셔츠의 깃에 베이비 파우더를 뿌리고 다리면 새것처럼 희어진다.

## 크리스탈 잔에는 주스-포도주 삼가야

수공으로 제작한 크리스탈 잔에는 납이 상당량 들어 있다. 납은 주스 같은 신 음식에 쉽게 녹아나므로 주스나 포도주 등을 오래 담아놓지 않는 것이 좋다. 크리스탈 잔은 기포가 없이 투명하고 두드렸을 때 맑고 청아한 소리가 나는 것이 좋으며, 일부러 맑은 소리를 듣기 위해 잔을 마주치는 경우가 많은데 이것은 좋지 않다. 부딪힐 때마다 같은 부분에 계속적인 충격이 가해져 금이 가거나 깨질 확률이 높기 때문이다.

자료 : 건강 다이제스트, 2003. 7월호, 164쪽

## 참고문헌


- 성균관 유도회총본부, 생활예절(유인물), 1985.
- 한국정신문화연구원, 한국민족문화대백과사전 1 · 11 · 17 · 19 · 20 · 22 · 23 · 24 · 25권, 1991.
- 한국여성교양학회, 생활예절, 양서원, 1992.
- 청암편집실, 신구 관혼상제전서, 청암출판사, 1993.
- 호텔신라 서비스교육센타, 현대인을 위한 국제매너, 김영사, 1994.
- 김시황, 한국 인사예절, 중문출판사, 1995.
- 김진익, 지구촌 신예절, 도서출판 깊은사랑, 1995.
- 김한권, 성공하는 직장인의 53가지 예절, 조선일보사, 1995.
- 지철규, 21세기 국제매너, 해난터, 1995.
- 민경례, 멋과 매너, 대왕사, 1997.
- IMC 국제매너센타, 직장인 예절 소양 교육용(예절문화), 1997.
- 박종원, 읽으며 배우는 직장예절, 학현사, 1999.
- 신강현, 글로벌 매너 가꾸기, 형설출판사, 1999.
- 임봉영, 서비스 쿠테타, 도서출판 형설,1999.
- 2002년 월드컵축구대회 문화시민운동중앙협의회, 문화시민 에티켓, 1999.
- 2002년 월드컵축구대회 문화시민운동중앙협의회, 아름다운 화장실, 2000.
- 정주영, 서비스예절, 학문사, 2000.
- 이원재 · 최기종, 뉴 밀레니엄 국제매너, 학문사, 2000.
- 윤여빈, 우리 예절 바로 알기, 느티나무, 2000.
- 이정우 외, 지구촌 생활문화와 국제매너, 양서원, 2001.
- 지준모, 서간과 봉투에 있어서 쌍방의 위치와 호칭, 여백집, 제10집, 대한노인문학회, 2000. 112 - 132쪽.
- 이형철, 글로벌 에티켓 글로벌 매너, 에디터, 2000.
- 장원기, 뉴 밀레니엄 비즈니스 매너, 기문사, 2000.
- 최정화, 매너 나의 경쟁력이다, 조선일보사, 2000.
- 건강다이제스트, 1997. 7월호
- 건강다이제스트, 2001. 10월호

• 조선일보, 현장에서 본 무질서, 2001. 2. 20
• 조선일보, 해외여행 에티켓 수칙, 2001. 2. 20
• 삶과 술(주간), 2002. 4. 29
• 강인호, 김영찬, 김광철, 식음료 경영과 실무, 기문사, 2002
• 김영만 편역(E. Boykin 저), 에티켓사전(This Way Please), 을유문화사, 1989.

• www.servicedoctor.co.kr
• http://home.hanmir.com
• http://my.netian.com
• http://www.lycos.co.kr
• http://www.yejiwon.or.kr
• http://www.lg.co.kr
• http://myhome.cjdream.net
• http://www.eom.co.kr

## 저자소개

■ 강인호(Kang In-ho)

현) 계명대학교 관광경영학과 교수

계명대학교 이부대학장

전) 한국호텔외식경영학회 회장

전) 한국 관광산업학회 회장

■ 김약수

전) 대구미래대학교 사회복지과 교수

전) 경산시 축제추진위원회 위원장

■ 석미란

현) 구미대학교 호텔관광과 교수

구미대학교 호텔관광과 학과장

전) 코오롱세계일주 기획실장

■ 이원화

현) 경운대학교 항공관광학부 교수

전) 싱가포르 항공사 승무원

■ 이연숙

현) 중문대학교 항공서비스과 교수

전) 대한항공 승무원

열린세상 **글로벌 매너와 문화**

2007년 3월 2일 초 판 발행
2010년 2월 25일 2판 1쇄 발행
2013년 2월 28일 3판 1쇄 발행
2014년 8월 31일 4판 1쇄 발행
2019년 8월 20일 4판 5쇄 발행
2020년 3월 20일 5판 1쇄 개정판 발행

**저 자** 강인호 · 김약수 · 석미란 · 이원화 · 이연숙
**발행인** 한 인 환
**발행처** 도서출판 **기 문 사**
**등 록** 1978. 8. 9. NO. 6-0637
**주 소** 서울시 동대문구 안암로 50-1(용두동) 홍신빌딩 3층
**전 화** 02) 2265-7214 / 922-8662~8663
**팩 스** 02) 922-8772

homepage : www.kimoonsa.co.kr
e-mail : book@kimoonsa.co.kr

저자와의 협의하에 인지생략

ISBN : 978-89-7723-859-6 13330

정가 : 18,000원